# CONSTELACIONES
# FAMILIARES

LIC. MARCELO L. DUCRUET

# CONSTELACIONES FAMILIARES
## ACUERDOS QUE SANAN

### UNA NUEVA
### MIRADA DEL AMOR

Ediciones Continente

Constelaciones Familiares

1ª edición: diciembre 2019

Diseño de tapa: Gustavo Macri
Diseño de interior: Carlos Almar
Corrección: Ana Gurbanov

Ducruet, Marcelo Luis
   Constelaciones familiares : Acuerdos que sanan. Una nueva mirada del amor /
Marcelo Luis Ducruet. - 1a ed. - Ciudad Autónoma de Buenos Aires :
Continente, 2019.
   240 p. ; 23 x 16 cm.

   ISBN 978-950-754-664-8

   1. Familia. 2. Terapias Alternativas. I. Título.
   CDD 133.5

**Ediciones Continente**
Pavón 2229 (C1248AAE) Buenos Aires, Argentina
Tel.: (5411) 4308-3535 - Fax: (5411) 4308-4800
www.edicontinente.com.ar
e-mail: info@edicontinente.com.ar

Este libro se terminó de imprimir en el mes de diciembre de 2019,
en la **Cooperativa Chilavert Artes Gráficas**,
Chilavert 1136, CABA, Argentina – (54 11) 4924-7676 – imprentachilavert@gmail.com
(Empresa recuperada y autogestionada por sus trabajadores)

Encuadernado en la **Cooperativa de Trabajo La Nueva Unión Ltda.**,
Patagones 2746 – CABA, Argentina – (54 11) 4911-1586 –
cooplanuevaunion@yahoo.com.ar
(Empresa recuperada y autogestionada por sus trabajadores)

Las tapas fueron laminadas en **Cooperatia Gráfica 22 de Mayo (ex Lacabril)**,
Av. Bernardino Rivadavia 700, Avellaneda, Bs. As., Argentina
– (5411) 4208-1150 – lanuevalacabril@gmail.com
(Empresa recuperada y autogestionada por sus trabajadores)

*Este libro lo dedico a Lu por el largo camino*
*que recorrimos juntos, por su apoyo incondicional*
*durante estos años, por tantas vivencias compartidas*
*y, sobre todo, por ser parte de mi familia y mi mundo.*

# Índice

# AGRADECIMIENTOS

*El agradecimiento es la mejor cura para el espíritu.*
Takata Sensei

Quiero agradecer a mis **padres**, por su apoyo incondicional a lo largo de todos los años de mi formación. Por su recuerdo que permanece en mí como una presencia amorosa y reaseguradora.

A mi **familia**, por la calidez de su presencia, por los aprendizajes y cada momento compartido.

A mis entrañables **amigos de cuatro patas**, por el amor y su compañía.

A mis **amigos**, por ser parte también de ese sentir de familia y por la alegría de compartir momentos de crecimiento.

A mis **compañeros de tarea**, por el apoyo, la colaboración y el intercambio en el aprendizaje.

A los **consultantes**, por elegirme para acompañar sus procesos, por el sentir de amistad que nos une y por la confianza y el respeto que garantizan un trabajo comprometido de equipo.

Al equipo de **colaboradores** en los talleres de Psicoconstelaciones, Cristina, Silvina, Valeria, Ivana, Nacho y Yamila y a todos quienes formaron parte espontáneamente en cada taller por su participación desinteresada, y el cuidado de cada participante.

A **Gabriela Pomi**, por entregarse con dedicación a la tarea de enriquecer mi pensamiento y mi palabra.

A **todos quienes dieron su testimonio para el presente libro**: Vera Protzen, Yamila Romer, Valeria González, Ivana Castagnetti, Stella Maris Sánchez, Maqui López, Jimena Máquez, Silvia Belocopitow, Susana Kopp, Silvana Formoso, Laura Capatto y Ricardo Verde.

A **mis anteriores libros** *El constelador y las profundidades familiares del alma* y *Psicoconstelaciones: una terapia integral para el cuerpo y* *el alma*, por ver materializado en cada uno de ellos mi sueño de transmitir mis aprendizajes y vivencias.

Al **Centro Cambio Energético**, mi espacio sagrado, por cada vivencia que habita en él y por haber sido el testigo de mi crecimiento personal y profesional a lo largo de estos años.

Finalmente, a **todos mis lectores**, por confiar en mí para iniciar el camino de una vida más plena.

# NOTA AL LECTOR

En pos de la confidencialidad, he omitido la identidad real de los constelantes, salvo la de aquellos que forman parte de mi equipo y, porque, obviamente, cuento con su aprobación.

Las historias relatadas en los capítulos CASOS: SANANDO HERIDAS, así como también en MOVIMIENTOS A DISTANCIA y SECCIÓN ESPECIAL PARA QUIENES AMAN A SUS AMIGOS ANIMALES guardan fidelidad con lo acontecido y solo fueron editadas a efectos de hacer más clara su lectura para las personas que no tienen experiencia en el trabajo constelativo.

El borrador de cada historia fue compartido con los protagonistas reales en una entrevista individual. Todos, por supuesto, dieron su consentimiento para que sus relatos fueran publicados, pues confían en que su experiencia sanadora será de utilidad para los lectores que desean hallar en esta herramienta un camino de sanación.

Agradezco profundamente a cada uno de los que pusieron con total confianza en mis manos su historia personal para ser agentes de sanación para otros que necesitan ayuda.

# PALABRAS PRELIMINARES

## COMENTARIOS SOBRE LA OBRA

El despertar de la consciencia nos remite, inexcusablemente, a la convicción de la presencia colectiva del alma. Somos parte de un grupo, de un colectivo, de una trama tejida con pequeñas y grandes historias, secretos, deseos y anhelos. Esto es EL MUNDO FAMILIAR.

Sin esa consciencia grupal, que se manifiesta como resultado de formar parte de distintos núcleos, de diferentes entramados, nuestro desarrollo sería imposible.

Es así que, desde el comienzo de nuestra historia, nos vamos construyendo gracias al sentido de pertenencia hacia un grupo determinado, y, como un efecto amplificador, esto se materializa en experiencias, vivencias y hechos concretos de nuestra vida.

En la labor constelativa existe una virtuosa reciprocidad de dar y recibir. Sin esa consciencia de intercambio el trabajo constelativo no serviría, no cumpliría su función.

Mi intención es, pues, que este libro se convierta en un silencioso acompañante que facilite, a cada uno de los lectores, el difícil ejercicio de la superación de desafíos personales y la travesía por la propia historia para rectificar/comprender/sanar el presente y producir un cambio que construya lentamente un futuro brillante.

Obviamente, a medida que se avance en la lectura, los lectores podrán hallar las herramientas para reconciliarse con el pasado, para recuperar la capacidad de establecer acuerdos y resolver incertidumbres.

Asimismo, por medio de la presentación de casos, vivencias en talleres, consultas y explicaciones que se encuentran aquí, les será posible introducirse e iniciarse en el maravilloso mundo de las Psicoconstelaciones.

Esta iniciación implicará un cambio profundo de consciencia. Y, por supuesto, para que este proceso sea beneficioso, el camino de iniciación deberá ser adecuadamente guiado.

Es por esto por lo que, a medida que se recorran las siguientes páginas, será necesaria una lectura silenciosa, humilde, de apertura, para que se produzca la comunicación de espíritu a espíritu. Gracias a ello, lo que se desvelará será el misterio que rodea todo lo relativo a las Psicoconstelaciones y su poder de sanación.

Escribir este libro fue condensar con la sencillez del lenguaje y con la humildad del eterno aprendiz, mi recorrido de estos años en el camino espiritual... Un sendero largo y sinuoso, siempre construido con curiosidad y esfuerzo, y con la firme convicción de que el trabajo terapéutico es una dinámica de amor, en sus infinitas manifestaciones.

Me queda la esperanza de que, a través de la lectura de este libro, sus almas se manifiesten y se comuniquen y funcione como disparador de un proceso de transformación.


## UNA TERAPIA DIFERENTE

> *En el entramado de la personalidad se dejan ver concatenadamente una suerte de perlas que son indicios, indefectibles señales, por donde convergen las aristas del complejo familiar.*
>
> M. D.

Cuando comienzo una Psicoconstelación, la primera intuición que me guía es que el alma del consultante ya sabe perfectamente qué es lo que viene a sanar. Lo que sigue, el ritual de colocar las manos detrás de la persona elegida, ubicarla en un lugar determinado del espacio, de acuerdo con la imagen interna y su magnetismo constelativo, es parte de un marco referencial, pero nada más que eso. O sea, el alma es la que sabiamente se va moviendo cual ajedrez mágico y va colocando las piezas de un modo que nos envía su mensaje.

No es tarea fácil trabajar desde un nivel de tal profundidad. Se realiza un acuerdo y se pone en marcha un movimiento como una rueda que siempre nos trasciende y que, una vez iniciado, ya no se detiene. Yo no podría afirmar exactamente qué es lo que en el alma se mueve, como tampoco podría asegurar qué es lo que no se mueve, pero evidentemente algo maravilloso ocurre.

La psicología tradicional, que la mayoría conoce, opera con parámetros y ejes que funcionan en dimensiones diferentes a las que se ven en las Psicoconstelaciones en donde se abren posibilidades y realidades extraordinarias y sorprendentes.

Lo que produce el movimiento de las Psicoconstelaciones, esa dinámica transformadora, es un salto cualitativo en todos los ámbitos de nuestra insospechada personalidad y una comprensión progresiva, intuitiva, espiritual y álmica. Aquí radica la fuerza de esta terapia.

Por otro lado, esta metodología no trabaja con el ser aislado sino con la persona que pertenece a un entramado familiar y social. De hecho, con esta terapéutica siempre aparecen nuevos registros y datos que, en todos los pacientes, hacen referencia a antepasados o se relacionan significativamente con ellos. Es como una atracción física, una gravitación especial, que gira en torno al eje familiar.

En cada Psicoconstelación, trato de que las personas que están muy ancladas en lo concreto de sus preocupaciones diarias abran sus ojos a este despertar filosófico que acompaña al fenómeno constelativo.

Mi desafío, entonces, es acompañar a cada consultante en su camino de comprensión, sanación y acuerdos.

Cuando realizo este acompañamiento, por supuesto, trato de desaparecer, esto es, correrme, ser solo un canal. No es más ni menos que una despersonalización similar a la experimentada durante la meditación. De esta forma, permito que el otro logre sumergirse, adecuadamente y sin miedos, en ese espacio oculto que se vislumbra por medio de esta herramienta sistémica.

Una Psicoconstelación es una herramienta que se debe emplear con mucho respeto puesto que el grado de permeabilidad que se maneja es mucho mayor que en otras terapias, y, allí, radica su asertividad. Mientras que en una psicoterapia de cualquier orden, desde las más tradicionales a las menos tradicionales, los mecanismos de defensa están muy activos, en las Psicoconstelaciones el constelante se halla más abierto y expuesto a ciertas experiencias fuera de lo común. El grado de exposición en una Psicoconstelación hace necesario maniobrarla con prudencia, respeto y sabiduría.

Yo he tenido una multitud de experiencias con talleres en los que he notado que cuanto mayor es la integración y apertura, más profundo es el acceso a lugares absolutamente desconocidos y recónditos de la personalidad y el alma. Se trata de confines álmicos a los que no se ingresa con la guía del pensamiento racional, sino que se viven como *flashes*, *flashbacks*, fulgores que aparecen y que muestran claramente dónde está atrapado ese puñal pretérito que tanto lastima.

## Una vida, un camino

Siempre me atrajo todo aquello que estaba más allá de los límites de mi percepción. En ese afán de conocer, llegué al pleno convencimiento de que cada evento significativo es un desenvolvimiento creciente de mi alma, de su necesidad de aprendizaje y de expresión.

Fue así que comencé un lento pero progresivo camino hacia la creación de las Psicoconstelaciones y de mi Centro Cambio Energético.

Obviamente, este deseo de "ver más allá", de trascender la realidad más evidente, produjo un cambio en mi vida, como persona y como profesional terapéutico.

Gracias a este anhelo de trascender las metodologías tradicionales entendí que todo en la vida es una suerte de cocreación, de una intrínseca coparticipación, y que nada nos pertenece con exclusividad. Lo que somos es el resultado de una construcción propia y también fruto de una interacción permanente con la cultura en la que nos desenvolvemos, con la herencia familiar, con la sociedad completa.

El Centro Cambio Energético, por ejemplo, es resultado de mi trayectoria personal, de mi interacción profesional y, fundamentalmente, una creación y recreación permanentes que llevo a cabo junto con mis pacientes y con toda la gente involucrada en lo sistémico.

Podríamos preguntarnos entonces qué es este Centro. No es más ni menos que una clínica heterogénea, un campo abierto de posibilidades terapéuticas en donde confluyen diferentes disciplinas con el objetivo de brindar asistencia: Terapia Individual Sistémica, Psicoconstelaciones Familiares, Reiki, Terapia Postural y talleres de meditación y armonización con sonido Didgeridoo, cuencos tibetanos, Shruti, Tambor Chamánico, Flauta Nativa, Koshi Bells y mantras cantados. Se trata de un multiespacio en donde se trabaja con todos los planos del ser. La psiquis, el alma, el cuerpo son todos componentes esenciales y cada uno debe ser observado y tratado a fondo.

Hay otro mundo más allá del mundo que solemos captar a simple vista y es el mundo de la magia y los magos. ¿Y quiénes son los magos? Todos y cada uno de nosotros porque tenemos el poder para transformar nuestro universo. La idea de que la realidad es plástica, y no pocas veces mágica, nos permite imaginarnos de una nueva manera. Si así no fuera, ¿por qué sostendríamos que "el pensamiento crea realidad"?, ¿cómo tendríamos la certeza de que somos responsables y que tenemos la herramienta mágica para nuestra superación? Hay que abrazar esta idea de una magia en nosotros y de la existencia de reencuentros alquímicos para nuestra alma. Todo esto, sin caer en la banal superstición.

Es por esta causa que me gusta afirmar que somos magos, pues, el admitirlo y afirmarlo implica entrar en contacto con lo maravilloso que tiene la vida, y lo que posibilita esa comunión es la Psicoconstelación.

¿Y por qué las Psicoconstelaciones son mágicas? Porque nos abren las puertas a esas otras realidades que interactúan con nuestro presente y de las que no estamos conscientes.

La Psicoconstelación como recurso metodológico puede ser definida como una modalidad mediante la cual se ingresa en una dimensión donde se escenifica una historia que escapa a lo que podemos comprender en primera instancia. Es absolutamente creativo lo que ocurre en ella, uno simplemente tiene que estar dispuesto a dejarse llevar. Es similar a la experiencia teatral, pero no desde la representación, sino de la participación expectante. Es esa otra realidad la que emerge fenoménicamente en el espacio magnético que se genera entre los cuerpos que constelan. No es, insisto, una descomprometida escenificación sino que se trata de representar activamente el rol de ser ese otro a partir de la corporalidad propia. Así se dejan fluir las energías, se activa el campo emocional y se es en función del otro.

Podemos trazar un paralelismo con el hecho estético de ir al teatro, de ver una película, de contemplar una obra de arte, un concierto, un ballet o abrir un libro. Es vincularse álmicamente con el autor de esas creaciones.

Si yo me entrego con confianza al proceso estético, vibro, siento, imagino que estoy inmerso en la propuesta. En la Psicoconstelación sucede lo mismo. Soy protagonista de mi propia historia y soy el eco simultáneo de otras historias, las de los otros que resuenan en mí. Mi cuerpo está totalmente presente, cada célula viva de mi organismo vibra con esa energía, tal como ocurre cuando estoy abstraído absolutamente con la lectura o como cuando me hallo frente a una obra de teatro. En esa clara calma de la transparencia, los caracteres de cada uno de los personajes escenifican mi texto, mi propio ser. Somos lo que les ocurre a los otros, somos guionistas, escrutadores y directores que pueden intervenir para hacer sanar.

Es por esto por lo que prefiero trabajar con pequeños grupos, ya que todos tendrán su turno para representar y ser representados. Me parece interesante que todas las personas vivan la experiencia, que puedan trascender la mirada del otro, que no es más que la mirada propia proyectada hacia afuera.

Si me paro en un lugar y trasciendo mi propia mirada, ya no siento vergüenza, me desinhibo, porque entiendo que ese otro que me mira no es otro que yo mismo. Como facilitador, como coordinador de un movimiento, lo que particularmente me interesa, más allá de los resultados, son los infinitos registros que se disparan y activan en el otro, que puedan vivenciar estados de consciencia que la mayoría del tiempo permanecen inexplorados. Y esto es lo mágico que vivo como constelador... participo de esa realidad oculta, escurridiza, siento resonar el cuerpo del otro y, desde este nivel energético, donde no hay cabida a la palabra, me es posible realizar intervenciones para despertar en cada uno de los participantes que acuden a mi instituto "ese plano velado".

Jamás interrumpo esa experiencia extraordinaria, aunque hayan asistido participantes nuevos, porque obstaculizaría la riqueza del trabajo y el ingreso a ese plano que está fuera de lo racional. Si por miedo, al miedo del otro, corto esa fusión de energía, entre los fenómenos inexplicables, si pongo entre paréntesis la experiencia (atípica) cuidando la imagen que se llevan los participantes, estaría coartando el fenómeno, obstruyendo la afluencia de cosas que fluyen.

Esta es mi impronta como constelador.

Vivencio la responsabilidad de la entrega álmica, de consciencia, de cuerpo y de emociones de la gente que confía en mí desde la certeza que entro a un lugar que es sagrado. Accedo con total certeza, con seguridad, fortaleza y humildad. Esta es la única forma de ingresar en un sitio en el que se te recibe con amor.

Ubicado en esas profundidades, guío el alma con respeto para que se explaye, desde un lugar que no juzga ni se inmiscuye.

Mis maestros me enseñaron a desempeñar mi papel con amor y, desde el amor, profesar ese valor trascendental que es acercarse, de alguna manera, a los secretos vericuetos de la sabiduría. Y simplemente lo que he aprendido, lo que he tomado, intento llevarlo a mi habitual práctica como terapeuta, con toda la responsabilidad, la paciencia y la consciencia que esto significa. No sé si puedo lograrlo todas las veces, pero siempre lo intento.

Uno humildemente adopta un método constelativo, incorpora los conocimientos adquiridos, sin embargo, en un punto del camino se hace necesario incluir la propia riqueza espiritual, la mirada particular y construir el camino personal. Tomar el legado de un maestro como Bert Hellinger, sin duda delata un orgullo irreprochable y esto lo asumo con muchísimo respeto y solidaridad intelectual, pero sé que si bien mi método se asemeja, al mismo tiempo estoy cumpliendo con mi propio destino. El maestro me asiste, pero si me tomo exclusivamente de él, de su influyente figura, comienzo a manejarme con un libreto que no me pertenece y pierdo la naturalidad necesaria, la fluidez que preciso para moverme durante una Psicoconstelación.

A través del tiempo, fui reinterpretando autores y métodos que derivaron en una manera personal de realizar mi labor cotidiana, siempre guiado por una firme convicción: es fundamental mantener a raya mi ego, para no intervenir más allá de la genuina búsqueda de quien viene a consultarme. Aquí ingresa la sabia prudencia, para mostrarme qué es lo apropiado, qué debo contestar, qué debo pensar, y cuáles son las cosas que debo desechar. No me aporta nada que alguien se vaya de uno de los espacios que coordino o que facilito, sintiendo algo negativo, o bien llevándose una falsa creencia positiva, producto de mi propio "saber". Puntualmente, me interesa la comprensión sensible de que han pasado por un espacio donde los pude ayudar, donde les fue posible guardar un registro de un antes y un después en sus vidas que íntimamente les pertenece.

Es importante que cada persona que deja el espacio constelativo se lleve esa sensación de confianza, de respeto y de sanación. Ese es para mí el efecto inmediato de la terapia constelativa.

Lleva tiempo la sanación del cuerpo y del alma, y en ese proceso es fundamental el papel del ayudador para guiar sabiamente al paciente. No me sirve forzar las salidas, aunque tenga las herramientas disponibles adquiridas a lo largo de tantas experiencias como constelador, el respeto y la paciencia es lo que deberá producir el cambio.

Todo líder, coach, coordinador, facilitador, maestro, del orden que fuere, tiene como preponderante misión acompañar al otro hasta donde pueda ir, no hasta donde se pretenda llevarlo.

## EL CAMINO DEL APRENDIZ

Desde mi rol profesional de constelador, observo que todas las personas que se acercan a los talleres, así como aquellos que realizan consultas individuales, son guiados por una necesidad creciente de encontrar respuestas; esta necesidad, por supuesto, es la manifestación del alma que, a través de una serie de síntomas, intenta lograr una amplitud del campo de consciencia.

Todos estamos invitados a iniciarnos en un camino de apertura. Todos estamos invitados a tomar distintas alternativas para lograr activar la mayor cantidad de recursos posibles de nuestro yo multidimensional.

Ese es el camino del aprendiz.

Nada de lo que acontece en el alma es producto del azar o de extraños designios negativos. Nuestra alma, por alguna razón sabia, elige vivir determinadas experiencias para realizar un camino de superación.

Muchas veces es difícil confiar en la certeza de estos designios cuando estamos sumidos en el dolor, porque lo que deseamos, de todas las maneras posibles, es liberarnos de lo que nos lastima. Sin embargo, desde el sufrimiento que implica transitar esas experiencias, debemos intentar ver más allá, para que sea posible iniciar el camino del aprendiz y, por lo tanto, de evolución.

Claro está que mi alma también se manifiesta y me conduce por lugares que a veces no desearía atravesar... vivencias fuertes que abarcaron y abarcan un abanico de situaciones complejas y penosas, pero que debí y debo superar a diario. Son pruebas que en principio parecen insuperables, pero que con voluntad férrea las venzo y, día a día, me hacen crecer y aprender. Este sinuoso y arduo recorrido que me fue llevando por diferentes sitios en un largo viaje que aún continúa, me devuelve siempre a la magia de ir encontrándome cada vez más con el sentido de las vivencias y el mensaje que contienen para fortalecerme y superar cada obstáculo.

Y ese fue, precisamente, mi inicio como aprendiz. La sinuosa senda del compromiso de descubrir, de mirar con otros ojos, de ver, finalmente, lo que luego volcaría en mi cotidiana práctica profesional.

Hace ya mucho tiempo que fui guiado por una querida amiga y colega, Olga Giordano, hacia las Constelaciones Familiares y los Órdenes del Amor, de Bert Hellinger. La vida de este gran maestro me conectó enseguida con aquella original fascinación... descubrir una dimensión donde se puede unir de manera perfecta todas las piezas del rompecabezas de la existencia y abrir la mente hacia un nuevo campo de consciencia.

Para quien aún no entró en contacto con esta herramienta terapéutica y espiritual, puedo adelantar brevemente que a través de las Psicoconstelaciones Familiares es posible comprender que formamos parte de una inmensa red relacional, donde los padres, hermanos, tíos, antepasados lejanos y cercanos y hasta amistades que tuvieron lazos con nuestros ancestros son los que influyen y moldean "de alguna manera" nuestro aquí y ahora.

Justamente, en la consulta emerge lo excluido en nosotros, aquellos temerosos secretos, las urdimbres del silencio y todo lo que ha quedado aparentemente olvidado.

La intención de la presente obra, queridos lectores, es acompañar desde mi experiencia profesional a quienes estén interesados en iniciarse en el camino constelativo, mágico viaje del alma por lugares desconocidos para sanar aspectos de la historia personal no recordada, oculta, encapsulada.

Todos los que hemos vivenciado esta experiencia psicoterapéutica podemos afirmar que gracias a este método de trabajo es posible recuperar información que creíamos perdida, reconstruir ciertos tramos del pasado, armar una autobiografía más coherente y sana, elevar nuestro presente a una forma de vida más digna y placentera.

# CONTEXTUALIZANDO LAS PSICOCONSTELACIONES

## ACERCA DE ESTA METODOLOGÍA REVOLUCIONARIA Y EL ROL DEL TERAPEUTA

> *Los hijos casi nunca se atreven a vivir una vida más feliz o más plena que sus padres. Inconscientemente, siguen siendo fieles a tradiciones familiares tácitas que operan invisiblemente. Las Constelaciones Familiares son una forma de descubrir vínculos familiares subyacentes y fuerzas que se han llevado inconscientemente durante varias generaciones.*
>
> Bertold Ulsamer

"El terapeuta o ayudador están en sintonía con el alma dándole todo el espacio, todo el tiempo. El alma muestra lo esencial inmediatamente. Naturalmente el terapeuta o el ayudador tienen que estar en concordancia con el sistema mayor. Libre de imaginaciones, libre de teorías, libre de intenciones, libre de emociones, libre de empatía en el sentido habitual. Así, algo se muestra".[1]

Las Constelaciones Familiares y las Psicoconstelaciones se inscriben en un marco amplio como herramienta sistémica de sanación desde la mirada de una transgenealogía que implica reconocernos como parte de una historia viva, presente en cada uno de nuestros desafíos, en cada uno de nuestros sueños. Se trata de una historia en acción que cambia momento a momento y que nos lleva más allá de una imaginaria línea de tiempo en un viaje que trae las voces de nuestros ancestros.

Comprender la vida a través de la mirada de las Psicoconstelaciones implica un cambio paradigmático porque la realidad se capta con otros ojos, con otra mentalidad y emoción.

---

1    Hellinger, Bert, *Los Órdenes de la Ayuda*, Buenos Aires, Alma Lepik, 2006.

Hablar de Psicoconstelaciones es hacer referencia a la experiencia enriquecedora en donde opera una filosofía de reconciliación en el amor, de integración de aparentes opuestos, de abrir canales para que el alma se exprese; es también manejarse dentro de una ética de cuidado como lo requiere todo trabajo emocional profundo, ya sea con una persona o un grupo, de forma asistida y sumamente cuidada. Esta metodología así planteada produce una magia, un proceso de sanación que nos integra y nos convierte en artífices del cambio energético que el mundo reclama.

## EL MARCO TEÓRICO-SISTÉMICO DE LAS CONSTELACIONES Y PSICOCONSTELACIONES

Es importante poder tomar en consideración el marco en el cual están inscriptas las Constelaciones Familiares porque de ese modo es posible que quienes se acercan a esta herramienta puedan tener mayor claridad a la hora de comprender determinados fenómenos que, de otra manera, se podrían interpretar erróneamente.

Para ir definiendo las Constelaciones Familiares, trabajaré con la imagen de círculos concéntricos donde el núcleo central será el desarrollo de esta herramienta ubicada dentro de la terapia sistémica hasta el círculo exterior donde llegaré a consideraciones metafísicas o filosóficas.

### El Modelo Sistémico

Comenzaré por el núcleo central definiendo en primer lugar a las Constelaciones como una herramienta que está encuadrada dentro del Paradigma Sistémico que se diferencia significativamente de la teoría Psicoanalítica.

A este respecto tomaré las palabras de algunos maestros como John Weakland, Richard Fisch y Lynn Segal, representantes de la Escuela de Palo Alto California, modelo en el cual fui formado en Psicoterapia. En el libro *La Táctica del Cambio* estos tres autores expresan:

> La teoría psicodinámica se centra en el paciente individual, sobre todo en las estructuras y procesos intrapsíquicos. Por consiguiente, no atiende primordialmente a la conducta provocada por un problema, sino a supuestas cuestiones subyacentes. Más aún, este punto de vista considera que el presente es, básicamente, resultado del pasado, en términos de cadenas lineales de causa a efecto, desde los orígenes hasta las consecuencias. A esto se añade el énfasis que se otorga a lo que está debajo y atrás,

a lo que sucedió hace tiempo y lejos, en vez de al aquí y ahora. Este énfasis sobre los orígenes ocultos, en vez de sobre lo que se puede observar ahora, lleva necesariamente a una prolongada indagación sobre el pasado y a un uso preponderante de la inferencia. Además, esta perspectiva tiende en gran medida, aunque a menudo implícitamente, a considerar que los problemas son el resultado de deficiencias del individuo, de carencias provocadas (excepto en el caso de aquellas a las que a veces se les asigna un carácter innato) por la ausencia de experiencias positivas tempranas o por experiencias negativas, precoces o tardías. Con respecto a la práctica, se prescribe que el terapeuta debe lograr primero una comprensión de esas cuestiones complejas y ocultas, y a continuación ayudar, mediante interpretaciones, a que el paciente obtenga la comprensión adecuada. En algunas formas de tratamiento individual también pueden ser importantes el apoyo y la orientación con vistas a superar o compensar una supuesta carencia, pero el factor curativo fundamental sigue siendo la introspección, la comprensión interior. La premisa básica es de orden intelectual: «El conocimiento hará libre al sujeto».[2]

Sin embargo el modelo de la Terapia Familiar Sistémica que tal como lo mencioné oportunamente corresponde a mi forma de leer los procesos psicológicos plantea lo siguiente:

La terapia familiar no constituye una mera cuestión de cambio en las prácticas específicas, que mirarían a familias enteras en vez de a individuos aislados. Por el contrario, su visión difiere punto por punto de la postura psicodinámica que acabamos de esbozar.

Como es obvio, la terapia familiar se centra en el paciente no en solitario sino en su contexto social primario, la familia. La atención otorgada a la comunicación y a la interacción dentro de la familia conduce a un énfasis mucho mayor sobre la conducta real, la que tiene lugar de forma observable en el presente, más bien que en el pasado, en lo interior o en lo inferido. El no considerar aisladamente la conducta problemática sino en relación con su contexto inmediato, la conducta de los demás miembros de la familia, significa algo más que un mero cambio concreto de punto de vista, por importante que éste sea. Dicho cambio es indicativo de una modificación epistemológica general, pasando de la búsqueda de cadenas lineales causa-efecto a un punto de vista cibernético o sistemático: la comprensión y explicación de cualquier segmento determinado de conducta mediante su colocación en un sistema organizado de conducta más amplio y en funcionamiento efectivo que comporta la utilización generalizada de retroalimentación y de refuerzo recíproco.

---

2    John Weakland, Richard Fisch y Lynn Segal, *La táctica del cambio*, Barcelona, Herder, 1984, p. 26.

Además, este centrarse en la forma en que un sistema está organizado o en que funciona erróneamente implica creer menos en las carencias individuales. En lo que respecta a la práctica, esta visión propone que la tarea del terapeuta no se reduzca a comprender el sistema familiar y el lugar que en él ocupa el problema, sino que también ha de tomar alguna medida que cambie el sistema disfuncional, con objeto de solucionar el problema.[3]

Para que esta visión quede aún más clara es importante mencionar, que el trabajo en Psicoterapia Sistémica implica mirar siempre a la persona en relación con otros factores significativos, desde el grupo inicial familiar hasta los diferentes grupos en los cuales interactúa a lo largo de su vida.

Dado que la conducta es circular, la modificación en las pautas interaccionales y de comunicación en una persona producen un movimiento en el sistema como un todo.

## La filosofía detrás de la Constelación y Psicoconstelación

*Todos los seres humanos enfrentamos desafíos existenciales diversos, enfermedades, pérdidas.*

*Estos desafíos responden a leyes invisibles que escapan a lo que podemos comprender desde la manera de pensar habitual.*

*En este plano profundo, no existe la buena o mala suerte. Eso es solo una interpretación.*

*La verdadera razón permanece inaccesible.*

*Muchas veces en el intento de llegar a desentrañar el misterio, perdemos de vista el aprendizaje que en el mismo debemos descubrir.*

*Los desafíos son la clave para evolucionar.*

*Nuestra disposición a transmutarlo permite transformarlo en desarrollo espiritual o psicológico.*

*Gracias a nuestra sabiduría que nos permite dar el gran salto podemos elegir caminos de sanación para nuestra evolución.*

*Eso implica valentía, audacia, perseverancia y actitud.*

*De cada uno de nosotros depende explorar en nuestro interior si estamos dispuestos.*

M. D.

Ya visto el núcleo, diré que el círculo exterior es el marco filosófico en el cual está inscripta la Constelación Familiar.

Este marco posee como eje rector la propia filosofía del Tao.

---

3   Ibíd., pp. 26-27.

En el *Tao Te Ching* podemos leer:

> Hay algo sin forma y perfecto
> que existía antes que el universo naciera.
> Es sereno. Vacío.
> Solitario. Inmutable.
> Infinito. Eternamente presente.
> Es la madre del universo.
> A falta de un nombre mejor
> lo llamo Tao.
>
> Fluye a través de todo,
> Dentro y fuera de todo
> y al origen de todo retorna.[4]

La filosofía, entonces, de la Constelación es que el principio del cambio y de la sanación es la comprensión cabal y aceptación de que no somos seres aislados sino que todos estamos conectados y que parte de lo que somos y vivimos surge como resultado de ser parte de ese GRAN TODO.

Podemos hablar así, de vínculos causales que configuran a cada ser, y, por tanto, una parte nuestra es auténtica y libre y la otra es resultado de lazos invisibles que nos mantienen relacionados con los otros.

Para comprender esta nueva realidad Lao-Tsé refería estas palabras:

> Cierra tus ojos y verás claramente.
> Cesa de escuchar y oirás la verdad.
> Permanece en silencio y tu corazón cantará.
> No anheles contacto y encontrarás la unión.
> Permanece quieto y te mecerá la marea del Universo.
> Relájate y no necesitarás ninguna fuerza.
> Sé paciente y alcanzarás todas las cosas.
> Sé humilde y permanecerás entero.

Esta es, justamente, la referencia al orden sabio que nos trasciende y donde encuentra su sentido mucho de lo que tenemos que transitar en la vida.

---

4   Lao Tse, *Tao Te Ching, versión de Stephen Mitchell*, Madrid, Alianza editorial, 2010.

Este Todo también se halla conformado por una red álmica que determina los hechos con un propósito que en la mayoría de los casos no llegamos a comprender.

Desde esta mirada, todo cuanto sucede responde a un propósito, puesto que nuestra alma elije invitarnos a superar con sabiduría ciertas circunstancias, sin embargo, no se trata de un determinismo ya que el libre albedrío queda garantizado en todo aquello que es posible realizar para superar los desafíos.

Desde este lugar, las enfermedades personales o familiares, las discapacidades, las exclusiones del sistema o las relaciones marcadas por hechos traumáticos son compromisos emocionales fuertes que indican que el alma está comunicándose, está trabajando para resolver conflictos.

Es desde el equilibrio de los opuestos, desde la filosofía del Ying y el Yang, desde donde todos los hechos significativos de la historia encuentran un sentido profundo.

Así, por ejemplo, un perpetrador y una víctima se encuentran y, a través de este contacto, garantizan el contrato que los une. Los términos bien y mal, justo e injusto aquí no funcionan. De modo que, el fin último es lograr la reconciliación en el amor que proponen las Constelaciones Familiares, esto es, que el perpetrador y la víctima acuerden en paz.

> El odio nos encadena con el perpetrador. La víctima queda libre del perpetrador cuando se retira. Al retirarse remite al perpetrador a su propia alma y a su propio destino. Esa es una forma de respeto. De esa manera la víctima queda libre. Retirarse del perpetrador y su acción hacia el centro vacío –así lo llamo yo– da fuerza y, de ser una víctima, la persona pasa a ser alguien en condiciones de actuar. Sin embargo, aquellos que persiguen y se indignan, los moralistas y los inocentes, en el alma son malhechores. Sus violentas fantasías a menudo son peores que la acción del perpetrador.[5]

Si esto no se logra, se vuelve a poner en marcha la rueda de violencia que determina que la víctima pase a encarnar la energía perpetradora sufrida.

> Detrás de las acusaciones públicas en contra de los perpetradores y la advertencia de recordar esos crímenes para que algo así no vuelva a ocurrir actúa la idea de que esos acontecimientos fueron manejados por personas y que sean personas las que puedan llegar a evitarlos o arreglarlos. (…) Los acusadores impiden dar a las víctimas lo único adecua-

5    Hellinger, Bert, "El odio", en *El manantial no tiene que preguntar por el camino*, Trad.: Rosi Steudel, Buenos Aires, Alma Lepik, p. 31.

do, o sea hacer el duelo. El duelo en conjunto une. Ya no hay soberbia. Ese duelo es el que sana.[6]

## HABLEMOS DEL ALMA

"Es difícil definir con precisión qué es el alma. En todo caso, la definición supone un quehacer intelectual, y el alma prefiere imaginar. Intuitivamente sabemos que el alma tiene que ver con la autenticidad y la profundidad (…)", dice Thomas Moore en su libro *El cuidado del alma*, y qué cierto es, pues es imposible intelectualizar algo tan imperecedero, infinito, inabarcable, inclasificable e inefable como el alma. También surge la consternación y desorientación cuando se trata de establecer una explicación para el término espíritu.

Traigo a colación este tema porque en las Psicoconstelaciones trabajamos con estos dos materiales, por llamarlos de alguna forma, y parte de la gente que asiste a los talleres pretende ingenuamente definirlos, enmarcarlos, que les digan "es esto".

Sin embargo, desde la antigüedad, son innumerables los intentos para dar cuenta de estas experiencias sutiles, intangibles y aún hoy siguen las discusiones.

Sigue Thomas Moore: "El gran mal del siglo XX, que forma parte de todas nuestras angustias y nos afecta a todos individual y socialmente, es la 'pérdida de alma'. Cuando se la descuida, el alma no se va precisamente, sino que se manifiesta en forma de obsesiones, adicciones, violencia y pérdida de sentido".

Esta idea supone que al no poder definirla con exactitud el hombre se aparta de ella, se planta en una pose de descreimiento, de negación y al no reconocer su lado divino, espiritual, enferma.

Lo que nadie se detiene a pensar es que la mayoría de las cosas que nos rodean son desconocidas. Nuestros sentidos y la razón no son tan fieles a la realidad como suponemos. Tampoco podemos decir qué es la realidad, porque dependiendo de la cultura, la persona o el momento histórico esta variará.

¿Qué queda entonces? Confiar, además de en todo el arsenal que poseemos como forma de acercamiento a lo que solemos llamar verdad, en la intuición, en ese extraño sentido, en ese tipo de conocimiento que

---

6   Hellinger, Bert, "La memoria de Auschwitz", en *El manantial no tiene que preguntar por el camino*, Trad.: Rosi Steudel, Buenos Aires, Alma Lepik, pp. 41-42.

nos acerca a esa interioridad que excede los límites de nuestro cuerpo, y digo que lo excede porque no es un objeto con una masa específica, no es un sólido, es un algo etéreo-eterno, un principio de vida, una energía que nos une, que nos conecta, que nos acciona.

Recordemos que en las Psicoconstelaciones, el alma es el principio fundamental con el que se trabajará, pues en terapia lo que se produce o debe producir es la comunicación álmica, ni más ni menos.

Es necesario, entonces, despejar la visión y la mente, darle paso a las sensaciones e intuiciones internas y abrirse a esta nueva realidad, que es la del alma, la de la unión, la del lazo espiritual que amalgama y conecta todo.

El chamán y constelador Dann Van Kampenhout en su libro *Las lágrimas de los Ancestros*[7], nos cuenta, por ejemplo, que cada cultura, religión y tradición espiritual se refiere a ese algo de distintas formas: "En todo el mundo existen personas que reconocen, de por sí, que experimentan algo que está como separado e independiente de sus cuerpos físicos, y este aspecto de su ser lo denominan el alma o le dan otro nombre pero con una connotación similar. La mayoría de las tradiciones espirituales concuerda en que cada uno de nosotros tiene un alma individual considerada como un destello de Luz Divina que tiene cierta clase de consciencia independiente. Esta alma individual es algo privado, algo que está conectado a nuestra esencia más personal".

*Hay una mirada que sabe discernir lo que está bien de lo*
*que está mal y lo que está mal de lo que está bien.*
*Hay una mirada que ve cuando la obediencia significa falta*
*de respeto y la desobediencia representa respeto.*
*Hay una mirada que reconoce como cortos los caminos largos*
*y como largos los caminos cortos.*
*Hay una mirada que desnuda, que no titubea al afirmar*
*que existen fidelidades perversas y traiciones de gran lealtad.*
*Esa es la mirada del alma.*[8]

7   Van Kampenhout, Dann, *Las lágrimas de los ancestros. La memoria de víctimas y perpetradores en el alma tribal*, Buenos Aires, Alma Lepik, 2007, p. 33.
8   Bonder, Nilton, *El Alma Inmoral. Un manifiesto de Desobediencia Espiritual*, Traducción Mario Galliccio. Buenos Aires, Emecé, 2010.

# ALMA Y ESPÍRITU

> *No somos seres humanos atravesando una expe-*
> *riencia espiritual; somos seres espirituales viviendo una*
> *experiencia humana.*
>
> Teillhard de Chardin

> Lo sorprendente es que dichos efectos [se refiere a los de la sanación]
> no provienen solamente de los vivos, sino también de los muertos, que
> pueden haber sido olvidados hace mucho tiempo. Ellos pueden estable-
> cer contacto durante una Constelación familiar, en cuanto a que mues-
> tran qué es lo que debe ser corregido, y así los vivos pueden ser libera-
> dos de las consecuencias de los daños ocurridos en el pasado y de los
> efectos colaterales de los destinos externos pasados (...).[9]

Anteriormente hice mención a la imposibilidad de precisar qué es
el alma, y el mismo problema se plantea con el espíritu. Nuestra razón
limita el acceso a esta comprensión.

Sin embargo, Van Kampenhout, en un intento de clarificar el panorama, lo expresa así:

"Un espíritu es un alma y un alma es un espíritu. Cuando esta conciencia reside en un cuerpo físico, generalmente es llamada alma. Cuando no tiene cuerpo físico, se la llama, generalmente, espíritu; y de este
modo, a las almas de las personas que han muerto, también se las llama
espíritus".

También dice que alma y espíritu están hechos de cierta energía, y
es con esta energía con la que tratamos en las sesiones.

Por favor, que se entienda que esto es un modo de demarcar el objeto,
pero de ninguna forma es una explicación exacta porque, de hecho, no
existe tal cosa. Solo la presento, en ocasiones, a mis pacientes para que puedan entender ciertos fenómenos que ocurren dentro de algunas Psicoconstelaciones, dado que en realidad la curiosidad teórica lejos de acercarnos al
encuentro espiritual, nos aleja de él. Insisto, son solo atisbos para que la razón se tranquilice un poco y dé paso a lo mágico y transcendental.

Cuando los constelantes aún no están lo suficientemente abiertos y
receptivos a esta nueva experiencia extraordinaria de la comunicación
álmica y espiritual, debo ir ofreciéndoles ciertos asideros a la razón has-

---

9    Hellinger, Bert, "Constelaciones Familiares y chamanismo", en *La sanación viene*
    *desde afuera. Chamanismo y Constelaciones Familiares,* de Dann van Kampenhout,
    Buenos Aires, Alma Lepik, 2004, p. 8.

ta que lentamente se suelten y se dejen llevar por esta nueva situación. Hay en todo este trabajo un proceso de aprendizaje donde el paciente acuerda con el facilitador en tratar de liberarse de prejuicios y ciertas reglas y normas rígidas para poder ingresar a un plano más auténtico, liberador e integrador.

Era necesario hacer esta introducción para continuar con el desarrollo de un tipo de Constelación de Bert Hellinger... Los movimientos del espíritu.

## LOS MOVIMIENTOS DEL ESPÍRITU (SEGÚN LA ESCUELA DE BERT HELLINGER)

Para hablar del espíritu y, por lo tanto, ingresar en un plano mucho más profundo y de mayor compromiso, es fundamental, como insisto en todo momento, trascender ciertas creencias que están determinadas por nuestra manera de pensar habitual.

De hecho, el propio Bert Hellinger vio que debía dar un salto cualitativo en su tradicional modo de realizar Constelaciones Familiares e involucrarse más de lleno en una nueva dimensión... la profundamente espiritual. A esta nueva forma de constelar la llamó "Los movimientos del Espíritu".

Tomaré, para explicar esta concepción, las palabras del querido maestro:

> [*Con respecto al método anterior*] ¿Dónde está la diferencia? No se posiciona a nadie. Estamos acostumbrados a que cuando alguien quiere constelar a su familia, elige representantes para sus miembros y los coloca en relación unos con otros. Ahora sólo se coloca a una persona y no importa dónde se posiciona. De repente, esa persona esta cogida por un movimiento. ¿De dónde viene ese movimiento? ¿Puede venir ese movimiento del alma del representante? Viene desde afuera, pues es un movimiento del espíritu. Si el representante queda centrado, ese movimiento del espíritu le lleva dentro de su movimiento. Los movimientos del espíritu son siempre movimientos del amor. Acercan y juntan lo que antes estaba separado.
>
> (...)
>
> Pero cuando observa lo que ocurre en las Constelaciones del espíritu quizás siente miedo porque de repente algo totalmente diferente se pone en movimiento, algo que no se podía imaginar ni podía pensar con anterioridad. Se muestra un movimiento del espíritu. Esto trae de inmediato a la luz lo que había sido ocultado o excluido, sin que se haya mencionado nada sobre ello.

Estos movimientos se perciben solamente cuando los representantes se mantienen sin intenciones. En el momento en que un representante tiene la intención de llegar a algo, ya no está en resonancia con el movimiento del espíritu. Entonces la concentración baja en seguida, también en el grupo.

Los movimientos del espíritu son muy lentos. Cuando alguien se mueve de forma rápida se sabe que ya no está en resonancia con un movimiento del espíritu. Cuando facilito una Constelación familiar del espíritu, yo también me pongo en resonancia con los movimientos del espíritu, yo también sin intención y sin miedo. Por esto puedo a veces decir cosas que van más allá o hacer a un representante decir cosas decisivas, sin que me invente estas palabras. Las frases que entonces me llegan o los pasos que debo dar me vienen impuestos.

(...)

Las Constelaciones Familiares del espíritu van mucho más allá de las fronteras de la conciencia y con ello más allá de la discriminación entre buenos y malos. Porque la conciencia pone un límite al amor y excluye a otros.[10]

## Un trabajo constelativo desde la mirada de los movimientos del espíritu

El movimiento que compartiré a continuación parte de la inquietud de una paciente que desde hace tiempo transita el camino de las Psicoconstelaciones.

Es importante destacar que me refiero a una persona con un recorrido interno importante, y sus movimientos han ilustrado alguno de los casos del presente libro.

Como en cada oportunidad, la necesidad de realizar un trabajo constelativo se debe principalmente a cierta inquietud, cierta manifestación sutil que precisa una indagación en los tiempos pretéritos y en situaciones que responden a una reflexión acerca de una concepción de la vida y de los procesos internos.

Llegado el momento de la Psicoconstelación, el tema a trabajar se configuró así: *Una verdad que necesitaba ser desvelada.*

10    Hellinger, Bert, "Hellinger, Bert - Las constelaciones familiares del espíritu", en *Praxis der Systemaufstellung* (2007). Traducción de Peter Bourquin, [en línea]. Dirección URL: http://www.peterbourquin.net/inicio/?p=495 [Consulta: 10 de diciembre de 2018].

Un movimiento planteado de esta manera, desde los movimientos del espíritu, requiere que quien trae el tema tenga una gran apertura de consciencia para ingresar en un espacio donde quizás esta verdad se manifieste de forma poco clara. Es decir, el mensaje podría aparecer con matices metafóricos, encriptados.

Como en este caso puntual, dentro del grupo, asistieron dos personas que se iniciaban en el camino de las Psicoconstelaciones, consideré importante hacer una introducción para que pudieran estar atentos a lo que se manifestaría, ya que no tenían experiencia previa en este tipo de elaboraciones y era necesario que se mantuvieran no solo atentos y con actitud de entrega, sino además con la suficiente "permeabilidad" para ser tomados amorosamente por el movimiento.

La paciente elige para representarla a Cristina, miembro del equipo. Ella, una vez ubicada en el espacio, se toma el tiempo suficiente para poder entrar en resonancia con lo profundo que lentamente se manifestará.

Lo primero que hace es decirnos que se siente como en otro tiempo y rodeada por muchos seres, por un grupo numeroso.

**Cristina:** —Tengo una opresión en el pecho y mucho calor. Ese calor está situado adelante. Veo fuego... es una fogata.

Si bien no lo planeé conscientemente de esta manera, sentí con claridad que este movimiento lo haríamos solo con los miembros del equipo, lo cual como verán a continuación fue corroborado.

Se fue creando entre nosotros un campo común de resonancia, una conciencia común donde pudimos ir viendo las mismas imágenes y compartiendo el mismo sentir.

**Yo:** —Así es —intervengo—, hay muchas personas atrás tuyo. Adelante hay un gran fuego.

**Cris:** —Las personas están vestidas con túnicas —vacila un momento—. No, no son túnicas, están vestidas de época.

Tal como en un ajedrez mágico, fuimos tomados por el movimiento e incluidos lentamente en el espacio, cada uno en un lugar específico.

En ese momento, Ivana, también miembro del equipo, interviene.

**Ivana:** —Tengo una opresión en el pecho... hay una persecución... creo que están buscando a alguien —se incorpora.

También lo dicen Silvina y Valeria, todas personas del equipo.

Ivana comienza a llorar y, entre sollozos, nos dice que no entiende qué está ocurriendo.

Silvina también confirma ese sentir; sin embargo, percibe un sufrimiento entre todos los presentes. Siente que ella, en esa imagen, es chica, muy chica para tener consciencia de lo que está pasando. Se encuentra alarmada, intuye peligro y la inminencia de que algo grave está por ocurrir.

Valeria se toma la cabeza y llora porque siente una angustia irrefrenable.

Como en cada movimiento, la imagen es clara. Todo lo puedo ver como en una película en acción, pero también prefiero prudentemente no mencionar determinados detalles que podrían interferir en el movimiento. Es necesario dejarnos envolver por esa atmósfera, ese acontecimiento que se está desarrollando.

Todos los involucrados estábamos viendo exactamente lo mismo, tal como luego lo compartimos en el intercambio privado que hacemos como grupo de trabajo.

Sabía que la escena se trataba de un lugar del cual debíamos salir. Era demasiado traumática para vivenciarla.

La escena era la siguiente: me hallaba ante un pueblo expectante, esperando que el condenado/a llegara y fuera puesto/a en una hoguera.

Detengámonos aquí y vamos a imaginar que utilizamos un *giratiempos* y nos remitimos un paso atrás en esta escena, porque Cris entra en contacto con su sentir y da un paso atrás. Casi como en los relatos de ciencia ficción, automáticamente, la escena cambia. Estábamos en otro momento del mismo relato.

Yo: —¿Pueden sentir que estamos en otro momento?

Todos asienten.

Yo: —¿Pueden ver que estamos en otra escena?

Vuelven a asentir.

Cris: —Igual, no me siento tranquila. Sigo con miedo y sensación de peligro.

Ivana: —Me parece que algo va a pasar. Estoy muy angustiada.

Yo: —En esta escena no estamos seguros. Algo sucederá, pero tenemos tiempo. Debemos quedarnos tranquilos pues vamos a tener el tiempo necesario como para entender qué sucede aquí.

Veo con claridad que esta imagen no es un lugar adecuado para quedarse, por lo que los invito a todos a rebobinar, a que demos un paso atrás en la escena. Es importante en mi caso sentir certeza como facilitador y guía, porque esto nos mantiene unidos y confiados en que estamos siendo llevados hacia distintas imágenes vividas. Las sentimos en cada célula. Todo nuestro cuerpo vibra en la magia de ese tiempo. Nos sentimos parte de una historia en movimiento. Somos parte de la película, no hay diferencia entre lo que estamos viendo y el lugar en el que estamos en realidad. Todo se funde en una imagen aunque sabemos que estamos en dos planos y podemos sentir con claridad a ambos.

Para mantener la fidelidad de este relato tal como fue vivenciado relataré los hechos con la cronología exacta de lo que fue ocurriendo.

El cuadro que todos veíamos era el de un pueblo o ciudad atravesado por calles de tierra y adoquines que eran transitados por hombres y mujeres con ropas de aproximadamente quinientos años atrás. Todos estaban caminando y comprando, trabajando, es decir, haciendo sus tareas cotidianas. Sin embargo, era llamativo que todo este paisaje variopinto estuviese teñido levemente de un color sepia, como si de una foto antigua se tratara.

Continúa el movimiento, pero damos otro paso atrás en el tiempo. Estamos en una casa, un lugar sencillo de piedra. Afuera, la actividad, la vida sigue su propio ritmo natural y monótono. Allí, en el interior de ese hogar, la tristeza casi es material, profunda, asfixiante.

Le pido a Cris que gire lentamente para que quede mirando de frente a Ivana y a Silvina, que se hallan juntas.

Valeria está angustiada y llora. A su lado, la constelante está inmersa en lo que ocurre. Se encuentra profundamente conmovida por todo lo que se está desplegando frente a sus ojos y ante su alma.

Cris: —No me pidas que me despida de ellos porque no voy a poder hacerlo.

Estas palabras terminaron por esclarecer lo que presentíamos: la estaban persiguiendo desde hacía un tiempo y ahora la venían a buscar para llevarla detenida. Su castigo sería la hoguera.

Sentí que lo apropiado en esta circunstancia sería simplemente dar nuestro acuerdo, vibrar con ese dolor y sentirlo en profundidad y, al mismo tiempo, dar espacio para poder trascenderlo.

Entonces, pido a los concurrentes que hagan contacto visual y que permanezcan unos instantes en silencio.

Yo: —Honramos al Gran Espíritu y sus sabios designios. Nos dejamos guiar amorosamente y, sin cuestionar, damos nuestro acuerdo —las palabras acudían a mí naturalmente.

Era difícil atravesar por ese dolor que invadía la escena y donde nosotros éramos parte importante de ella.

**Yo:** —Honramos el alma de las víctimas y de los perpetradores y honramos en ellos a la rueda de la vida que pone en marcha el movimiento.

Valeria sigue conmovida y, en algún momento, ve con claridad la apertura de un nuevo portal. Lo señala. Y en ese momento ella se abre hacia una nueva escena, quizás la misma. No lo sabíamos con certeza, simplemente nos dejamos guiar hacia ella.

**Valeria:** —¡Es terrible la destrucción! ¿¡Qué hicieron!? ¡¡No dejaron nada en pie!! ¡¡La tierra fue arrasada y fuimos masacrados!! —llora desconsoladamente.

De pronto, con sumo cuidado, pido que nos inclinemos, que brindemos nuestro respeto a ese movimiento sagrado y que, desde ese acuerdo, simplemente honremos ese pasado. En silencio y con profundo compromiso.

Me acerco a Cris y le pido que digamos estas palabras:

—Honramos el haber sido elegidos para ser parte de este movimiento sagrado. Con profundo respeto acompañamos y desde ese sentir soltamos.

La constelante se incorpora a la rueda. Profundamente conmovida mira a Cris quien está representándola en otra vida o quizás a algún miembro de su entramado ancestral con quien ella estaba relacionada y a quien era necesario honrar en ese movimiento.

Son consideraciones que surgen como imágenes, y como tales es necesario dejarlas a salvo de las maneras de pensar habituales y no interpretarlas. El alma sabiamente tiene la claridad de los mensajes y no siempre debemos tratar de traducirlos.

Poco a poco la imagen se cierra. Cris siente que pudo "soltar" y, a través de ese sentir, pudo "dejar ir".

Como en cada movimiento cerramos con una rueda en la que nos liberamos de la experiencia vivida y entregamos con total confianza el resultado en manos de lo sabio que nos trasciende.


## Acuerdo de almas, un principio fundamental en las Psicoconstelaciones

A través de la sorprendente experiencia de que los representantes de los miembros de una familia realmente sienten como las personas a quienes están representando sin saber nada acerca de ellos, las Constelaciones Familiares han abierto el acceso a capas profundas del alma, muchas de las cuales estaban previamente ocultas en nuestra cultura. A esto se suma que, cuando los representantes permanecen realmente centrados, son conducidos por una fuerza irresistible hacia un movimiento, a través del cual las experiencias ocultas u olvidadas son traídas a la luz.[11]

Como habrán podido observar, en la Constelación que detallé anteriormente, existen lógicas o dinámicas que están fuera de nuestra comprensión, y que para sanar es imprescindible no resistirse a ese misterio.

Justamente, uno de los grandes lineamientos que guía a las Constelaciones Familiares es que mucho de lo que ocurre a nuestro alrededor responde a un principio sabio, y que este posee un sentido que excede cualquier interpretación.

Frente a esto, lo importante es dar nuestro acuerdo, dejarse llevar por estas manifestaciones sutiles, porque detrás de ellas hay una sabiduría que se manifiesta. El alma, las almas que se expresan, nos conducen, y si las dejamos actuar los resultados son maravillosos. Es fundamental vivir en perfecta sintonía con ese orden que nos trasciende.

Gran parte de mi trabajo como psicoterapeuta, entonces, consiste en que los consultantes hagan un acuerdo con esta realidad que los abarca, pero que no se deja comprender en su totalidad, pues solo acordando con esa sabiduría superior, una realidad mayor que escapa a nuestra vista, es que se puede producir la sanación.

Sin ir más lejos, constelar implica consentir en que estamos inmersos en un sistema y ese sistema no responde a objetivos egoístas o a cuestiones parciales sino a motivos y principios que van más allá de cualquier idea que podamos tener de él.

La negación de lo extraordinario, la resistencia ante la posibilidad de ver otras realidades, le quita magia a la vida, le resta encanto y hace de nosotros seres grises, rigurosos, sin permiso para la emoción que significa el día a día de nuestra existencia.

## Liberando la intuición

Dentro de la magia que se despliega en un taller, cada persona que participa experimenta un sentir en el cuerpo que hasta el momento le era desconocido.

---

11  Van Kampenhout, Daan, *La sanación viene desde afuera. Chamanismo y Constelaciones Familiares*, Buenos Aires, Alma Lepik, 2004, p. 7.

Justamente, el ser canal es una cualidad que todos poseemos y que es el reflejo de la maravillosa perfección que nos caracteriza como seres multidimensionales.

Sobre todo, en estos últimos tiempos, en los que se le brinda mayor importancia al pensamiento racional que a la intuición, no logramos imaginarnos como seres que nos desplegamos en diversos planos, en realidades diferentes y sutiles.

Sin embargo, desde pequeños, nos relacionamos con el mundo a través de la intuición, de percepciones, de sensaciones que se corresponden con otro tipo de conocimientos, con otras fuentes, con otros saberes, y podría afirmar, más sabios y trascendentales.

El prestigioso doctor en psiquiatría, Brian Weiss, en una entrevista realizada por Ignacio Escribano dijo al respecto:

> La arremetida contra la mente comienza desde que somos muy pequeños. Se nos educa con valores familiares, sociales, culturales y religiosos que reprimen nuestros conocimientos innatos. Y si nos resistimos a esa acometida, se nos amenaza con el miedo, la culpa, el ridículo, la crítica y la humillación. O, también, pueden acecharnos el ostracismo, la retirada del amor o los abusos físicos y emocionales. Nuestros padres y profesores, nuestra sociedad y cultura pueden enseñarnos falsedades peligrosas. Y a menudo lo hacen. El mundo actual es una clara prueba de ello, pues se encamina a tropiezos y golpes, imprudentemente, hacia una destrucción irreversible. Pero si se lo permitimos, los chicos pueden enseñarnos la salida.

Lamentablemente, esta habilidad denominada intuición, que todos, en menor o mayor medida, manejamos, con el correr de los años se va dejando de lado hasta ser desplazada por este pensamiento racional que culturalmente se considera más valioso y más certero como forma de acceder al conocimiento.

Lo intuitivo, por tanto, queda relegado a ciertos ámbitos, a ciertas prácticas.

> Bajo el influjo del materialismo científico, todo lo que no podía verse ni tocarse se tornó dudoso; más aún, sospechoso por pertenecer a la esfera metafísica. (…) Esta transformación se había iniciado desde mucho antes, es decir, fue anterior al materialismo. Cuando la época gótica (…) llegó a su fin con la catástrofe de la Reforma, la vertical del espíritu europeo quedó cruzada por la horizontal de la conciencia moderna.[12]

Continúa el Dr. Weiss:

(…) existe un descreimiento generalizado sobre todo aquello que no puede verse o demostrarse por métodos científicos convencionales. Y eso está mal, es erróneo. Nos enseñaron que todo eso es supersticioso, o no científico, o inferior. Y no es así. Tenemos sentidos más allá de los cinco sentidos. Y uno de ellos es la intuición. No sólo en el arte, los grandes descubrimientos científicos también surgen intuitivamente, y no necesariamente desde de la lógica pura. El mismo Einstein lo decía. Tiene que haber un balance entre lo racional y lo intuitivo. (…) Además, para recuperar ese equilibrio, no podemos olvidar que el amor es el componente fundamental de la naturaleza, que conecta y une a todas las cosas y las personas. Y la energía del amor es, en potencia, más fuerte que cualquier bomba y más sutil que cualquier hierba. Lo que sucede es que aún no hemos aprendido a aprovechar esa energía tan básica y tan pura.

La Psicoconstelación justamente es una herramienta exitosa porque si bien adopta herramientas del pensamiento científico, también le da un papel primordial a la intuición, a ese conocimiento extraordinario que permite al paciente llegar a otros planos y realidades. La intuición no cuestiona las sensaciones o la existencia del alma, sencillamente lo da por hecho, porque está conectada con ese mundo sensible. No discute conceptos, sino que nos comunica con otras dimensiones del ser.

## CANALIZAR ENERGÍA NO ESTÁ RELACIONADO CON SER MÉDIUM

Podría empezar por afirmar que todos poseemos la capacidad de canalizar, pero pocos son los que tienen el don de propiciar como médiums. Estamos frente a dos cuestiones de distinta naturaleza.

Los seres animados e inanimados se hallan unidos por canales o hilos invisibles que enlazan y conectan. Por ello, estamos vinculados desde lo profundo con la **fuente de energía universal** que mantiene cohesionado a todo lo existente.

En *El Talmud* se puede leer:

Cada brizna de pasto tiene su Ángel que se inclina
y le susurra "crece, crece".

Así que todos tenemos esta destreza y la capacidad de aumentar la frecuencia vibracional energética a través de determinadas técnicas co-

---

12  Jung, Carl Gustav, "El problema fundamental de la psicología contemporánea", en *Realidad del alma*, Losada, Buenos Aires, 1999, p. 7.

mo la meditación o el reiki, entre otras herramientas, la cuestión es permitirnos o abrir nuestra mente a esta nueva experiencia.

Muchas personas creen que no tienen esta habilidad, sin embargo, la poseen pero nunca la cultivaron o quizá lo hicieron y jamás lo notaron. Estamos entrenados para aceptar o percibir "la realidad" de una forma y no de otra, por lo cual, aquello que es diferente a lo establecido culturalmente, se niega.

Desde pequeños se nos enseñan las tablas de multiplicar, gramática, historia, geografía, pero jamás se dan clases de intuición, espiritualidad (no, religión) o realidades alternativas. Aquí comienza el error que da origen a la saga de equivocaciones.

Cuando logramos serenar el pensamiento a través de técnicas de respiración o de meditación es posible entrar en contacto con otros planos sutiles y darnos cuenta de que existe el poder de trascender la realidad concreta para poder vibrar en la energía de lo que ocurre en otros planos.

Lo mismo ocurre con el reiki, herramienta maravillosa de sanación, que desarrollaré en un capítulo posterior, y que permite la canalización, a través de nuestro cuerpo, de energía sutil, de la energía universal. Esta canalización produce magníficos resultados en el cuerpo, el alma y la mente.

Ahora bien, tal como lo mencioné, no debe confundirse, repito, con mediumnidad, pues este término fue definido por el padre de la Doctrina Espírita Alan Kardec quien denominaba "médiums solamente a las personas capaces de producir fenómenos ostensibles con sus facultades".

> *La mediumnidad es una facultad bastante múltiple que presenta una infinita variedad de matices en sus medios y en sus efectos. Cualquiera que esté apto para recibir o transmitir las comunicaciones de los Espíritus es, por esto mismo, medium, sea cual fuere el modo empleado y el grado de desarrollo de la facultad, desde la simple influencia oculta hasta la producción de los fenómenos más insólitos. Sin embargo, en el uso común, esta palabra tiene una acepción más restringida y se dice generalmente de las personas dotadas de un poder medianero bastante grande, ya sea para producir efectos físicos o para transmitir el pensamiento de los Espíritus a través de la escritura o la palabra.*[13]

Así también definió en El libro de los espíritus que las cualidades espirituales eran fundamentales para la utilización positiva o negativa de la mediumnidad, considerando que la baja moral convierte a los médiums en presa fácil de los malos espíritus lo cual desvía la finalidad de un don otorgado por Dios.

---

13    Kardec, Allan, "Escollos de los médiums", en *Revista Espírita. Periódico de estudios psicológicos*. Año II. 1859, Brasilia, Consejo Espírita Internacional, 2009, p. 29.

A este respecto consideraba:

> Los espíritus son atraídos en virtud de su simpatía por la naturaleza moral del ambiente en que se les evoca. Los espíritus superiores se complacen en las reuniones serias, en que predominan el amor al bien y el deseo sincero de instruirse y mejorar. Su presencia allí aleja a los espíritus inferiores, quienes por el contrario encuentran libre acceso y pueden obrar con plena libertad entre las personas frívolas o que son guiadas sólo por la curiosidad, y en cualquier parte donde se encuentren malos instintos. Lejos de obtener de ellos buenos consejos o informaciones útiles, sólo se deben esperar de su parte futilezas, embustes, bromas de mal gusto o supercherías, y a menudo toman nombres venerables para inducir mejor a error.[14]

Definió, además, diferentes tipos de médiums como por ejemplo los de efectos físicos, de efectos espirituales, psicógrafos o escribientes, auditivos u oyentes, parlantes o psicofónicos, videntes, sonámbulos o sonambúlicos, sensitivos o médiums curadores.

Por lo expuesto, concluyo que ser canal y ser médium son cuestiones de diferente orden, que si bien parecen conectarse, sin embargo las separa un abismo.

En los trabajos psicoconstelativos, todos nos convertimos en canales porque recibimos y enviamos información, y si bien nos remiten al conocimiento, a ese "más allá", nunca perdemos la consciencia, ni la energía que ingresa obstruye o desplaza la propia energía, mientras que un médium es una persona con un don especial que cuando entra en contacto con un espíritu, ese espíritu colma todo su ser, invade, lo ocupa y este médium solo se convierte en un instrumento, en la voz y cuerpo del espíritu que ha ingresado en él.

## LA PSICOCONSTELACIÓN COMO HERRAMIENTA DE SANACIÓN A DISTANCIA

### Distancia que trasciende al individuo y abarca a la familia completa

Es un hecho comprobado el efecto sanador de las Psicoconstelaciones no solamente en las personas que concurren al taller sino en su sis-

---

14  Kardec, Allan, "Resumen de la doctrina de los espíritus", en *El libro de los espíritus*, [en línea]. Dirección URL: https://espiritismo.es/wp-content/uploads/2016/08/El-libro-de-los-Espiritus.pdf [Consulta: 15 de diciembre de 2018].

tema familiar. Asimismo, este modelo es un patrón de trabajo en el campo de la Psicoterapia Familiar Sistémica.

La persona funciona como un agente de cambio activo en su sistema porque produce, a partir de la modificación en la comunicación, efectos que alcanzan a todos los miembros.

En la Psicoconstelación, al tratarse de una herramienta transgenealógica, el resultado es profundo y evidente, dado que por definición toma no solamente a las personas que conforman la familia actual sino que alcanza a las generaciones anteriores, lo cual implica también una trascendencia más allá de la vida y de la muerte.

La frase TODOS TIENEN UN LUGAR EN LAS PSICOCONSTELACIONES toma en cuenta lo expresado anteriormente.

Todos compartimos en lo profundo de nuestros entramados familiares historias de exclusión, de personas a quienes, por distintas razones, se les negó la pertenencia al sistema.

Las causas que pueden considerarse válidas en un plano concreto pueden no guardar en lo profundo esa misma validez. Los motivos de los conflictos actuales pueden ser muchos y variados: personas que debieron abandonar su tierra natal para nunca más volver, gente que participó en guerras y asesinaron, parientes que maltrataron física o verbalmente a otros del grupo, etcétera.

El trabajo con las Psicoconstelaciones intenta facilitar el proceso de inclusión de todos los que pertenecen al sistema. Por eso, en cuanto los excluidos y temidos reciben su lugar, de ellos emanan fuerzas positivas y sanadoras para cada uno de los integrantes de la familia, tal como lo expresa Bert Hellinger.

Quienes atentan contra algunos de los miembros de la familia, tal el caso de los perpetradores, estos son excluidos porque existe un compromiso moral de preservación del grupo que es el reflejo del sentir de amor en un plano concreto. Esta exclusión expresa no solamente el castigo desde el punto de vista legal, sino también un rechazo concreto marcado por el dolor de la pérdida. Sin embargo, en un plano profundo, más allá de las formas de pensar habituales, existe un acuerdo álmico, un sentido que escapa a lo que podemos comprender mediante el cual el perpetrador y la víctima acordaron escenificar ese pacto. Una forma de representarlo sería:

**El perpetrador:** —Sé que vamos a reencontrarnos y voy a dañarte, y lo siento.

**La víctima:** —Sé que vamos a reencontrarnos y vas a dañarme, y estoy de acuerdo.

Este acuerdo difícil de comprender por el dolor humano que significa la pérdida es el que está presente en todos los movimientos que acontecen a lo largo de la historia. Es el juego de los opuestos. Es el delicado y difícil equilibrio que marca el sentido profundo que nos liga a todos los eventos por los cuales nuestras almas elijen transitar para evolucionar.

Es por eso que entrar en contacto con la filosofía de la herramienta constelativa significa dar un lugar a todo lo que aconteció en otros planos y otros tiempos.

Una de las claves para organizar el entramado y la propia vida es llegar a comprender que la exclusión que se produjo fue consecuencia directa del amor, el dolor y para la preservación del grupo, en un momento dado y como reacción inmediata, pero luego se debe integrar desde el amor a aquel perpetrador. Nunca debemos perder de vista el funcionamiento kármico de los vínculos.

Una vez que se los recibe con respeto y amor y se honra al destino que dio sentido a la acción, estos se retiran, liberan de la carga a la familia y se convierten en fuente de fuerza para los vivos.

## *Distancia que trasciende el espacio terapéutico*

Ahora bien, el título del presente capítulo podría prestarse a cierta confusión por lo que es necesario definirlo de manera más concreta. Dije que es una herramienta a distancia porque: a) opera en el pasado, presente y, por lógica consecuencia, en el futuro (tiempo), y, b) porque, además, es posible mantener sesiones con personas que se hallan lejos del espacio terapéutico (espacio).

Les contaré un caso para ilustrar bien el punto b.

Hace ya bastante tiempo, se me presentó el caso de una paciente que estaba radicada temporalmente en el extranjero. Manteníamos sesiones por Skype porque no lograba sentirse a gusto en el lugar, y deseaba hallar la causa de ese sentimiento.

Después de un período, ambos acordamos realizar una Constelación a distancia para ver si podíamos acceder al origen de su malestar.

En la sesión terapéutica hablamos acerca de cuál era su situación emocional actual y definimos el tema a constelar: *Ella consigo misma en el hoy… y la dificultad para sentirse plena viviendo esta experiencia de aprendizaje en el extranjero.*

Yo presentaría el tema en su nombre y elegiría a quien la representaría en el taller.

Mi sugerencia fue que en el momento en el que estuviéramos realizando la Constelación en su nombre, ella no debería hacer nada especial salvo permanecer tranquila y relajada, tal como ocurre cuando las personas concurren a un taller, con el mismo compromiso como si ese día ella participara en persona en la rueda constelativa.

En este caso puntual, la diferencia horaria facilitaba el trabajo, porque para la constelante era de mañana, justo en un horario en el cual ella podía estar en su hogar.

En el momento del taller, en su nombre, me presenté y presenté el tema que ella constelaría, tal como más tarde haría cada uno de los constelantes. Luego, al elegir representante, invoqué en silencio su nombre y pedí autorización a su ser superior para que el movimiento fuera facilitador y se manifestara a través de él lo que la paciente necesitaba sanar para este momento de su vida.

Como en todo trabajo constelativo, surgió que aquello que le estaba produciendo dificultades en su día a día era, sin duda, el haber dejado sola a su madre. Al ser hija única, la culpa la atenazaba, se sentía mal por haberse apartado momentáneamente de ella.

Paradójicamente, si bien esta experiencia de la lejanía con su mamá la perturbaba, la que realmente estaba impactada por esta separación era la madre, lo cual quedó claro a través de lo que fue surgiendo en la Psicoconstelación en la incorporación de otra representante que ocupó ese lugar.

Mientras todo esto sucedía en mi consultorio (en Buenos Aires), la paciente, por la diferencia horaria estaba durmiendo. Sin embargo, horas después, ella me confirmó que en el momento en que se desarrollaba su Psicoconstelación, se despertó debido a algunos malestares físicos y por una fuerte sensación de angustia. Con el trascurrir de los minutos, ambos síntomas fueron mermando hasta llegar un sopor y tranquilidad que, luego de conversar, calculamos que ese estado de paz se dio cuando ya se había cerrado su Psicoconstelación.

Como podrán observar, la herramienta funcionó a pesar de los kilómetros y horas de diferencia porque el trabajo se realiza en planos no convencionales, son comunicaciones entre almas, y estas no responden a las leyes comunes de la física. Solo interactúan en dimensiones extraordinarias.

Debo aclarar que esta técnica a distancia solo suelo emplearla con aquellos pacientes que ya concurrieron a algún taller y conocen, por lo tanto, la técnica y mi forma de aplicarla y cuando es imposible la asistencia del paciente a las entrevistas o talleres, ya sea por cuestiones geográficas, de salud u otras.

En los pacientes que no han hecho la experiencia y que por alguna razón no se animan a asistir a los talleres, prefiero esperar a que se encuentren dispuestos a participar en la rueda constelativa.

# ACERCA DEL ROL DEL TERAPEUTA

## MI PROPIA EXPERIENCIA CONSTELATIVA: PRIMERA VEZ EN UN TALLER

Es cierto que llegar por primera vez a un trabajo grupal del cual no tenía mucha idea me producía cierta inquietud, sin embargo, la confianza que tenía en mi querida amiga y colega, quien me había invitado a participar de esta experiencia, me daba la seguridad de que estaba en un lugar que cambiaría mi forma de ver el proceso de trabajo en psicoterapia.

En aquella ocasión, recuerdo que fui elegido para "representar", es decir, tomar el lugar de alguien en un trabajo de Constelación, a pesar de no tener la menor idea de lo que eso significaba.

¡Fue extraordinario sentir todas las energías en movimiento y la manera en que se manifestaba mi cuerpo!

También me viene a la memoria la felicidad, el bienestar y paz que sentí como resultado de ese trabajo. No tenía certeza de lo ocurrido, pero presentía que a partir de ese momento un recorrido de trabajo personal con otras herramientas además de las de mi formación como psicoterapeuta empezarían a tener un sentido más profundo.

Lo que había aprendido con anterioridad, ya sea, psicología, parapsicología, estudio de religiones comparadas, antropología, entre otras muchas disciplinas, que, de alguna manera, se hallaban aparentemente olvidadas, comenzaron a cobrar vida y a fusionarse con esta nueva terapia.

El cambio de mirada y la apertura de consciencia que proponen las Constelaciones y que ocurre en todos quienes se acercan a un taller era lo que estaba manifestándose.

Al año siguiente de esta experiencia empecé mi formación con la certeza de un camino en el cual debía comprometerme a trabajar profundamente conmigo y depurar todo lo aprendido para permitir que la alquimia transformadora tuviera lugar.

## MI RECORRIDO COMO FACILITADOR DE CONSTELACIONES FAMILIARES

Mi recorrido como facilitador de Constelaciones fue definiendo mi estilo personal, desde mis inicios, con en el primer taller constelativo que dirigí.

Sentí que estaba preparado para asumir este compromiso dado que ya tenía una larga trayectoria como psicoterapeuta y que mi trabajo de formación se había nutrido durante muchos años con diferentes cursos y posgrados.

Sabía que debía estar muy atento a las señales que se irían presentando, pues lo sabio que nos guía y nos acompaña se desvelaría paso a paso.

Circunstancias personales, nada fáciles por momentos, me devolvían a la necesidad de profundizar el trabajo conmigo mismo.

Tal como expresaba Carl Jung, "conocer tu propia oscuridad es el mejor método para lidiar con la oscuridad de los demás".

De la misma manera, trabajar desde el espejo de mi propia alma me llevó a utilizar determinadas herramientas de trabajo interno que luego pude aplicar a mi trabajo en Psicoconstelaciones.

La Terapia de Regresión y Sanación Chamánica, el reiki, la Terapia Postural Holística, el trabajo con la Terapia de Sonidos, la Danza Movimiento Terapia, todos guiados por excelentes profesionales, son solo algunos de los recursos aprendidos y aprehendidos en mi recorrido personal y profesional.

Ninguna de estas maravillosas herramientas serían útiles sino hubiese mantenido siempre me actitud de aprendiz, por supuesto. El acercarme humildemente a personas con formación, me permitía conservar intacto mi deseo de crecer, de transformarme.

Siento con claridad que todos tienen el potencial de ser maestros y aprendices al mismo tiempo, pero para ello es necesario dejar de lado el ego.


## LA AYUDA APROPIADA: PAUTAS

> *El encuentro de dos personalidades es como el contacto de dos sustancias químicas: si hay alguna reacción, ambas se transforman.*
>
> Carl Jung

Quienes nos desempeñamos en la función de acompañar procesos terapéuticos, debemos tener presente que toda ayuda debe desarrollarse dentro de un encuadre apropiado.

Si nos basamos en el significado de esta palabra, encuadrar es colocar algo en un marco, es decir, desde lo terapéutico implica darle una delimitación que permita que ciertas variables se mantengan en un equilibrio constante durante el proceso.

Este encuadre no necesariamente se refiere a algo estático, muy por el contrario, es algo dinámico, activo, que dependerá también de las características propias del profesional, pero que es necesario mantener para que pueda llevarse a cabo el proceso terapéutico adecuadamente.

Son pautas que facilitan la tarea y que protegen a ambos participantes (terapeuta y paciente) para que el cambio sea posible.

Las variables a tener en cuenta son, por ejemplo: el espacio donde se desarrollará la sesión, el tiempo que durará, la modalidad de trabajo y los honorarios.

Todas estas cuestiones se hallan inscriptas en el propio modelo terapéutico, aunque es el profesional quien elegirá la forma de implementarlas conforme a lo que resulte más apropiado para cada caso.

## EL TERAPEUTA FRENTE A LO QUE ES REAL PARA EL PACIENTE

El mundo tal como lo vivimos es el resultado de nuestra creación, aunque nos cueste reconocerlo.

De la misma manera, la realidad refleja un orden y organización del mundo que está construido por nuestra experiencia.

Esa imagen del mundo está dada, en principio, por nuestro grupo original de pertenencia, es decir, el núcleo familiar. Allí se construyen las relaciones entre cada integrante, entre los miembros y el mundo y se produce la construcción del sí mismo. Son procesos que cohesionan a las familias y que permiten que permanezcan unidas a lo largo del tiempo, más allá de las generaciones. Al mismo tiempo, al tener relación con el exterior, con lo foráneo, están sujetas a intervenciones que pueden desorganizarlas, desarmarlas, dividirlas.

Cada familia tiene un sistema de creencias que la caracteriza que es el prisma a través del cual se mira al mundo y se evalúan las conductas de sus miembros.

Sin duda, las familias tienen un estilo particular y propio que las hace únicas y una construcción de la realidad que es producto de lo heredado a través de las distintas generaciones.

Nuestros gustos, intereses particulares, así como también la manera en la cual conceptualizamos lo que nos rodea surgen automáticamente sin que podamos justificarlos en el hoy a través de una reflexión personal, pues muchos de ellos son heredados.

Quienes nos desempeñamos como psicoterapeutas sabemos que nuestro sistema de creencias influye sin duda en el paciente, y es por esto por lo que debemos estar atentos y mantener nuestra "subjetividad controlada" como diría el maestro Erik Erickson.

Este es un concepto base de todo proceso. Los psicoterapeutas debemos percibir la imagen del mundo del paciente así como la de su grupo familiar, independientemente de quienes sean los que concurren.

El lenguaje, en estas circunstancias, es clave.

Desde esta postura, es claro que debemos ser flexibles y mantener la mente abierta para percibir las sutilezas de las verbalizaciones, de las posturas y gestos y de la realidad tanto del paciente como de su grupo.

Celia Elzufán en su libro *El terapeuta como un junco* nos dice:

> En este libro lo que quiero mostrar es, cómo apoyándome en los principios básicos que aprendí de mis maestros y que aparentan ser tan simples, puedo utilizar todo el arsenal técnico, todas las herramientas que me ofrece el modelo y todas aquellas que se me puedan ocurrir en momentos de creatividad, si me permito estar lo suficientemente abierta como para poder realmente captar, percibir, la construcción de la realidad de quien me consulta, reprimiendo totalmente mis ideas, mis preconceptos, para poder meterme, algo así como "debajo de la piel del o de los consultantes".
>
> Para ello considero que tenemos que ser como *juncos*, porque permanentemente los terapeutas nos enfrentamos con personas distintas, con diferentes ideas sobre su persona, sobre la vida de pareja, sobre la vida familiar. Por lo tanto, mientras estas visiones o construcciones no sean un problema para los consultantes, nosotros no tenemos que transformarlos en un problema... Me gustaría mostrar en esta "charla-narrada" cómo, en diversas áreas de las dificultades humanas, me transformo en *junco* para poder percibir lo que en sus orígenes, Watzlawick llamó el "lenguaje del consultante" y que luego se sofisticó con el término "constructivismo". Únicamente transformándome en *junco* tengo alguna chance de poder ser una "ayudadora" de quien o quienes me consultan y producir el acto mágico del alivio del problema.[15]

15  Elzufán, Celia, *El terapeuta como junco. Aplicaciones clínicas de terapia breve*, Buenos Aires, Nadir editores, 1989, p. 27.

El poder percibir el mundo y los valores del otro es, creo yo, lo más difícil. A pesar de los años de experiencia que tengo, cada vez que tengo que enfrentarme con una persona, o con un grupo de personas es enorme el esfuerzo que tengo que hacer para percibir lo que es válido para el otro y al mismo tiempo, dejar de lado mis propias creencias. Sería algo como contener la estampida de una manada de animales que están en mí y que empujo hacia atrás para poder escuchar *solamente lo que le duele o cómo ve el mundo esa persona.*[16]

Sin duda percibir el mundo tal como lo ve el otro es muy difícil, y es una de las claves fundamentales no solamente en la terapia, sino para relacionarnos con el otro aprendiendo a respetar creencias diferentes a las nuestras y darnos la posibilidad de ampliar también nuestro campo de consciencia.

## LAS CREENCIAS

En líneas generales, las creencias suelen ser corsés que no permiten la flexibilidad que se necesita para adaptarse a las diferentes situaciones a las que nos debemos enfrentar cotidianamente. Por eso se habla tanto, actualmente, de resiliencia. Ser resiliente significa tener capacidad para adaptarse correctamente a circunstancias adversas. Para ello, entonces, se debe poseer una destreza precisa: flexibilidad. Ella permitirá que ciertas creencias conformen la personalidad, pero a manera de guías y no como determinantes absolutos.

Lejos de lo que muchos creen, ser "flexibles como juncos", en algunos es una característica innata, pero también es posible aprenderla e incorporarla.

Pues bien, quienes nos alineamos desde este "despertar de la consciencia", desde este "despertar a una nueva realidad" que forma parte de la filosofía de las Psicoconstelaciones, la adaptación al medio (cultural, social, familiar, etc.) es un elemento fundamental para cambiar y evolucionar.

Quien asiste a un taller, pero en una pose de descreimiento hacia esta herramienta de sanación o con conceptos e ideas que no desea cambiar, le será muy difícil realizar eficazmente el trabajo terapéutico.

En las Psicoconstelaciones, ya sean grupales o individuales, ante todo se debe tener una actitud de apertura y respeto ante lo nuevo, lo

16   Ibíd., p. 28.

distinto. Las reglas inamovibles, las nociones rígidas solo provocan juicios, discriminación e involución.

Esta plasticidad a la que me refiero es un acto de crecimiento y creación, porque a través de esta nos permitimos cambiar y reinventar/nos.

Por ejemplo, cuando decimos de nosotros mismos que somos tontos, inseguros, depresivos, cuando no nos abrimos a nuevas experiencias, nos afianzamos cada vez más en una posición estática y cerrada, lo cual impide cualquier transformación positiva.

Por todo lo mencionado, la invitación de las Psicoconstelaciones y mi invitación, por supuesto, es entrar en una frecuencia en donde cada uno se permita permeabilizarse, abrirse a vivencias nuevas, sin emitir juicios, sin clasificar o calificar, para dejarse llevar por realidades diferentes y transformadoras.

## LOS ÓRDENES DE LA AYUDA[17]

"Ayudar es un arte. Como todo arte, requiere una destreza que se puede aprender y ejercitar. También requiere empatía con la persona que viene en busca de ayuda. Es decir, requiere comprender aquello que le corresponde y, al mismo tiempo, la trasciende y la orienta hacia un contexto más global", explica Bert Hellinger en su libro *Los Órdenes de la Ayuda*.

Todos dependemos de todos. Nos necesitamos. Es vital para cada uno dar y recibir, no solo ser receptor. A veces puede tratarse de un intercambio, pero en otras ocasiones es un acto más profundo y sentido.

Hay ciertos niveles de compromiso, de dedicación y amor por lo que se trasciende el mero dar y recibir.

Bert Hellinger habla de varios tipos de ayuda que me gustaría pasar a explicarles:

**Primer orden de la ayuda:** Se trata de dar tan solo lo que se tiene y aceptar nada más lo que se necesita, ni más ni menos.

Entonces, cuando uno quiere tomar más de lo que precisa o pretende dar más de lo que posee o es capaz, empiezan los desequilibrios. En las parejas, por ejemplo, es muy frecuente observar que uno le pide al otro más de lo que ese otro es capaz de brindar y, por lo tanto, los roces y las peleas terminan en separación.

17    Hellinger, Bert, *Los Órdenes de la Ayuda*, Buenos Aires, Alma Lepik, 2006.

**Segundo orden de la ayuda:** Está relacionado con ayudar y, NO, entrometerse, esto es, socorrer a alguien cuando lo solicita y teniendo mucho respeto por su situación. Ayudar no concede poder sobre el otro, no implica permiso para opinar sobre su vida. La ayuda debe realizarse de manera desinteresada, si no, no sirve, se convierte en otra cosa.

**Tercer orden de la ayuda:** Se refiere a aquellos que cuando se les pide ayuda tratan de reponer un tipo de asistencia materna o paterna.

Es fundamental respetar los roles. Los ayudadores no deben asumir roles que no les pertenecen. Un terapeuta debe operar como tal y no como padre, un amigo, como amigo y, un colega, como compañero de trabajo, si los roles se cambian la ayuda fracasa y bajo ciertas circunstancias se pueden producir vínculos desvirtuados y patológicos.

**Cuarto orden de la ayuda:** Se debe entender que el que solicita ayuda no es un ser aislado sino que está inserto en un grupo social, cultural y familiar, solo en ese contexto el ayudador puede realmente entender la verdadera dimensión de lo que esa persona necesita (tanto en el dar como en el recibir).

**Quinto orden de la ayuda:** Las Constelaciones son herramientas maravillosas para comprender el universo de cada paciente, de cada persona que solicita ayuda. Mediante esta terapia nos acercamos al constelante, observamos su entramado social y familiar, y con un panorama total de su realidad damos la ayuda exacta que aquel pide. Es una terapia de orden, como dije en mi anterior libro *Psicoconstelaciones,* y de reconciliación. A través de la mediación del terapeuta, la persona obtiene su ayuda en la medida que precisa, de quien precisa y con observación a los lazos de parentesco (consanguinidad o afinidad) que allí están en juego, pero por sobre todas las cosas este tipo de ayuda se caracteriza por una postura completamente amorosa, comprensiva y desprejuiciada tanto hacia el paciente como hacia la persona con la que éste tiene un conflicto. Es la única forma de brindar un verdadero servicio y asistencia.

## ¿CUALQUIER PERSONA PUEDE AYUDAR?

Está claro que hay diferentes tipos de ayuda y de diferentes órdenes, tal como lo vimos en el apartado anterior. Sin embargo, en este caso particular, quiero hacer referencia a la ayuda terapéutica justa y precisa.

Veamos... la buena ayuda, dice Hellinger, es cuando el profesional no se "mete, hurga o inmiscuye" en los misterios del alma, para luego ofrecerle un "procedimiento avalado científicamente" para restablecer el orden perdido. El verdadero profesional permite que el alma se exprese para que el paciente comprenda lo que debe sanar. Por ende, la ayuda es un arte, el arte de acompañar, el arte de despejar el camino para que el alma se comunique.

"Ayudar desde la sintonía con el otro, con su destino, con su alma, de forma que el otro pueda y deba crecer en ello, eso es un arte", repite el maestro Hellinger.

Por otro lado, es fundamental para esta tarea no juzgar, no clasificar como bueno o malo, mejor o peor, porque cuando se piensa en esos términos, alguien inevitablemente queda excluido. El amor hacia todos y hacia todo es la clave. La lástima y la compasión no sirven. Estas dos últimas no brindan ni apoyo ni acompañamiento a quien lo necesita, a los terapeutas nos debilita y a los problemas de los clientes/pacientes los fortalece.

## FORMAR A CONSTELADORES

Las personas que son parte del equipo de trabajo que coordino se han ido formando en Psicoconstelaciones, sin prisa, pero sin pausa. Antes de brindarles información teórica debieron entender y aceptar el profundo compromiso que representaba asumir este rol. Una vez entendida la filosofía de este trabajo, la técnica se despliega "casi" por sí sola.

Mi equipo tiene los conocimientos adecuados acerca del pensamiento sistémico, lo que implica "ser parte de una familia" y los aspectos esenciales de los Órdenes de la Ayuda y los Órdenes del Amor, de Hellinger.

Poseen, además, una sensibilidad especial para comunicarse con otras almas, para establecer comunicaciones álmicas.

Mis amigos, asistentes y, por supuesto, ayudantes han ido experimentando y viviendo junto a mí diferentes talleres y prácticas; juntos hemos compartido conocimientos para poder intervenir correctamente en cada trabajo constelativo.

Claro está que no todas las herramientas son para todas las personas. No todos pueden, y me atrevería a decir, ni deben sentirse comprometidos a continuar una formación en una herramienta si en el transcurso de esta se dan cuenta que excede lo que están dispuestos a sostener.

Es una responsabilidad que nos compete especialmente a quienes oficiamos como guías… el saber si alguien está preparado internamente para seguir adelante o si es prudente decirle que no es adecuado continuar la formación.

## EL TRABAJO COMPLEMENTARIO

"Nadie puede llevar a otro más lejos de donde llegó consigo mismo", reza un principio que escuché y que comparto siempre porque es clave en la tarea de todos los que nos desempeñamos como terapeutas.

Para conocer y ayudar a otros, es necesario tener la capacidad para conocernos y ayudarnos a nosotros mismos, como primera medida. Sin este principio fundamental es imposible llevar a cabo esta tarea profesional.

Por otro lado, es primordial reconocer nuestras limitaciones y saber acallar el ego cuando es necesario. Una actitud humilde y respetuosa es primordial en esta tarea.

Convertirse en gurúes, figuras mediáticas y maestros reconocidos puede ser tentador pero jamás debe ser el objetivo porque entorpecería nuestro trabajo que es en primera instancia ofrecer ayuda.

La valoración por nuestra tarea es fundamental. El recibir afecto y reconocimiento también lo son, pero no deben obstaculizar el camino que nos trazamos… el de aprender cada día para poder ayudar cada día.

En mi trabajo como psicoterapeuta, he incorporado herramientas complementarias que me hicieron sin duda más asertivo, pero antes de emplearlas las probé, las experimenté y comprobé que serían efectivas para los pacientes.

Creo que no se puede emplear recursos en los constelantes que previamente no hayan sido probados en mi persona, porque algunos podrían resultar inocuos o negativos.

Nadie puede ni debe aventurarse a ser facilitador sin estar debidamente formado, sin tener una base teórica que justifique su práctica y un trabajo interno que permita estar atento a aquello que debemos poder sanar en nosotros mismos.

Son muchos los facilitadores que se aventuran a una práctica y que no saben adecuadamente cómo enfrentar situaciones que se presentan tanto en aspectos de la personalidad del paciente o en el desarrollo de un taller. Esto deja a los pacientes en un estado de ansiedad y desorientación que bajo ninguna manera deben experimentar...

Las maratones terapéuticas donde una persona resuelve en un fin de semana sus dificultades más profundas, prácticas extremas de meditación, dietas sanadoras de días y otro sin fin de ofertas de cambio de vida instantáneos son parte de lo que hoy en día desvirtúa el verdadero y profesional trabajo interno.

Hay que ser cuidadosos... con uno mismo y con los demás, tanto para brindar ayuda como para recibirla.

# EL PROCESO PROPIAMENTE DICHO DE LA PSICOCONSTELACIÓN

## CIERTOS PUNTOS RELEVANTES

Repasemos juntos cuestiones fundamentales del trabajo terapéutico.

**Entrevista previa**: Este primer paso lo considero vital ya que el acercamiento previo al taller permite no solo que el futuro participante me conozca y conozca el espacio sino también que yo pueda evaluar si la persona que me consulta se encuentra emocionalmente preparada para participar en una Psicoconstelación. Es imprescindible, por lo menos para mí, hacer una evaluación clínica antes de integrarlo en una rueda constelativa.

**Temas para constelar**: Los que necesite el paciente. Pueden ser temas laborales, familiares, relacionados con amistades, con colegas, con la pareja, en definitiva, cualquier cuestión que esté afectando la salud emocional, álmica, psicológica o corporal del consultante.

**Preparación para un taller**: A cada futuro constelante se le explica cómo debe prepararse para el taller, lo que puede esperar o no del trabajo y ciertos parámetros para no entorpecer la efectividad del tratamiento.

**Cantidad de participantes**: Considero que todo trabajo de este nivel de profundidad debe hacerse en grupos pequeños, pues permite al terapeuta atender cada detalle y persona, seguir de cerca cada signo, síntoma o manifestación álmica. En grupos muy grandes, según mi criterio, puede no resultar tan efectiva esta herramienta.

**Respeto**: Salvo muy raras excepciones, no permito que asistan (al taller) personas como meros espectadores; primero, porque es imposible mantenerse al margen de la influencia de lo que ocurre en las Psicoconstelaciones, y, segundo, para preservar un ambiente de profundo respeto e intimidad entre los constelantes. Creo hasta invasivo que alguien venga a ver y a opinar si no está dispuesto a comprometerse emocionalmente con el trabajo.

**Herramientas:** En los talleres utilizo todo el arsenal del que dispongo: reiki, TPH, meditación, respiración, además, obviamente, de mis conocimientos como psicólogo clínico.

**Resultados:** Quienes se acercan para constelar, sobre todo la primera vez, deben llevarse una buena impresión de lo vivenciado, deben sentirse más aliviados, y, al mismo tiempo, sentir que fue una experiencia cuidada dado que el trabajo realizado suele abrir puertas internas que tendrán repercusiones en muchos aspectos del constelante. Obviamente, los que eligen volver a transitar el camino sanador de las Psicoconstelaciones percibirán una expansión de la consciencia, lo que los conducirá a la sanación, paz, alegría.

## ADENTRÁNDONOS EN LA ENTREVISTA PREVIA A UN TALLER

Tal como expliqué en mis libros anteriores, en estos años de trabajo con las Psicoconstelaciones, así como en todo el desarrollo de mi tarea profesional, siempre consideré de fundamental importancia la entrevista inicial porque con ello puedo armar una impresión diagnóstica para establecer si es o no posible el inicio de un proceso terapéutico específico.

La experiencia adquirida, a través de los años, me llevó a la conclusión de que era fundamental tener este primer contacto también en el caso de los futuros constelantes por el profundo compromiso a nivel psicológico, espiritual, emocional y físico que implica un taller.

Es importante mencionar que a lo largo de mi recorrido, el devenir de las diferentes experiencias fue marcando el camino. Así, en un principio, los grupos más numerosos fueron dejando espacio para la tarea cuidada con grupos pequeños, de la misma manera, la recomendación de un futuro constelante por quien había participado de un taller dio lugar a una preentrevista como requisito *sine qua non* para participar por primera vez.

También es fundamental este primer acercamiento para que el paciente se familiarice con el espacio en el cual se desarrollará la dinámica terapéutica del taller.

Por medio de ese "primer paso o contacto", no solo yo realizo una evaluación sino que el propio paciente me observa y establece si hay o no afinidad. Es en este momento donde se produce un desvelamiento mutuo y una comunicación álmica.

Tengamos en cuenta que el alma sabe lo que precisa sanar, y, tratándose de cuestiones tan profundas como alma, espíritu y salud psicológica, es mi deber ético asistir al paciente de la mejor manera posible, para guiarlo por el camino exacto que lo lleve a su sanación.

Esta preentrevista, además de permitir el mutuo conocimiento, posibilita el comprender las expectativas del paciente, sus necesidades y saber si está llevando a cabo otros tratamientos, pues de ninguna manera mi trabajo debe obstaculizar o interferir en el de otros profesionales, como tampoco el consultante debe pedirle a esta herramienta más de lo que puede lograr.

En la terapia constelativa se trabaja con las almas, con la historia, con el presente, para recuperar la capacidad de vivir en paz y en armonía.

Ahora bien, después de todo lo expuesto, sería un error negar la curiosidad como móvil para participar en este tipo de terapia, de ahí, nuevamente, surge la necesidad de la preentrevista. Personas con diferentes características afirman que desean probar "este sistema" porque quieren intentar algo diferente, sin embargo, no saben que en realidad, están siendo guiados por su sabiduría interior para desvelar dolores y emociones que han quedado ocultos y sin procesar.

Debo reconocer que para muchos es muy espinoso revivir acontecimientos o profundizar en su alma, ya que a veces esta puede empezar a transitar por caminos desconocidos y abrir portales regresivos hacia otros planos de consciencia, al escenificar situaciones que son difíciles de comprender desde el pensamiento consciente. Algunos, en cambio, permiten ser guiados hacia esa realidad oculta y temida, son más receptivos y dejan que su alma vibre en perfecta sintonía porque saben que solo así sanarán. En ese momento, la mente se cubre con un velo para que no ingrese ningún pensamiento que interfiera en lo que está ocurriendo como proceso sanador.

El Maestro Daan Van Kampenhout siempre traza un paralelismo entre chamanismo y Constelaciones Familiares con estas palabras: "uno de los principios importantes que han sido comprendidos y se utilizan en la sanación chamánica es que una imagen sanadora creada durante un ritual no debería ser almacenada en la personalidad sino en el alma. De este modo, queda a salvo del alcance de las maneras de pensar habituales". Son estas maneras de pensar habituales, tratando de comprender, de interpretar lo acontecido las que desvirtúan el proceso. No es propio de la Constelación interpretar, sino ver con otra mirada, la mirada del alma.

Estar dispuestos y disponibles desde una total apertura permite que la mente consciente se relaje y se acceda a este viaje metafísico.

Tomemos en cuenta que toda Psicoconstelación puede leerse en múltiples planos que no podemos llegar a comprender en su totalidad. Estamos ante un lenguaje desconocido que el alma comprende y decodifica. Por ello la importancia de liberarla y dejarla actuar.

## QUÉ TEMAS PUEDO CONSTELAR

La referencia a lo familiar es la característica principal de las Psicoconstelaciones debido, principalmente, a que esta se alinea dentro de un paradigma sistémico, un cuerpo teórico y un método terapéutico que define a la persona como perteneciente a diferentes entramados vinculares en los cuales se desarrolla, donde el primero es la familia, la cual posee un efecto amplificador hacia los diferentes grupos.

Tomo las palabras de mi maestra Celia Elzufán para ampliar esta cuestión: "Cada familia tiene un estilo característico que la diferencia, una retórica distinta y una construcción de la realidad que es el producto de su historia compartida, de las experiencias que tienen en común, con sus acontecimientos, recuerdos, anécdotas difíciles de olvidar, valores y objetivos que dan lugar a reglas interaccionales, que nosotros los observadores utilizamos para describir pautas reiterativas".[18]

La Psicoconstelación toma en lo inmediato este concepto, pero lo amplía y lo extiende en muchas direcciones.

Bert Hellinger fue quien definió bajo el término de los Órdenes del Amor, estas leyes del alma familiar que une a todos y que vela por los derechos de cada uno. Esta mirada transgenealógica es la primera explicación necesaria para entender cuáles son algunos de los temas que podemos constelar. Veamos algunos ejemplos: la relación con mis padres, la relación con alguno de ellos, mi lugar dentro del sistema, la relación con mis hermanos, abuelos, yo conmigo en el ahora, etcétera.

Sin embargo, circunscribir las Psicoconstelaciones solo al espectro de lo familiar no hace sino limitar la posibilidad del movimiento y no deja que se abra el juego a algo más profundo. Se pueden también ver

---

18   Elzufán, Celia, "El constructivismo", en *El terapeuta como un junco. Aplicaciones clínicas de terapia breve*, Buenos Aires, Nadir editores, 1989, p. 24.

conflictos de pareja, problemas no resueltos con líneas ancestrales lejanas, inquietudes del ahora a las que no se les halla respuesta.

En cuanto a si es necesario concurrir al taller o consulta con alguna persona puntual o miembro del grupo familiar, es imprescindible aclarar que en la terapia sistémica propiamente dicha no necesariamente se trabaja con la totalidad del grupo, porque las modificaciones suscitadas en las pautas interaccionales y de comunicación en una de las personas integrantes, producen un movimiento centrífugo hacia la totalidad, cambiando las pautas de comportamiento y el feedback. Esto consigue en definitiva una sanación profunda en el alma individual y familiar.

Muchas veces estas implicancias familiares que anidan en el pasado ancestral pueden manifestarse bajo la forma de síntomas físicos o síntomas emocionales, lo cual abre el espectro hacia la consulta por temas tales como diferentes trastornos de ansiedad, emociones negativas, depresiones, angustias, falta de decisión y motivación, temores diversos, solo por mencionar algunos casos.

Tal como se puede observar, es realmente amplia la cantidad de cuestiones que se pueden tratar y que pueden funcionar como disparadores para que el alma halle el camino apropiado de expresión y sanación.

De todas formas, aunque el consultante diga que desea constelar un problema específico, lo cierto es que es el alma quien despliega el problema y quien se encarga de poner en escena de manera perfecta lo que necesitamos sanar en cada movimiento.

Tal como lo expreso siempre al iniciar cada taller… "Dejen que su alma guíe el proceso, entréguense con confianza a lo sabio que nos trasciende, que se expresará a través de la maestría de los representantes de cada movimiento".

En *El constelador y las profundidades familiares del alma*, lo expreso con estas palabras:

> Siento que entro a un lugar que es sagrado, pero al mismo tiempo entro con certeza, con seguridad, pero, siempre, con una profunda humildad y un respeto absoluto. Esta es la única forma de saber entrar a un lugar que te recibe con amor. Desde ese lugar creo que es como si te dijera, "yo soy el guía que los voy a llevar de excursión por un bosque". Al no tener miedo a lo que pueda suceder, tengo absoluta confianza en la naturaleza, y por eso tengo fe en el orden de respetar a la madre natura. Nada extraño puede ocurrirme ni tampoco a las personas que están conmigo. Eso creo que es básico. Y fundamentalmente no juzgar, nada de lo que suceda en la vida de las personas, en la íntegra humanidad, ni bueno, ni malo, la cosa es como es, las cosas son como son.

Esta certeza permite que el proceso de la Psicoconstelación se despliegue en toda su potencia, y que se manifieste lo que el consultante necesita para sanar.

Lo que surge cuando abrimos un movimiento desde esta propuesta es realmente asombroso, ya que, simplemente, dejamos que quien es elegido para representar comience un viaje profundo hacia sensaciones que van abriendo puertas al misterio oculto, a ese secreto escurridizo al que de manera directa no era posible acceder.

Como verán, los temas son innumerables. El alma es en última y primera instancia la que se impone y dicta lo que se deberá sanar para que el ser integral mejore y alcance su salud mental, espiritual y física.

## CÓMO PREPARARSE PARA UN TALLER DE CONSTELACIONES, POR EL DR. CHRIS WALSH[19]

*Asista al taller, relajado y descansado, con la mente y el cuerpo despejado.*

*Maneje sus expectativas.*

*Si hace o no su propia Constelación, igual obtendrá mucho al ser representante o por permanecer sentado en el círculo. Tómese el tiempo que necesita para observar el estilo del facilitador, de manera que esté seguro de sentirse lo suficientemente cómodo con él para que facilite su propia Constelación. A algunas personas esto les puede tomar uno o dos talleres antes de alcanzar esta certeza.*

*Si hace su propia Constelación, es preferible no hablar acerca de ella con otros, después.*

*"Actuar" como representante no es "actuar" un rol sino más bien tomar el lugar de la persona.*

*Como representante manifieste simplemente las sensaciones, sentimientos e impulsos que espontáneamente surjan en usted. Es una buena idea comenzar por las sensaciones corporales.*

*No hay nada correcto o incorrecto, exprese simplemente su propia experiencia.*

*Resístase a crear un final feliz. Está en la tarea del facilitador trabajar hacia la resolución. El proceso es mucho más efectivo si los representantes mantienen su certeza.*

---

19   Texto basado en directivas impartidas por el especialista en Psiquiatría, Dr. Walsh.

Cualquier pregunta o duda que traiga a la Constelación podría ser un inconveniente serio para usted.

Una Constelación basada en un asunto trivial tiene poca energía y es improbable que sea de utilidad. Las cuestiones más fuertes conducen a mejores resultados.

En lugar de decir "Quisiera que mis hermanos, hermanas estén más relajados unos con otros", podría decir: "Quisiera comportarme de tal manera que ayude a mis hermanos y hermanas a estar más relajados unos con otros". Planteado de esta manera el tema permitirá apropiarse más de la situación, lo cual conduce a que la Constelación sea más beneficiosa.

Hacer una Constelación refleja el ambiente familiar propio. Es útil conocer los hechos básicos de su familia. Esta información puede ser útil para hacer una Constelación. Pero tampoco hay que ponerse frenético tratando de descubrir todo. Es a menudo una parte de la información la que se necesita para un taller.

Aquellos a quienes deberíamos prestarle atención, que son parte del sistema familiar:

1. Niños (incluso los recién nacidos y aquellos que murieron tempranamente).

2. Hermanos y hermanas (incluso los recién nacidos y aquellos que murieron tempranamente).

3. Los padres.

4. Los abuelos.

5. Algunas veces, bisabuelos o ancestros más lejanos en el tiempo.

6. En definitiva, todos quienes tuvieron un lugar y lo facilitaron a los miembros anteriores. Esto incluye en particular a las primeras parejas de padres y abuelos, así como aquellos cuyos destinos desafortunados o muertes trajeron a la familia una ventaja o una ganancia.

7. Víctimas de violencia y asesinato por algún miembro de la familia.

8. Algunas veces, personas que salvaron la vida de algún miembro de la familia.

Una vez más, recuerde estar bien descansado y con una mente y cuerpo en calma.

## EN LA RUEDA CONSTELATIVA, LA PUNTUALIDAD

Llegar puntualmente al encuentro es importante porque les brinda a los participantes un tiempo prudencial para cambiar la frecuencia y dejar poco a poco la vorágine de las actividades diarias.

Las demoras, en muchos casos, forman parte de una resistencia a la terapia y, en definitiva, al cambio. Es por esto por lo que, comenzar el trabajo relajados y sintonizados unos con otros es fundamental para que las almas se puedan abrir paso para manifestarse y expresar lo que necesitan comunicar.

Por otro lado, el asistir con tiempo, predispone de otra manera a los concurrentes, pues no tuvieron que correr para llegar en horario, participan distendidos, hablan con otros consultantes y todos se disponen en la sala conforme a sus necesidades y comodidad.

## EL INICIO DE LA SESIÓN CONSTELATIVA

Para abrir el trabajo constelativo enuncio las siguientes palabras:

*Los que formamos parte del equipo les damos la bienvenida a quienes concurren hoy, por primera vez, y a quienes eligen una vez más transitar el camino sanador de las Psicoconstelaciones.*

*Nos dejaremos llevar confiados en un viaje que comenzó desde el momento mismo en el que nuestra alma decidió participar en el taller.*

*Este proceso, como muchos momentos importantes de nuestra vida, empezó antes de que estuviéramos totalmente conscientes de su inicio.*

*Todos, de alguna forma, nos preparamos para estar hoy aquí. Fuimos sintiendo sensaciones sutiles, muchas de las cuales pasaron desapercibidas, pero que claramente movieron piezas que aquí terminarán de encontrar su lugar en imágenes.*

*Déjense llevar, traten de sentir en profundidad sin juzgar nada de lo que acontezca como bueno o como malo. En muchos momentos, seguramente, no comprenderán qué es lo que está ocurriendo, tanto en el movimiento de otras personas como en el suyo propio, sin embargo, no traten de entender ni de decodificar, ni tampoco de captar todos los detalles porque sabiamente la mayoría de ellos quedarán grabados en la memoria atemporal del alma, sin mediar la razón, pero tendrán su efecto.*

*Además, emociones, síntomas que presente el cuerpo, sensaciones de frío o calor, bostezos, sonrisas, sonidos externos, son datos todos importantes que formarán parte del mensaje álmico.*

Todos los participantes, incluidos mi equipo y yo, asistimos a este evento con respeto y un profundo compromiso y nadie se sitúa allí como mero observador sino que cada uno participa y se integra al movimiento desde lo más profundo de su ser.

Todos allí somos abrazados por la experiencia. Cambia, a partir de ese momento, la forma de ver la realidad y, por lo tanto, nuestras creencias.

El cuerpo, por otro lado, tendrá también su espacio, su protagonismo, pues al igual que el alma, se manifestará y comunicará diferentes mensajes.

Somos una gran caja de resonancia, y nuestro cuerpo resuena en ese sentir.

Es por ello que cada uno de nosotros se sintonizará con su cuerpo como parte del trabajo a realizar.

Y continúo:

*Cerremos nuestros ojos, dejemos que el cuerpo se relaje al ritmo de la respiración. Cada uno a su tiempo, sin esfuerzo.*

*Apoyemos nuestros pies en el suelo con delicadeza, sintiendo la generosa madre tierra recibiéndonos, percibiendo el anclaje profundo en el aquí y ahora.*

*Vayamos, poco a poco, recorriendo nuestro cuerpo dándonos el tiempo adecuado para que este se sienta cómodo en el lugar en el que se encuentra.*

*Es probable que la mente les traiga imágenes, pero no se asusten ni se intimiden, tan solo den su acuerdo para que esto suceda. No se detengan en ellas.*

*Desde este sentir agradeceremos a nuestra sabiduría el habernos guiado a este espacio, a este encuentro de sanación.*

Mientras voy guiando esta relajación, yo mismo tomo contacto profundo con la energía del espacio. Con humildad pido permiso a las almas que participan y a la energía que vibra en el lugar para ser un buen guía, para protegerlos a todos y a cada uno en los movimientos.

Una vez hecho este ejercicio, nos presentamos, y con una palabra definimos la emoción que nos acompaña en ese momento.

Recién en ese momento, estamos listos para comenzar a constelar.

El primer movimiento, por lo general, lo realiza algún miembro del equipo o yo, para que la gente nueva tome contacto sin temor o preocupación por esta experiencia. Esto facilita el entrar en sintonía con todo este proceso de sanación.

De este modo, al estar en un ámbito de plena confianza y cuidado, los pacientes se sienten seguros y en libertad de expresarse, sin sentirse juzgados ni observados, sino más bien contenidos y guiados con amor y profundo respeto

## EL REPRESENTANTE

Uno de los temas que genera más expectativa y, al mismo tiempo, cierta inquietud es cuando se habla de la tarea de representar en un taller de Psicoconstelaciones. Quizá, en parte, porque está relacionado con la participación activa, cosa a la que quizá no todos estén dispuestos y, sin embargo, es necesaria.

Tal como lo he mencionado oportunamente, si bien los que asistimos al taller somos tomados por la mágica sutileza de lo que ocurre, el representante tiene un rol más comprometido aún. Este es quien escenifica ciertos pasajes, eventos o personas de la vida del constelante. Es quien permite visualizar y traer al presente ese momento o situación conflictiva, para analizarla y poder sanarla. Es quien se transforma en una herramienta que posibilita ver y, hasta cierto punto, reelaborar ese nudo crítico, dificultoso.

El actor/representante pone su cuerpo al servicio de lo que está aconteciendo en el movimiento, en el trabajo de exploración y sanación. Cada persona tramita algo propio a partir de ser otro en el tiempo en que dura el movimiento.

Ante esa representación y escenario, el constelante toma poder, puede poner palabras a su dolor, puede definir su terror o su vergüenza, pero en definitiva adquiere la capacidad de intervenir para modificar ese pasado o situación que perturba su presente.

Cuando se arma la rueda, las energías y las almas inician una comunicación, hablan entre ellas, se conectan, y no tiene que ver con el lenguaje verbal, sino más bien, es un lenguaje sagrado, místico, extraordinario que se pronuncia en otros planos, pues en los planos álmicos los cuerpos funcionan como perfectos receptores e instrumentos, se transforman en canales, (no haciendo referencia en este punto a la mediumnidad que es de una naturaleza diferente) y en este acto comunicativo aparece ese mensaje oculto, escurridizo que no se dejaba alcanzar.

Entonces, iniciado el proceso, cada uno de los constelantes "recibe una señal, tiene un sentimiento" de que tal o cual persona debe ser quien lo represente y no otra, y quien deba escenificar su trama/trauma dentro de su novela familiar. El paso siguiente es que se ubiquen dentro del espacio constelativo y, tal como en el cine o teatro, se arman primeros y segundos planos, donde cada sitio tiene un significado especial... las cercanías y las lejanías, derecha, izquierda, adelante y atrás cobran un pleno sentido: poder, sumisión, dolor, amor.

Voy a tomar unas palabras de Stanislavski pero haciendo una pequeña intervención para que se comprenda mejor este rol del actor: "Solo después de que el actor (constelante) piensa, analiza y vive el papel en su totalidad, y después de que ante él se abre una perspectiva lejana, clara, hermosa, atrayente, es cuando su visión se vuelve de gran alcance y deja de ser miope como antes".

Esta afirmación la tomé porque está claro que en el preciso momento en que se despliega la escena de su vida, del pasado lejano, cercano y momento actual, el paciente pierde la inocencia del desconocimiento, abre su mente a la verdadera trama que construye su vida y, por eso, deja de ser miope y comienza a entender, a reflexionar y a recuperar autonomía y libertad.

Todos estos elementos son los que dejamos que surjan en esta terapéutica. Nadie queda callado o de brazos cruzados. Absolutamente todos representamos y somos representados. Esta actuación que trasciende el pensamiento activa la sutileza del sentir y proporciona la posibilidad de crecer.

"Muchas veces los representantes de síntomas y enfermedades señalan hacia sucesos relevantes para el sistema, o hacia miembros de la familia relacionados con estos, que fueron excluidos. Las Constelaciones tienen un efecto sanador porque favorecen la integridad y la identidad de la persona. Son experiencias generadoras de sentido que tienen la virtud de ampliar el campo de acción de una persona y ayudarle a encontrar soluciones, a través de una comprensión mucho más extensa y profunda de situaciones vitales difíciles de llevar o marcadas por la impotencia".

Stephan Hausner

## LA COLOCACIÓN DE LAS MANOS EN LOS HOMBROS

Antes de iniciar un movimiento, se le pide al que constelará en esa ocasión, que elija entre los participantes de la rueda a quienes representarán lo que su alma intenta descubrir y comunicar.

Una vez elegida a la o las personas, se le solicita al constelante que dentro del espacio terapéutico, ubique a estas personas como lo sienta, como su imagen interna lo designe (a veces los representantes se disponen solos porque establecen una conexión inmediata con el constelante) y, luego, se le pide a este constelante que se coloque, delante o detrás del representante, por lo general, les indico que se ubiquen detrás, apoyando sus manos en los hombros del representante. Es claro que, al tratarse de un método transgenealógico, la historia ancestral esté ubicada a nuestra espalda. Padres, abuelos, bisabuelos, tatarabuelos encuentran su lugar en el entramado que se despliega y en el cual, nosotros y luego nuestros hijos somos eslabones de una cadena que continuará ubicándose por delante en el pasar de la vida.

La cuestión de tocar los hombros o las manos es para tomar contacto, para transferir imágenes internas, para comunicar y transmitir energía, para dar y recibir amor, contención, con lo cual se establece un lazo armonioso y amoroso entre constelante y representante.

El contacto en sí mismo es contenedor y reparador, reconforta al que se siente abatido o preocupado, da fuerzas y ánimo para quien se siente solo, triste o afligido.

En cuanto a toda la ritualización que se despliega en ese entorno de trabajo no siempre es necesaria, pues lo cierto es que la Psicoconstelación es una herramienta tan perfecta de ayuda y sanación, que funciona aunque no realicemos cada uno de estos pasos. De hecho, en las reuniones de equipo probamos otros métodos y comprobamos que también funcionan, sin embargo, mantenemos en el trabajo este ritual inicial tal como fue concebido.

Sí es fundamental que las personas que concurren estén todo el tiempo en contacto con su sentir, con sus emociones para trabajar adecuadamente y profundizar en la problemática que se desea tratar.

Para los más curiosos y más interesados en el manejo, armonización y transmisión de energía, me pareció interesante brindarles información sobre la teorización hecha por Peggy Phoenix Dubro, cocreadora de un método llamado UCL (Universal Calibration Lattice), acerca de la configuración energética del ser humano, pues soy un convencido de que la información cura, la información nos da el poder para tomar buenas decisiones y, bien entendida y manejada, nos puede conducir por los caminos más certeros.

Veamos qué nos dice:

[Poseemos] conductos a través de los cuales se trasladan las cargas eléctricas. Estos conductos contienen la información previamente codificada de configuración circular, que permiten regularizar el flujo de energía a través de los lazos, de acuerdo a la sabiduría interior de cada uno. Estos lazos contribuyen a la naturaleza autoequilibradora y autorreguladora del UCL. Las cargas energéticas se reestructuran al azar según nuestras acciones y pensamientos. Una forma más directa de regular las cargas de energía es recurriendo a la EMF Balancing Technique, método energético especialmente diseñado para trabajar con la UCL.[20]

Continúa:

Hay 12 fibras largas verticales de luz y energía llamadas *largas fibras de información* que forman el perímetro externo del UCL. Estas largas fibras están dispuestas en cuatro grupos, de tres fibras cada uno y son portadoras de la información energética de toda nuestra existencia (…). A la zona que irradia desde los chakras y que se conecta con estas fibras posteriores la llamo *prisma del poder personal*. Esas fibras posteriores contienen la información relacionada con el pasado, con vuestra historia, e incluye los acontecimientos de vidas pasadas y todo los que habéis experimentado en vuestra vida actual, además de datos físicos, esquemas de tendencias genéticas, tales como el aspecto, la salud y el bienestar.

La información está contenida en las fibras posteriores dentro de unos minúsculos discos de luz con motivos geométricos. A medida que aceptamos mayor responsabilidad en el proceso cocreativo de nuestra propia vida la información relevante para nuestro crecimiento evolutivo se va poniendo a nuestra disposición.

Estos discos almacenan información de manera electromagnética, como un disco de ordenador. Cuando una carga de energía mayor de lo habitual rodea uno de estos discos de luz, esto a menudo se manifiesta como una realidad que se repite a sí misma una y otra vez en lo que llamamos el *momento presente, el aquí y ahora*. Si es una realidad a la que aspiramos, la repetición contribuye a reforzar nuestro poder. Con mucha frecuencia, sin embargo, nuestra historia energética crea una grabación no deseada y se convierte en un anclaje de energía que nos mantiene atados atrás y nos impide avanzar. Cuando esto sucede, nos encontramos creando repetidamente situaciones que no queremos.[21]

---

20 Peggy Phoenix Dubro. David P Lapierre, *Entramados de Conciencia. Evolución multidimensional*. España, Ediciones Vesica Piscis, 2012, p. 117.
21 Ibíd., pp. 119-120

También explica:

> Las largas fibras que están detrás de nosotros contienen la información de nuestro pasado; las que están a ambos lados procesan la información de la energía que damos al mundo y que recibimos de él (Bert Hellinger menciona dentro de los Órdenes del Amor el equilibrio entre el dar y el tomar en nuestras acciones); las largas fibras que están delante de nosotros contienen información relacionada con nuestro potencial o futuro.[22]

Concluye:

> Energías residuales de experiencias pasadas que han permanecido sin ser equilibradas pueden ocasionar, y por cierto lo hacen, un sinfín de efectos no deseados en nuestra vida cotidiana. Muchos tratamientos terapéuticos tradicionales no llegan a la profundidad necesaria dentro de nuestra anatomía energética como para crear un equilibrio y liberación de grabaciones energéticas inadecuadas. Algunas terapias traen realmente cambios beneficiosos pero suele ser sólo tras largos procesos. Es preferible trabajar equilibrando energéticamente estas fibras posteriores para que vuestro cuerpo energético pueda liberar y reciclar las sobrecargas. El efecto será acortar las terapias tradicionales o, en algunos casos, hacer que no sean necesarias.[23]

## EL CUIDADO DE LOS REPRESENTANTES

La experiencia del trabajo interno debe ser adecuadamente cuidada para que cada persona que concurre a un taller pueda vivenciar la totalidad del trabajo de manera enriquecedora. Es importante, que todo el proceso que va desde la entrevista inicial hasta el seguimiento posterior a la Psicoconstelación sea acompañado por un profesional con una formación sólida en psicología.

Compartiré a continuación una experiencia ocurrida en un taller que corroborará lo dicho anteriormente.

Quien concurre a la entrevista inicial me pregunta si es posible realizar el trabajo constelativo en un grupo reducido porque cree que lo hará sentir más cómodo al ser ésta su primera experiencia.

22   Ibíd, p. 116.
23   Ibíd., p. 121.

Como el paciente desea tratar varios temas, es imprescindible que lleguemos a un acuerdo en cuanto a las prioridades en las temáticas que tocaríamos en cada sesión.

Ya nos habíamos pasado del tiempo establecido para una entrevista y la ansiedad por seguir desarrollando temas continuaba, por lo que para concluir, mi devolución fue que precisaríamos otra entrevista previa al próximo taller o quizás podría esperar un poco para hacer la experiencia.

Es claro que esto no condice con la expectativa del cliente de participar inmediatamente. De hecho, cada vez compruebo que la entrevista previa es una fabulosa herramienta para establecer quiénes realmente están convencidos de que la Psicoconstelación es apropiada para sanar algún tema específico y que es el momento justo para realizarla.

El paciente manifiesta un poco de duda y disconformidad ante la posibilidad de tener que pagar los honorarios de la segunda entrevista debido a que se aproximaba a la fecha del taller, y le parecía que no podía pagar ambas cosas. Sin embargo, intuía que no era ese el motivo que lo hacía vacilar, más bien se trataba de una resistencia. Su alma aún no estaba lista para comunicarse. Pasaron dos semanas y, solicita una nueva entrevista. Se lo notaba más tranquilo, más ordenado en su discurso y pudimos precisar el tema para su movimiento. Este sería "con él mismo en el hoy".

El día del taller como lo he aclarado oportunamente abrimos con un movimiento de alguno de los miembros del equipo, luego voy observando detenidamente a cada participante para saber cuál es el *timing* adecuado para su movimiento. Por lo general, prefiero trabajar al final con las personas que concurren por primera vez para que se sientan más confiadas y relajadas.

Desde el comienzo se lo notaba ansioso, quizás un poco más que la media del grupo. Se tocaba repetidamente el pecho y respiraba nerviosamente.

En uno de los movimientos, me dice que se siente muy movilizado y que tiene mucha ansiedad y dificultad para respirar.

Lo tranquilizo diciéndole que sin duda algo de lo que estaba sucediendo en la rueda le tocaba alguna cuerda íntima, y que era importante confiar en que lo que estaba ocurriendo era sanador para él. Evidentemente, su alma tomaba estas imágenes y le producía desconocidas sensaciones.

Lo invito, entonces, a que se sume a la Psicoconstelación. En ese movimiento, podía representar a la pareja que estaba realizando su movimiento porque próximamente se mudarían lo que implicaba el cierre de un ciclo y el comienzo de otro en un nuevo hogar. No era casualidad, entonces, que el paciente estuviera tan alterado, pues en unos meses él se casaría y pasaría por la misma experiencia.

En este lugar del representante y a cierta distancia del centro de la escena comenzó a sentirse más tranquilo, aunque seguía movilizado por las señales que su cuerpo le transmitía y a las que trataba de entender conscientemente. Por supuesto, este cuestionamiento le producía conflictos y una sintomatología difícil de manejar para él.

Continúa el taller.

En otro movimiento, es elegido para representar, no por azar, el movimiento de una pareja; y digo "no por azar" porque él estaba fuertemente movilizado por la temática. En la entrevista, me había comentado que parte de su inquietud giraba en torno a su próximo casamiento y cuestiones de pareja que estaba viviendo en el presente. La energía que se encontraba canalizando lo impactaba profundamente, sobre todo, por todo lo que percibía en su cuerpo y por la perfecta sintonía que mantenía con la persona a quien estaba representando.

Fue aquí donde la vivencia de su sentir lo desestabilizó y fue necesario asistirlo para poder equilibrarlo.

En un momento, en pleno trabajo, me dice que se siente mal, que tiene un temblor en todo el cuerpo. Me pide si puede cambiarse de lugar. Le digo que lo haga, pero que se quede tranquilo, que nada le pasará, pues está participando en un entorno cuidado y protegido. Para mí estaba claro que había sido tomado por la energía del movimiento. Sin embargo, le aclaré que participaría cuando yo se lo indicara. Aún no era el momento.

Es en estas circunstancias, cuando los integrantes del equipo se mantienen atentos y cuidan adecuadamente de cada participante dado que yo debo continuar adelante guiando.

En un momento, me indica que necesita entrar. Se ubica en un lugar y me dice que siente mucho frío. Le pido a Cris que se coloque detrás y que comience a pasarle reiki.

La energía sagrada que se canaliza a través del reiki es sumamente adecuada para favorecer a los representantes, y la utilizamos en casi todos los movimientos.

Como veo que sigue ansioso y que está hiperventilando, lo invito a respirar pausadamente y a que se relaje. Al mismo tiempo, le pido que no luche contra lo que está sintiendo porque eso actuaré de manera negativa. Era fundamental que se dejara llevar amorosamente por el trabajo que se estaba llevando a cabo.

Se estaba produciendo una lucha entre su mente y su sentir, lo que lo llevaba inexorablemente a una desestabilización cada vez más profunda.

Llegado a este punto fue necesario intervenir más activamente, para tranquilizarlo, para que recuperara su normal respiración. Para ello, le coloco las manos en el pecho y comienzo a pasarle reiki también. Le pido que se relaje. Era claro que le costaba poder entregarse con confianza a lo que estaba sintiendo. Lentamente, los temblores se fueron transformando en ligeros espasmos.

Yo sabía con certeza que mediante estos "síntomas" estaba manifestando un profundo temor.

Cuando logro que se recupere, repentinamente cruza los brazos sobre su pecho. Luego cubre la cara con sus manos y dice: me viene una palabra a la mente y siento que no puedo decirla.

Lo tranquilizo y le afirmo que tiene el permiso para expresarla.

Finalmente dice lo siguiente: —La palabra que me viene es… fallecido… —comienza a llorar.

Le confirmo que efectivamente estaba canalizando la energía de alguien que había fallecido, pero que no era negativo, porque la muerte no tiene por qué tener una connotación negativa como así tampoco debe tenerlo una enfermedad o un síntoma.

Le comento que es un privilegio ser elegido para canalizar la energía de alguien que partió y que necesita este paso para seguir adelante con su evolución, y que por lo tanto se quede tranquilo porque yo estoy a su lado acompañándolo y cuidándolo. Que nada le puede pasar.

Poco a poco fue calmándose y logramos continuar con el movimiento para cerrarlo en perfecta armonía.

Llegados a este punto, es necesario aclarar que en los talleres y en las entrevistas, cuando el tema a tratar es sobre una enfermedad o muerte, siempre comento que no es necesario que estas cuestiones tengan una connotación negativa, y le pido que los tomen sin prejuicios ni temores porque uno de los principios de las Psicoconstelaciones es que no es posible desarrollar bien esta terapéutica si se piensa en términos de bueno o malo. Aquí no se debe juzgar, sino tomar cada cosa como un camino elegido por el alma para la evolución.

Al finalizar este movimiento, Eugenia, una expaciente con quien nos conocemos desde hace muchos años y quien estuvo presente en mi primer taller, recordó una experiencia en la cual había concurrido un médico a hacer su primera sesión constelativa y, en una situación similar, al no ser posible controlarse, tuvimos que asistirlo con los asistentes para que pudiera equilibrarse emocionalmente.

Es por eso que considero importante que en todo trabajo donde existe un compromiso emocional profundo haya un seguimiento adecuado y que se trabaje con grupos reducidos para que el profesional a cargo pueda cuidar con responsabilidad y certeza a cada persona que asiste.

## ¿SE PUEDE INTERRUMPIR UNA SESIÓN?

"Las Constelaciones pueden liberar procesos muy intensos. Como terapeutas, somos responsables por lo que desencadenamos en el paciente. Por eso, es necesario analizar muy escrupulosamente si para el paciente es recomendable una constelación en ese momento, además, si interrumpimos o no y cuándo, o si suspendemos un proceso ya iniciado", explica Ursula Franke.

Como en todo proceso terapéutico, los profesionales debemos estar atentos a todas las manifestaciones que se producen en el cuerpo y en el alma del paciente porque de lo que se trata es que el constelante mejore, encuentre la raíz de su problema pero sin comprometer su salud.

Siempre estoy pendiente de la respiración del paciente, de su nivel de compromiso emocional, de las sensaciones corporales que manifiesta, porque para sanar es necesario conducir el espíritu, la psiquis, el físico con total respeto y amor. De nada sirve forzar situaciones, nada aporta someterse a un estrés en pos de una supuesta curación. Justamente el sanar implica una nueva forma de verse y de amarse, de ubicarse de otro modo en la vida, de abrirse a la familia y a su historia pero desde la armonía y el respeto total.

De lo que estoy hablando aquí, entre otras cosas, es también de límites. Justamente, gran parte de los problemas familiares se producen cuando esos límites no son claros y las jerarquías y crisis se confunden, nada está en su lugar. Entonces, hallarse en un espacio donde todo adquiere un nuevo orden, donde el terapeuta está alerta a ese ordenamiento y a las diferentes sensaciones del paciente es esencial para la curación.

"Cuando los síntomas excedan la medida que el mismo terapeuta pueda contener o soportar, entonces lo mejor es que exhale profundamente e interrumpa el proceso en ese momento", continúa Franke.

Si bien la aparición de síntomas puede estar señalando una aproximación a un punto crítico al que sería magnífico acercarse para llegar a la profundidad del problema, no sirve continuar, por lo que a veces es necesario frenar la sesión y seguir en otro momento, pero ya de por sí esta información es sumamente rica para paciente y terapeuta. Todo signo, toda señal aporta una información preciosa acerca de la historia del paciente y al tratarla con la delicadeza y tiempo es posible que estas sintomatologías no solo no se repitan sino que señalen la fuente del problema y se lo pueda tratar desde su origen.

## EL SEGUIMIENTO POSTERIOR A LA PSICOCONSTELACIÓN

Les recuerdo que las imágenes sanadoras que se producen en un taller de Psicoconstelación no deben exponerse a ningún análisis, ya que se interrumpiría el proceso álmico de curación, característico de esta herramienta.

Cuando finaliza el taller, a veces y solo "en casos especiales", le hago al paciente una devolución de lo acontecido en la rueda, pero no es la generalidad, pues prefiero que cada uno lleve consigo una experiencia emocional y álmica sin mediar los procedimientos racionales.

En muchas ocasiones, los constelantes sienten curiosidad, anhelan respuestas o indicaciones, pero para que esta terapéutica funcione correctamente es necesario que todo se mantenga en ese lenguaje que solo el alma comprende. Tratar de descifrar esto quitaría poder al proceso.

Cuando el paciente solicita el seguimiento posterior a la Psicoconstelación, porque precisa seguir elaborando ciertas problemáticas, le ofrezco más consultas, pero desde un lugar de guía y, no, de traductor. Podemos hacer un intercambio de impresiones, puedo de alguna manera invitarlo a ciertas reflexiones, mas no es la idea ofrecerle una explicación lineal de lo ocurrido en el taller. Su alma debe hacérselo entender, no yo, no su lógica.

También es posible que algunas personas deseen volver a participar en una Psicoconstelación. Esto puede suceder, incluso, mucho tiempo después de su primera vez. En estos casos, también insisto con la entrevista, pues en un lapso prolongado muchas cosas pudieron ocurrir en su vida que necesitan una evaluación anterior al taller.

## ALGUNAS TÉCNICAS COMPLEMENTARIAS RELACIONADAS CON EL USO DE OBJETOS (ANCLAJES)

Es frecuente que algunos consultantes que realizan la entrevista previa al taller, se muestren interesados en realizar una Psicoconstelación individual. Sin embargo, salvo casos especiales, siempre recomiendo el trabajo grupal.

La experiencia de trabajar con varias personas al mismo tiempo, a veces, produce cierto prurito o temor. Los pacientes, por lo general, tratan de evitar este tipo de exposición por miedo a ser juzgados u observados. Sin embargo, como lo afirmo en reiteradas oportunidades, el espíritu de las Psicoconstelaciones está muy lejos de ello, ya que allí se genera un ámbito de respeto mutuo y colaboración. De hecho, es un proceso sumamente enriquecedor.

De todos modos, si, a pesar de comentarle al paciente cómo es el trabajo constelativo, este continúa inseguro o con miedo, realizo con él una preparación introductoria. Esto es una Psicoconstelación individual con utilización de elementos.

El uso de plantillas, imágenes cuadradas o circulares (realizadas en goma eva), figurillas o muñecos que representan a hombres y mujeres, niños, mascotas, etcétera, son herramientas apropiadas para ir sintonizando al consultante con su sentir profundo y para que logre entrar en contacto con sus emociones y con su alma.

### Trabajar con figuras representativas

Quien ideó el trabajo con las figuras de playmovil fue la terapeuta alemana Sieglinde Schneider.[24]

Estas figuras son bien recibidas en la consulta individual dada su semejanza con las figuras humanas y, al mismo tiempo, por ser representativas de imágenes de la infancia.

Activa, por otra parte, el costado lúdico del consultante y le permite acceder a sus emociones profundas.

---

24  Durante muchos años fue maestra de consejería en varias escuelas. Hoy trabaja como asesora sistémica para jóvenes, parejas y familias, en su propia práctica, y dirige seminarios y cursos de capacitación con Constelaciones Familiares. Ella está involucrada en cursos de capacitación en el extranjero. Posee una gran experiencia en el asesoramiento a padres de niños con problemas de conducta y trastornos de aprendizaje.

Figuras realizadas en porcelana fría permiten una gran diversidad
de formas, colores y tamaños

Claro está que de acuerdo con las figuras que emplee, el trato que
les dé y cómo las ubique en el espacio, me permitirá realizar una lectura
inicial de aspectos sistémicos que tienen que ver con su biografía.

Las emociones que se ponen de manifiesto aquí, podría decirse que
sintonizan al paciente con la intensidad que experimentará en las Psicoconstelaciones grupales.

Además de estos Playmobil, también cuento con otras figuras que
utilizo según las características del consultante.

La creatividad utilizada para las figuras tanto por su constitución
material como por el diseño depende de cada terapeuta. En mi caso
personal, consideré apropiado incluir además de las tradicionales figuras representativas de padres, hijos y abuelos, otras que podrían ser
de utilidad para trabajar cuestiones más puntuales e, incluso, algunas
más sutiles.

## Ejemplo de un trabajo específico con figuras representativas en cerámica fría

La primera impresión que recibo del paciente en su entrevista es que se encuentra bastante inseguro con respecto a participar en un trabajo grupal.

Por supuesto, además de conversar acerca de ciertos aspectos de su vida personal, le pregunto sobre sus experiencias terapéuticas.

Luego de una larga charla, sigo notándolo reticente con respecto a trabajar con otras personas. Este paciente al no poseer creencias flexibles, obstaculizaría la labor constelativa de él mismo y del resto. De modo que, como para entrar en confianza, le ofrezco comenzar con una Psicoconstelación individual.

Al finalizar la entrevista, le comento que en algún momento y cuando su alma lo permita, más tarde o más temprano, sería más enriquecedor para él trabajar grupalmente porque la herramienta es más efectiva bajo esa modalidad.

### Inicio de la sesión individual

Llegado el momento de la primera Psicoconstelación individual, le propongo trabajar con figuras representativas. Le presento, para ello, las que suelo emplear, y se muestra bastante entusiasmado. Acto seguido, sugiero recrear su sistema familiar con ellas, ya que podría ser la puerta hacia algo importante.

Por otro lado, le sugiero que se relaje (hacemos algunos ejercicios de relax) y que deje temporariamente de lado sus pensamientos taxativos. Es necesario que se mantenga abierto y sereno ante este recurso para que pueda ser asertivo.

El tema a constelar será: "Yo y mi lugar en mi familia. Mis padres, mis dos hermanos y yo".

Le pido que elija entre las imágenes dispuestas en dos cajas las que podrán ser útiles para representarlo a él y a su entorno familiar. Le digo, que se tome su tiempo y que se deje guiar por la sutileza de las sensaciones.

Una vez realizada la elección, deberá colocarlas en una mesa que se halla frente a él, de la manera que lo sienta, como lo necesite.

También le indico que, cada vez que tome a una figura, se tome unos instantes, la sostenga entre sus manos e imagine a la persona real que representa, y que luego la coloque en un lugar de acuerdo con su imagen interna.

Por supuesto que el orden en que elije las figuras, cuáles selecciona y el lugar en las que las ubica son todos datos relevantes para ver la dinámica sistémica entre todos los integrantes.

Cuando ya está todo organizado sobre la superficie dispuesta, me pregunta si puede agregar una figura más… la de un perro que había visto dentro de la caja. Le digo que no hay ningún inconveniente. Ese perrito le había recordado a su querida mascota, clave en la dinámica de la familia, cuando él y sus hermanos eran chicos.

Ya con todo dispuesto, vemos cómo está la escena armada. Los hermanos se hallan alrededor de la mascota. La madre los observa a los chicos, y el padre mira hacia otro lado.

Le pregunto: —¿Qué ves?

**Paciente:** —A mi familia en una imagen que hace tiempo no veía. Me doy cuenta de que mis hermanos y yo hace tiempo que no tenemos nada en común que nos convoque.

**Yo:** —¿Cómo ves a tus hermanos?

**Paciente:** —Los veo grandes… siento que el tiempo pasó. Seguimos en contacto pero no nos vemos hace mucho.

**Yo:** —¿Hay algo que te llame la atención en la escena que elaboraste?

**Paciente:** —Sí. Es raro... elegí a mis hermanos más chicos de lo que son en realidad.

**Yo:** —¿Y eso qué te hace sentir?

**Paciente:** —Que tengo necesidad de volver a la época en la que estábamos juntos.

**Yo:** —¿Qué sentís cuando ves a tu perro Indio?

**Paciente:** —Siento que representa un tiempo de alegría, un tiempo de juego que se fue. (Se conmueve y se llenan sus ojos de lágrimas. Le pido que no se detenga, que prosiga).

**Yo:** —¿Qué más ves?

**Paciente:** —A mi papá. Él está mirando hacia otro lado, ¿lo ves?

**Yo:** —Sí.

**Paciente:** —Él ya se fue. Ya no está con nosotros, y, desde que partió, siento que me quedé solo y que no volvimos a estar en contacto como antes.

**Yo:** —¿Y tu mamá?

**Paciente:** —Ella también está alejada.

**Yo:** —Sin embargo, está mirándolos.

**Paciente:** —Sí, nos mira, pero desde que mi papá se fue ella quedó muy sola, lejana. (Rompe en llanto porque finalmente pudo hacer contacto con esas emociones que con tanta vehemencia trataba de enterrar y olvidar).

**Paciente:** —No sabía que esto me estaba afectando tanto.

**Yo:** —Colocá tu mano en tu pecho. Conectate con este sentir. Tomate unos minutos.

Transcurridos unos instantes...

**Yo:** —Ahora mirá la imagen de tu padre y decime dónde lo ubicarías.

La toma y la coloca próxima a los tres hermanos.

**Yo:** —Ahora tomá la imagen de tu madre y fíjate dónde la ubicarías.

La toma y la coloca al lado de su padre. Una bien cerca de la otra.

**Yo:** —Ahora, vamos a ponerlos un minuto frente a frente. Dejemos que se vuelvan a ver.

**Yo:** —Siento que se quisieron mucho y que estaban muy unidos.

**Paciente:** —Sí, mi mamá se quedó muy sola cuando él se fue. Era todavía joven y no volvió a estar en pareja.

**Yo:** —Ahora sí podemos ponerlos uno al lado del otro, ¿te parece? También fíjate si tanto vos como tus hermanos están bien ubicados o los querés disponer de otra forma.

**Paciente:** —En realidad me gusta esta imagen. Me cuesta ver si podría ponerlos de otra manera.

**Yo:** —Haré una prueba. Fíjate si te parece bien así.

Coloco a los tres hermanos uno al lado del otro. Le pido que me diga el nombre de cada uno de ellos. Comienzo por él, por ser el mayor, y a su lado (derecho), ubico a sus hermanos. Los tres miran a los padres.

**Yo:** —¿Qué sentís ahora que dispusimos todo de esta manera?

**Paciente:** —Me gusta. Me tranquiliza esta imagen.

**Yo:** —A Indio, ¿dónde lo pondrías?

**Paciente:** —Al lado de mi papá.

Me mira y sonríe.

**Paciente:** —¿Puedo agregar una figura más?

**Yo:** —Sí, claro.

**Paciente:** —Desde que comenzamos, me llamó la atención el árbol.

**Yo:** —¿Por qué creés que te llamó la atención?

**Paciente:** —Tiene fuerte las raíces. Es frondoso. Transmite seguridad.

**Yo:** —¿Dónde lo ubicarías?

**Paciente:** —Detrás de mis padres.

**Yo:** —Es muy interesante. Ese árbol podría representar la solidez, los ancestros que están detrás, la fuente de tu fortaleza... esa fuerza que llega a vos y a tus hermanos y que de allí se transmite a las generaciones siguientes.

**Paciente:** —Está bien así. Me siento en paz, tranquilo. Esta es la imagen que necesitaba. Ahora me doy cuenta.

**Yo:** —Quedate unos minutos contemplándola. Mirá a cada uno de los integrantes y fíjate qué sentís.

**Paciente:** —Siento necesidad de encontrarme con mis hermanos para hacer algo juntos. No tengo idea de qué... pero sí sé que quiero estar con ellos.

**Yo:** —Tal vez, podrías proponerles compartir alguna actividad.

**Paciente:** —Sí, puede ser. Quizá les diga de ir a pescar... Era algo que hacíamos con mi papá.

**Yo:** —Eso es bueno. Es convocante. Tu papá estará sin duda acompañándolos.

**Yo:** —¿Te parece cerrar la Psicoconstelación acá?

**Paciente:** —Sí, estoy de acuerdo.

**Yo:** —Bien. Cerrá tus ojos y quedate con la imagen de la escena que quedó conformada.

### Ejemplo de una Psicoconstelación con figuras de Playmobil

Quien trae la inquietud de hacer un movimiento individual con figuras representativas es un paciente que se encuentra en tratamiento psicoterapéutico desde hace un tiempo.

Al principio, necesitaba saber si podía entrar en contacto con la herramienta constelativa, pero sin integrar un grupo porque no se sentía cómodo trabajando de ese modo.

Mostraba mucho interés, tal como me lo comentó en su oportunidad, por todo lo que pudo descubrir del mundo transgenealógico a través de mis dos libros anteriores.

Esta, entonces, sería una buena oportunidad para entrar en contacto con el registro del sentir desde una mirada diferente, desde un lugar de juego, casi inocente, dado que, por lo que compruebo cada vez que hago movimientos de estas características, es todo un descubrimiento lo que las personas expresan al trabajar con las figuras. Se despliega todo un universo desconocido para ellos.

Trabajo con Playmobil

Decidimos que dejaríamos librado a cierta espontaneidad el momento de este primer encuentro, así como el tema a constelar. Sabía que la temática "brotaría" por sí misma cuando entrara en contacto con las figuras.

El día de la sesión, luego de una relajación inicial, le solicito que observe las figuras dispuestas en el consultorio y que plantee el tema con el cual querría realizar su Psicoconstelación.

Le pido, al mismo tiempo, que no lo piense demasiado, sino que lo deje surgir espontáneamente.

Se toma unos instantes.

**Constelante:** —Quisiera que el tema fuera *"Yo y mi familia. Mis padres y hermanos"*.

Para hacer más claro el desarrollo del movimiento a partir de ahora nombraré como M al hermano próximo en edad de mi paciente y como F al hermano menor que es quien aún vive en la casa paterna.

Le pido que busque entre las figuras cualquiera que le resulte representativa. Cuando observa las que están realizadas en porcelana fría, me comenta que no se siente identificado con ellas, sin embargo, cuando dirige su mirada hacia los Playmobil me confirma que sí quise trabajar con ellos.

Le pido, pues, que se conecte con sus sensaciones corporales y, desde ese sentir, que cierre sus ojos y se conecte lentamente con cada uno de los integrantes de su familia.

Una vez establecida la conexión, el constelante debe seleccionar cada una de las figuras que necesita para representar esa imagen que tiene en su interior, en su alma.

La primera que toma lo representa a él, y la ubica en la mesa dispuesta para el trabajo. Lo mismo hace con el resto de las figuras.

Una vez que acomoda todas y cada una de las piezas, le solicito que observe detenidamente la configuración que había armado y que me diga si algo le llama la atención, le molesta o le provoca algún tipo de sensación.

Lo primero que lo sorprende es la semejanza que existe entre los colores de las figuras elegidas. Se queda en silencio y mueve su cabeza en una clara señal de asombro.

Por otro lado, me comenta que la figura de su hermano M y la de él tienen el mismo color, y ahí recuerda que siempre fueron y aún hoy son muy unidos, más que con su otro hermano F, con quien lo separan varios años de diferencia.

También le llama la atención que la figura elegida para F es la más pequeña. A raíz de ello, me cuenta que siempre fue, no solo por edad sino también por el momento en el que llegó a la familia, quien recibió más atención y cuidado, quizás dificultando su crecimiento, tal y como muestra la figura.

Mirando la formación se ve que él (F) es quien está más próximo a sus padres. Se hallan muy juntos, y la madre lo mira solo a él. Y me comenta que es también quien todavía sigue viviendo con sus padres.

Le pregunto si esto le genera alguna sensación especial, y me responde que en realidad no le molesta, pero sí a F, porque considera que no le permitieron crecer y desarrollarse.

Le pregunto qué siente desde esta perspectiva mirando a sus padres.

Constelante: —Siento cierta indiferencia por ambos.

Al decirlo se queda unos instantes en silencio y agrega que es la primera vez que se anima a decir que se siente indiferente.

Constelante: —Ahora me doy cuenta de que cada vez que voy a verlos me cuesta y siempre digo que voy a llegar a una hora y aparece algo que motiva que llegue más tarde.

Yo: —Es claro para mí que M está muy cerca de vos.

Constelante: —Sí, somos muy unidos, siempre lo fuimos. Jugamos juntos al fútbol dos veces por semana.

Yo: —¿Qué me podés decir de tu padre?

Constelante: —Lo veo distante. Mira en otra dirección. Me da pena. Lo veo grande. Me cuesta ver cómo el paso del tiempo lo afectó. No me gusta verlo así.

Yo: —Por lo que puedo observar en la imagen que formaste, es la persona que está más sola en todo el grupo familiar.

Constelante: —Sí, tenés razón. No me había dado cuenta de ese detalle. Es cierto, se siente solo, no lo dice, pero lo percibo. Es así también desde que perdió a su hermano.

Yo: —En cambio, tu mamá, si bien es una persona grande, se la ve muy vital. Evidentemente es el motor de la casa. Además, es la que está más próxima a tu hermano F. También se mantiene cerca de tu padre, aunque ligeramente de costado a él.

Constelante: —Me llama la atención que estoy sintiendo cosas que no había sentido hasta que hicimos esta sesión.

Yo: —Tomate unos minutos. Quedate en silencio. Mirá toda la imagen. Decime luego que imágenes vienen a tu mente y cuál es tu sentir al respecto.

Luego de unos minutos, profundamente conmovido, se dirige a mí.

Constelante: —Tengo que acercarme más a mi papá. Cada vez que voy a visitarlo, siento que voy por cumplir y no me conecto. Necesito mirarlo.

Yo: —Cerrá tus ojos y enviale tu sentir. Ponelo en palabras.

Constelante: —No sé qué decir. No me sale nada.

Yo: —Fijate si podés expresarle estas palabras: "Ahora te veo. Y desde este sentir me conecto con vos y te acompaño. Estoy a tu lado hoy y siempre. Tu amor y tu presencia me hacen sentir seguro". Si esto no te sale, juntos vamos a encontrar otra frase.

Permanecemos unos instantes en silencio.

Yo: —¿Lo pudiste decir?

Constelante: —Sí —afirma con la cabeza.

Yo: —Ahora mirá a tu madre. Fíjate si podés decirle algo.

Constelante: —Me sale decirle GRACIAS, porque siempre está para nosotros y cada vez que vamos a verla nos recibe con una alegría enorme.

Yo: —¿Necesitás decirle algo más a alguien?

Constelante: —Sí. Quiero que mis hermanos sepan que los quiero. Simplemente eso. Además preciso decirle a mi hermano más chico que elija lo que lo haga sentir feliz. Que lo que decida para mí está bien. Que puede acercarse y confiar en mí.

Se queda unos minutos en silencio. Le pregunto si hay algún motivo por el cual necesitó decirle eso.

**Constelante:** —Sé que mi hermano F necesita tomar la decisión de elegir en la vida lo que quiere, y no se anima. Tiene que ver con su sexualidad. No le di el lugar para hablarlo y siento que tanto mi hermano M como yo tenemos que darle el espacio para que pueda confiar en nosotros.

**Yo:** —Seguramente ese apoyo será importante para él. ¿Hay algo más que necesites decir?

**Constelante:** —No. Ya es suficiente.

**Yo:** —Mirá la imagen unos minutos más y cerrá tus ojos pensando en ella.

Tras unos minutos digo las siguientes palabras:

*Agradecemos este movimiento y a todos los seres en él involucrados. Dejamos que lo sabio que habita en cada uno tome la energía de este trabajo para su más alto bien.*

Con esta intención cerramos este movimiento.

## El trabajo con plantillas

Otro elemento que resulta de gran ayuda para el trabajo en Psicoconstelaciones es la plantilla. En mi práctica, las utilizo no solo en la consulta individual sino también en algunos movimientos grupales.

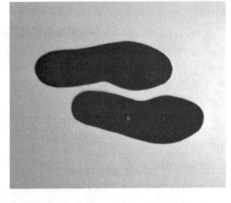

Estas, de diversos colores, formas (calzado, círculo, cuadrado, etcétera) y materiales, sirven para que el consultante pueda entrar en contacto con sus emociones y se exprese no por la palabra sino por imágenes. Para muchos pacientes es más fácil comunicarse por medio de figuras que con palabras.

Obviamente, será fundamental la sensibilidad del profesional que auspicia como guía para comprender todas las sutilezas de las formas que el constelante empleará en el trabajo.

Incluiré a continuación dos ejemplos de la utilización de las mismas tanto en los talleres como en la consulta individual.

## Caso de trabajo con plantillas

Quien trae el tema a constelar necesita averiguar por qué tiene dificultades para armar proyectos personales.

**Constelante:** —Todo lo que comienzo termino dejándolo —dice la paciente— es como si algo en mí no me permitiera concretarlo.

El tema así planteado en la entrevista previa al taller se tradujo luego como: "*Yo conmigo en el hoy y mi proyecto*".

Le pide a Ivana, miembro de mi equipo, que la represente.

Una vez que Ivana se ubica en un lugar determinado dentro de la rueda, comienza a moverse despacio, casi sin consciencia, y, mientras, nos dice que se siente desconectada emocionalmente. Luego empieza a irse hacia atrás.

Va tomando distancia del lugar inicial hasta ponerse a distancia.

**Yo:** —¿Cómo te sentís ahí?

**Ivana:** —Me siento lejos... pero, al mismo tiempo, tranquila.

**Yo:** —Entrá en contacto con tu sentir profundo y decime qué sentís.

**Ivana:** —Siento que estoy muy lejos.

**Yo:** —Cerrá tus ojos. Sentí tus pies firmemente afirmados en el piso. Fíjate qué ves.

**Ivana:** —Estoy del otro lado de un largo puente. Es de esos puentes colgantes que unen las dos partes de una montaña.

Cierro mis ojos y puedo entrar en contacto profundo con las imágenes que está viendo la representante.

Es claro este sentir. Siento en mi cuerpo las mismas sensaciones: vértigo y temor.

Tal como en la escena de un film, la inestabilidad que genera este puente colgante es la representación del vértigo que le produce a la constelante el poder avanzar en los proyectos personales que la alejan de lo conocido.

Miro, entonces, a la paciente. Ella me confirma que lo que yo percibo es justamente lo mismo que ella siente cada vez que tiene que empezar algo nuevo.

Entonces, tomo las plantillas y las ubico de tal manera que señalan el camino que Ivana deberá transitar para cruzar ese puente.

Luego de colocarlas, me paro detrás de la representante.

**Yo:** —Voy a representar tu apoyo y la sabiduría que guiará tus pasos.

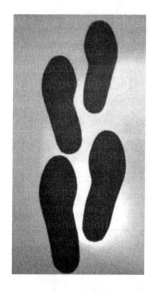

Viene a mi mente una parte de un hermoso poema de Olga Orozco y le digo.

Yo: —Fijate si podés resonar en estas palabras. Podés repetirlas internamente. Vibrar cada una de ellas: "Sin duda en algún sitio aún estarán marcados tus dos pies delante de mis pasos".

Asiente con la cabeza y se emociona.

Le pido que abra los ojos, mire las plantillas y que poco a poco afirme sus pies en cada una de ellas.

Con gran dificultad y profunda emoción comienza a transitar el camino.

Le pido que no se apresure y que cada vez que logre afirmar sus dos pies, respire profundamente.

Yo: —¿Ves el precipicio debajo?

Ivana: —No, solo veo mis pasos.

Yo: —Así es. Eso es lo que debemos mirar. Cada paso que nos mantiene firmes en el objetivo. No, más allá. Transitamos un camino de seguridad en lo incierto. Esa es la confianza. ¿Sentís la confianza?

Ivana: —Sí, me siento segura.

Yo: —Avanzá afirmándote en las siguientes plantillas. No te apresures. Dejá que sean tus pies los que se mueven con la guía de tu sabiduría. Es como si se movieran más allá de tu voluntad. ¿Lo sentís?

Ivana (emocionada): —Sí, absolutamente.

Llega a la última plantilla que yo había colocado justo en el borde que unía las alfombras.

Le pido que cierre los ojos.

Yo: —Ya atravesaste el puente. Estás del otro lado. Lo que te espera es desconocido, pero, sin dudas, podrás transitarlo. De vos depende ahora el aventurarte por este nuevo camino o volver por el puente a lo que dejaste atrás. Sabés que no vas a caer. Fijate qué elegís.

Luego de unos minutos de silencio, Ivana confirma su decisión de seguir adelante, de no detenerse. Y da el paso. Pasa a la otra alfombra. Mueve los pies. Sonríe aliviada. Inspira profundamente. Y abre sus brazos.

Ivana: —Me siento liberada. Siento que tengo la fuerza para enfrentar lo nuevo… sin miedo… —luego de un silencio— en realidad tengo un poco de miedo, pero no me paraliza... puedo seguir adelante... —dice sonriendo.

Yo: —Te voy a decir una frase... fíjate cómo resuena en vos internamente.

Le pido a la constelante que también la diga vibrándola internamente y con los ojos cerrados.

Yo: —Tomo la vida. Tomo mi felicidad en su totalidad. En la plenitud del aquí y ahora.

Yo: —Perfecto. Lo dejamos aquí.

### Más ejemplos de trabajos con plantillas en la consulta individual

En este caso, son de extrema utilidad, también, estas plantillas con forma circular o cuadrada porque pueden representar diferentes miembros del sistema familiar o permiten trabajar aspectos de la persona que consulta, como por ejemplo su personalidad, su alma, su cuerpo, su mente.

La creatividad con la cual se encara esta terapéutica depende de la formación del profesional y de la sensibilidad para saber qué es apropiado para cada consultante dado que existe una amplia variedad de herramientas para aplicar en las Psicoconstelaciones, aptas para que el constelante no sienta su intimidad vulnerada.

### La sesión de trabajo

La persona que me consulta en esta oportunidad lo hace motivada por los comentarios que había recibido acerca de los talleres que coordino. Es una mujer joven de 42 años, separada, sin hijos. Según sus palabras, ella ya había tenido un acercamiento a una sesión, en calidad de espectadora, pero se había sentido inhibida por el grupo y había quedado con una sensación poco clara al respecto.

Compartimos en la entrevista algunos aspectos de su vida y, en lo que refiere a su posible participación en un taller, le explico que podría tomarse el tiempo que necesite para hacerlo aunque le aclaro que la participación, en el momento en el que lo decidiera tendría que ser para realizar un movimiento de constelación porque en mis talleres no es posible ser espectador no participante.

Pude corroborar durante la charla, que sus dudas también tenían que ver con una falta de conexión con aspectos emocionales. Si bien ella ya había pasado por varios tratamientos terapéuticos, sus problemas aún persistían

Me solicita, como excepción, una Psicoconstelación individual, antes de trabajar grupalmente.

Le propongo, entonces, un trabajo con plantillas.

Le explico en qué consiste y le pregunto si está dispuesta a dar este primer paso.

Se muestra entusiasta, y le propongo una fecha para el encuentro.

Me pregunta qué temas podría constelar y, le solicité que lo pensara ella, pues tenía tiempo hasta la fecha planificada. Sin embargo, le sugerí que la temática fuera sobre algo que tuviera que ver con explorar su sentir desde el registro de lo corporal.

La idea la entusiasma mucho y hasta se la ve ansiosa por la próxima reunión.

El día de la segunda entrevista, hacemos una breve introducción debido a que quería saber cómo se había sentido luego de nuestro primer encuentro y la invito a que hagamos una pequeña relajación.

Luego, le pido que simplemente camine por el espacio, con sus pies descalzos y sin prestar atención a sus movimientos…

Después de unos instantes, ella debe elegir una de las plantillas para representar su cuerpo y la debe colocar en el lugar que su alma le dicte.

Elige el cuadrado, lo ubica, y la insto a que tome cierta distancia de él y, que desde ese lugar, simplemente se quede observándolo.

Posteriormente, toma el círculo que representará a su alma y lo coloca en otro sitio, de acuerdo con su imagen interna.

Finalmente, se posiciona en el medio de ambas figuras.

**Yo:** —Decime, por favor, qué es lo que ves.

**Paciente:** —Las puse muy distantes —se queda unos minutos en silencio.

**Yo:** —Vamos a hacer un ejercicio. Preguntale a tu cuerpo qué siente. Tenés que pararte encima de la plantilla cuadrada que lo representa y fíjate qué sentís. Lo que sea que percibas, no lo juzgues, solo ponelo en palabras.

**Paciente** (ya ubicada en el lugar indicado y con sus ojos cerrados): —Siento frío. Tengo las piernas rígidas. Me late mucho el corazón. Me cuesta un poco respirar.

**Yo:** —Lo estás haciendo muy bien. Seguí explorando tu sentir. No lo detengas. Tu cuerpo está hablando y es importante que lo escuchemos.

**Paciente:** —Siento mucho cansancio.

**Yo:** —Fíjate si el cuerpo te indica algún movimiento. En silencio, tratá de escuchar lo que te quiere comunicar y, cuando lo haga, se va a mover solo sin que la mente intervenga.

Al poco tiempo, comienza a inclinarse hacia adelante. Es increíble ver cómo el cuerpo se expresa solo. Es como si una mano invisible lo moviera.

La paciente se sorprende.

**Paciente:** —No puedo creer lo que estoy sintiendo. Es como si mi cuerpo hubiera estado dormido durante mucho tiempo.

La invito a que se pare en la otra plantilla. Esta expresaría el mensaje de su sabiduría, el mensaje de su alma.

**Yo:** —Tomate todo el tiempo que necesites. No te apresures. Dejá que las imágenes vengan a tu mente. No las juzgues. Todas son válidas así como también el sentir que las acompaña.

**Paciente:** —Me aparece una imagen, como una foto que está en la casa de mi mamá. Soy yo niña con un triciclo.

**Yo:** —Colocá tu mano izquierda en tu pecho y fíjate que sentís.

**Paciente:** —Me emociona verme —sus ojos se llenan de lágrimas.

**Yo:** —Esa niña te está mirando.

**Paciente:** —Sí, me está mirando. Y me sonríe.

**Yo:** —Decile que te sentís feliz de volver a verla y a verte, de encontrarla y encontrarte con vos misma. Si necesitás realizar algún movimiento, hacelo.

La paciente se arrodilla lentamente y sonríe.

**Yo:** —Te está mirando y te sonríe. Tu niña te está mirando. Está feliz con este encuentro.

**Paciente:** —Sí y yo también estoy feliz. Muy feliz. Me había olvidado de este sentir.

**Yo:** —Ahora se encontraron y nada va a separarlas.

El movimiento se cierra. Está muy emocionada. Me comenta que hacía tiempo que no tenía registro de su cuerpo de la manera en que lo había experimentado hoy.

Cuando nos despedíamos, me confirma que ya se siente preparada para integrarse a una rueda de Psicoconstelación. La invito a que se tome un tiempo prudente y necesario para que este trabajo tenga un lugar.

Le propuse que nos viéramos en un mes, aproximadamente, y, que hasta esa fecha, dejara que el trabajo constelativo realizado operase en lo profundo de su alma y cuerpo. Al mismo tiempo, le recomendé un ejercicio: que todos los días tratara de registrar o de tomar consciencia de las emociones que iba sintiendo y de sus sensaciones corporales.

## REIKI

En un espacio en donde se viene a recuperar la salud mental, emocional, corporal, espiritual, se trabaja entre otras cosas, con la energía. Pero la intangibilidad, la falta de corporalidad, hacen que sea necesario tratarla con técnicas y métodos específicos. Este es el caso del reiki.

Recordemos que reiki proviene de dos ideogramas japoneses: REI (energía universal) y KI (energía vital). Ki tiene una equivalencia en sánscrito (prana) y en chino (chi). También se puede entender todo este vocablo reiki como sabiduría superior.

Entonces estamos ante una sabiduría y energía que activan todo lo viviente.

Es por esto por lo que estamos ante una técnica imprescindible y que aplico SIEMPRE tanto en el espacio de la Psicoconstelación, en los asistentes, en los constelantes, como en mí mismo. Parte de mi metodología personal se basa en su empleo.

Una cuestión fundamental del reiki y del cambio es la práctica de la meditación, porque a través de ella es posible preparar el cuerpo y la mente adecuadamente para que la energía circule en forma correcta.

Por ejemplo, antes de iniciar un taller, una Psicoconstelación o sesión, realizo alguna meditación que surja en mí como la indicada para el momento, invoco los símbolos sagrados del reiki para armonizar el lugar y recito en japonés el Gokai.

Koyama Sensei dice lo siguiente sobre las reglas vitales del reiki (en japonés Gokai).[25]

> Las reglas vitales que propuso Usui Sensei son la base del reiki y yo quiero sugerirte que las apliques. En ellas encontrarás instrucciones para tu vida e indicaciones para disfrutar de una buena salud. A través de la práctica del reiki vivirás las reglas vitales y viceversa.
>
> Ikaru na. Con ello no se quiere decir que debas reprimir tu enfado, pero muéstrate sereno y dile a tu interlocutor exactamente lo que piensas y sientes.
>
> Shinpai suma. Si te apoyas en el reiki tus preocupaciones se verán reducidas automáticamente a la mitad.
>
> Kansha suite. Es muy importante sentir agradecimiento en tu corazón y aplicarlo.
>
> Gyo o hage me. Aquí no queremos decir que debas alcanzar algo a toda costa a través de la violencia. Lo verdaderamente importante es que a través del reiki se consiga, que aflore tu talento.
>
> Hito ni shinsetsu ni. Si realizas el trabajo, que (Dios) te ha encargado serás capaz de ser amable con los demás.

Esta armonización total de los participantes, el equipo y del espacio facilita el camino hacia la sanación, el equilibrio de las emociones, el amor, la paz mental. Promueve la sintonización con nuestra sabiduría y mantiene nuestros canales de conexión abiertos con lo que nos trasciende.

Sensei Mikao Usui, el fundador de este sistema de armonización natural, decía:

El arte del reiki empieza contigo.

Trátate primero a ti y crece.

Refina tu espíritu y entrena tu cuerpo y tu mente.

Sigue el camino hacia dentro y mejora cada día.

Estás aquí para alcanzar la iluminación y realizar tu verdadero ser interior.

Al alcanzar la plenitud en tu vida, podrás ayudar y sanar a todos los que se te acerquen y a todos los que te rodean.

Con estas palabras se define una maravillosa filosofía, porque permite paz y amor con uno mismo y con los demás, cosa que lleva, en resumidas cuentas, a una buena calidad de vida.

25  Arjava Petter, Frank, Esto es Reiki. Curación para el cuerpo, la mente y el espíritu. España, EDAF, 2011. (Título original: Das ist Reiki).

Ahora bien, Mikao Usui también nos hizo ver que el reiki no es patrimonio de unos pocos, sino que TODOS poseemos una capacidad natural de canalizar y dirigir Energía Vital Universal, solo hay que aprender a entenderla y aplicarla. Todos podemos sanar y autosanarnos porque se trata de algo propio de cada ser.

## ENTREVISTA A FRANK ARJAVA PETTER[26]

A continuación pongo a disposición de los lectores la entrevista (con su correspondiente traducción) que Eduardo Londner le realizó a Frank Arjava Petter acerca de los maestros, el reiki y la relación que los une: la felicidad. Espero que les guste.

**(Acerca del reiki)**

F. A. P.: —Básicamente está dentro de nuestra naturaleza y sabiduría, significa que cualquiera puede aprenderlo, pero tenés que ir con un maestro para que te pueda mostrar lo que ya tenés (…).

**(En cuanto al tema de quién puede ser un buen maestro)**

F. A. P.: —Sugiero que vayas a visitar a esa persona (se refiere a la que hayas buscado hasta por Google si es necesario) y veas si encajás con él, si pensás que es alguien que te puede enseñar algo. Así que, ¿cómo sé si he encontrado a alguien que pueda enseñarme algo? Sigo mi presentimiento. Lo miro y pienso… ¿Esta persona está realmente feliz? Porque en reiki decimos que este es el "Arte secreto de la felicidad". ¿Está feliz? Si no lo está, ¿qué podría enseñarme si no ha logrado el resultado en su vida? (…). Así que tenés que confiar en tu intuición y tu voz interior cuando conocés a alguien. Creo que complicamos demasiado nuestras vidas y creamos nuestro propio sufrimiento. En verdad, ser feliz no requiere ningún esfuerzo y el sufrimiento necesita de un montón de energía, así que tiramos nuestra energía creando nuestro propio sufrimiento la mayor parte del tiempo. Así que si ser feliz es la naturaleza humana, ¿cómo encontraremos la felicidad? No es nada que tengas que buscar. Está allí todo el tiempo, en tu corazón. Solo tienes que tomarla y seguir.

---

26  Frank Arjava Petter es reconocido mundialmente como maestro de reiki y pionero en revivir el Reiki japonés original. Él tiene un conocimiento profundo del idioma y la cultura de Japón y ha publicado varios libros exitosos sobre el tema. Para ver la entrevista completa: https://www.youtube.com/watch?v=yX_W1CiYLhw

# Respiración

(...) ningún organismo está en condiciones de ceder ante dos tendencias opuestas. Si el paciente logra una relajación corporal a través de su respiración, no le será posible permanecer al mismo tiempo en estado de tensión. Dado que la exhalación provoca una relajación del cuerpo, uno de los primeros ejercicios para el paciente será volver a poner siempre la atención en su respiración. (...) Cuando los pacientes inhalan demasiado poco aire, los aliento para que realicen inhalaciones más conscientes y, en general, reforzadas. El efecto es que se sienten más fuertes y más plenos de energía, enderezando su postura.[27]

Por lo general, los pacientes que llegan al consultorio están tan tensionados que no tienen registro de su respiración entrecortada, agitada, y comienzan a hablar de modo nervioso y compulsivo. Es por esto por lo que, cuando estoy frente a ellos, comienzo a respirar profundamente, casi de modo exagerado, para que registren su propia respiración e inicien un proceso de lenta relajación.

A veces, cuanto no se percatan de esta "sutil invitación al relax", los invito a inhalar y exhalar profundamente pues eso les brinda más calma y posibilitan que las emociones fluyan.

Una vez que el consultante toma el control de su cuerpo y se tranquiliza, se abre a la experiencia de que su alma y sus emociones se manifiesten.

---

27 Franke, Ursula, ¿Qué sucede si usted exhala profundamente?, en *Cuando cierro los ojos te puedo ver*, Buenos Aires, Alma Lepik, 2005, pp. 69-70.

# ANÁLISIS DE LOS VÍNCULOS

## LAS RELACIONES MÁS TEMPRANAS Y FORMADORAS DE IDENTIDAD

Para cualquier recién nacido el descubrimiento del mundo comienza, en primer lugar, a través de la relación con su madre, y, luego, por medio de personas cercanas a su entorno.

Un claro ejemplo del valor de la comunicación entre madre e hijo lo aporta el estudio de T. B. Brazelton, "la prueba del rostro inmóvil":

Se coloca una cámara para grabar todas las acciones y reacciones del infante.

Primeramente, la cámara enfoca al niño pequeño, de pocos meses. Junto a él, un espejo muestra el rostro de la madre, de forma que ambos están en el campo visual del observador. Al comenzar a filmar, la madre se acerca al niño y él ríe. En el primer test, la madre reacciona y sonríe al niño, se inclina hacia él y lo toca. El niño está feliz, ríe y emite sonidos de placer.

En la segunda prueba, la madre se acerca al niño, que vuelve a reír. Sin embargo, en esta ocasión, se le pide a la madre que no reaccione ante el niño. Entonces, ella lo mira inexpresivamente y sin un reconocimiento afectivo (rostro inmóvil). Este ríe y se estira hacia la madre, pero ella continúa sin reacción. El pequeño hace otro intento; su mirada se torna inquieta. Cuando la madre nuevamente lo ignora, se pone tenso y cae en inquietud motora. Finalmente desvía los ojos, se relaja físicamente con una mirada interrogante hacia la madre o comienza a llorar y gritar.

Estas secuencias duran en cada caso unos pocos minutos.

Las pruebas posteriores demostraron que el vínculo del niño hacia la madre vuelve a normalizarse rápidamente apenas la madre enfrenta al niño con afecto y atención estables. Luego de una inicial desconfianza, este se dirige directamente hacia la madre.

Sin embargo, si el rechazo al niño por parte de la madre es un patrón constante, el niño permanece en un estado de tensión y resignación.

Tomando como eje esta investigación, me parece importante detenernos para realizar ciertas reflexiones: Los padres son para sus hijos fuente de seguridad, de reaseguro afectivo, y, el mundo externo se manifiesta a través de la relación que se establece entre ellos.

El chico, por supuesto, armará una estructura de creencias que serán el reflejo de lo que los padres tienen como forma de conceptualizar la realidad y vivirla.

Y esto fue así en nosotros y en cada uno de los miembros de nuestro entramado familiar. Y así también perdurará esta forma de educarse, crecer y creer.

Este construirme a partir de lo legado, pasa de generación en generación. Es la unión en mí de la historia de mi padre y de la historia de mi madre como el último eslabón de una larga cadena que se pierde en la memoria.

El destino de cada uno de los padres se entrecruza en cada hijo.

A medida que el niño pasa por distintas fases de su desarrollo, la imagen idealizada de los padres va perdiendo fuerza y en su lugar se colocan nuevas experiencias y aprendizajes.

Esa vivencia suele ser algo doloroso pero sumamente necesario para armar la propia identidad.

Esa distancia deja una huella importante, donde el sentimiento de incondicionalidad no desaparece sino queda instalado en la esfera íntima del yo niño, pues el adulto toma parte de esa información y la suma con sus nuevas sensaciones, creencias y formas de ser.

Obviamente, este proceso de lograr nuestra autonomía debe estar acompañado de un profundo apoyo en la energía, sabiduría y amor de nuestros ancestros.

Así como existe un ADN biológico, es necesario reconocer que existe un ADN álmico mediante el cual se transmite toda la información de quienes somos en el hoy.

Todo trabajo psicoterapéutico tiene necesariamente que articular lo individual con lo generacional, pues de no ser así, se perdería información de vital importancia para el paciente. Al mirar la historia, se puede construir una identidad sana y con autonomía.

Ahora bien, muchas veces existen historias profundamente dolorosas en un sistema familiar como por ejemplo abandono, maltrato físico, peleas en la pareja parental, abusos. Y no cabe duda que dejan profundas cicatrices, pero para poder avanzar en la vida y sanar es preciso reconocer y contemplar con otros ojos ese pasado. Este es el verdadero desafío.

En la medida que podemos mirar con amor y reconocer más allá del dolor, algo se libera y encuentra su lugar y se transforma en fuerza, en un potencial que nos permite estar en paz.

Lástima que en la actualidad es cada vez más raro que se conozca la historia familiar, el árbol genealógico, la vida de los ancestros.

Ya no existe el hábito de ver que nuestros sueños, la realización de muchos de ellos, anclan en la historia de quienes los soñaron antes que nosotros.

No honramos la historia personal de nuestros ancestros, así como la tierra de la que provienen. No contamos historias, no miramos fotos, estamos instalados en mirar el futuro sin sentir que la fuerza está en el presente desde el reflejo de la historia.

Honrar la historia de nuestros ancestros es poder darles un lugar en nuestro corazón, con respeto y sin juzgar.

Justamente, cuando se oculta o desconoce la historia es cuando ocurren los conflictos. Bert Hellinger dice al respecto:

> *En casi todas las familias hay un excluido.*
> *Y por esa exclusión surge un desarreglo en ella.*
> *El orden se restablece cuando el excluido*
> *es reintegrado en la familia.*

En el hoy, parte de los problemas con los adolescentes, tiene que ver con que muchos padres están muy enojados con sus propios progenitores, y, por lo tanto, no pueden tomar fuerza de ellos. Desde esta debilidad es muy difícil intentar acompañar el crecimiento de los hijos. Entonces, ese amor incondicional del niño que no puede hallar lugar en el adulto no es posible transmitirlo y por lo tanto se produce un quiebre generacional, un quiebre en el amor y desarrollo de los hijos.

Cuando el hijo, sobre todo, el adolescente, percibe este enojo, esta pelea, siente que no tiene en quién apoyarse. Pierde el contacto y por lo tanto se rebela y se siente sin contención.

El camino, entonces, del crecimiento y la autonomía sanos, se trata fundamentalmente de un trabajo de reconexión y **reencuentro con los ancestros**.

# LOS ÓRDENES DEL AMOR SEGÚN BERT HELLINGER

*En terapia familiar se llega a la solución cuando se encuentra
el punto justo para todos en la familia; cuando cada uno se encuentra
en el lugar que le corresponde, cuando asume lo que tiene que
asumir, y cuando se centra en sí mismo sin interferir en la esfera de
los demás. Entonces, de repente, todos se sienten bien, con su plena
dignidad. Y esta es la solución.*

Bert Hellinger

Todo sistema familiar se perpetúa en el tiempo gracias a profundos lazos de lealtades, muchas veces, inconscientes, que conforman el sutil entramado que compromete a cada uno de los miembros.

Estas lealtades tienden a preservar al grupo como un todo.

Este núcleo familiar funciona como el cuerpo del ser humano en donde todo posee un delicado equilibrio y colaboración. El sistema orgánico trata de mantener la homeostasis porque de ella depende la supervivencia. Por lo tanto, si algo en él falla, todo el organismo se compromete.

No es diferente en la familia. Los miembros mantienen a través de compromisos conscientes o inconscientes una lealtad cuya finalidad es mantener coordinado a todo el sistema y esto se remonta hasta la historia más ancestral.

Eso es lo que llevó a Bert Hellinger a conceptualizar a través de las Constelaciones Familiares estas lealtades arcaicas a las cuales denominó "amor ciego", que es el que lleva a un sistema a perpetuarse en una repetición de destinos.

Existen infinidad de casos en los que algún miembro se hace cargo de la historia de un ancestro para que este se encuentre representado en el sistema y no sea olvidado.

El alma familiar reclama que todos sus miembros sean reconocidos como parte del sistema y que nadie sea excluido. Cuando a alguien se lo excluye suele ser porque se lo considera atentatorio de la estabilidad o seguridad. Como consecuencia, este es ocultado, olvidado, separado, aunque su lugar, su presencia álmica permanece en el sistema que trata de volverla a integrar a través de algunos de sus sucesores.

Estos descendientes/sucesores normalmente no saben que están llevando adelante un destino que no les es propio y, por tal motivo, son capaces de sacrificar su propia felicidad con tal de seguir garantizando la cohesión del grupo.

Tal como lo expresa Bert Hellinger, también pertenecen al sistema familiar las víctimas de actos violentos cometidos por algún miembro de la familia. Sobre todo los que han sido asesinados. La familia los tiene que mirar con dolor y con amor para poder, a través de este reconocimiento, garantizarles su lugar dentro del sistema.

Es bastante claro observar en cada uno de nosotros así como en los miembros de nuestro sistema que determinadas características físicas son antiguas herencias y no corresponden a los padres sino que vienen de los ancestros. De la misma manera ocurre con nuestros gustos personales, con nuestra profesión o talentos y hasta con las historias trágicas que responden al alma familiar ancestral.

Los Órdenes del Amor permiten, entonces, garantizar la permanencia otorgándole a cada uno de los integrantes el poder y la libertad de seguir con su propio destino.

> *En los sistemas familiares, otro individuo se hará entonces cargo del destino que rechazamos o de la culpa sin asumir.*
>
> *Bert Hellinger*

## PUNTOS ESENCIALES DE LOS ÓRDENES DEL AMOR

**Derecho a la pertenencia.** Es el derecho de todos los integrantes de la familia de pertenecer y ser parte. Esta pertenencia debe estar garantizada más allá de los hechos, es decir, de lo que hizo o de aquello que no pudo hacer. Si esta persona es excluida, algún sucesor representará su lugar en detrimento de su propio destino.

> *(...) cada miembro tiene el mismo derecho a la pertenencia -independientemente de si aún vive o ya está muerto. (...). Por tanto, siempre que un miembro de la familia o de la red familiar es excluido, apartado u olvidado, la familia o la red familiar reacciona como si se tratara de una injusticia grave que reclamara la expiación. (...). La injusticia de la exclusión se expía en la familia nuclear y en la red familiar por medio de otro miembro del sistema, que, muchas veces sin darse cuenta personalmente, es llevado a representar a la persona excluida u olvidada y a reproducir sus sentimientos y su suerte.*
>
> *Bert Hellinger*[28]

28   Hellinger, Bert, *Los Órdenes del Amor*, Barcelona, Herder, 4ª reimp., 2008, pp. 431-432.

**La jerarquía.** El que llegó primero tiene prioridad. Esta jerarquía reconoce el lugar de las parejas anteriores, quienes deben ser reconocidas por las posteriores. Gracias a que dejaron su lugar, la nueva pareja puede ocupar ese sitio. Los padres tienen mayor jerarquía que los hijos porque gracias a esa unión fue posible la llegada de ellos. De la misma manera, los hijos mayores la tienen por sobre los hijos menores.

> *Todo grupo dispone de una jerarquía que resulta del momento en que cada uno inicia su pertenencia al grupo. Es decir, quien entró en un grupo antes, tiene prioridad sobre aquel que vino después. Esto se aplica tanto a la familia como a las organizaciones.*[29]
>
> *Bert Hellinger*

Los hijos siempre serán pequeños ante sus padres, sin embargo, esto no implica que deban hacer absolutamente todo lo que piden los padres y obedecer ciegamente. Se los debe honrar y respetar pero manteniendo la autonomía.

> *Honrar a los padres significa tomarlos tal y como son, y honrar la tierra significa tomarla y amarla tal como es: con la vida y la muerte, con la salud y la enfermedad, con el principio y el final. Ésta, sin embargo, es la realización auténticamente religiosa, que antes se llamaba entrega y adoración. La experimentamos como último desprendimiento, que da todo y toma todo, y que toma todo y da todo, con amor.*
>
> *Bert Hellinger*[30]

**El equilibrio entre el dar y el tomar en las relaciones.** En toda relación debe existir un equilibrio adecuado entre el dar y el recibir. Dicho equilibrio no puede cumplirse desde lo estricto en la relación entre padres e hijos, debido a que estos nos dan la vida y esto no puede ser devuelto. La manera de honrarlo es tomar la fuerza del amor y de la vida en nuestro corazón y pasarlo hacia adelante, hacia nuestros hijos o proyectos.

> *Siempre que alguien me da, o yo tomo algo (...), noto un sentimiento de displacer. Lo percibo como una presión, hasta que también yo haya dado o pagado algo equivalente. (...) Ahora bien, cuando (...) doy o pago algo equivalente, me siento libre de la presión de la obligación. (...). Asimismo, cuando me niego a to-*

29   Ibíd., p. 43.
30   Ibíd., p. 324.

*mar para no estar obligado, vivo este hecho como levedad y libertad. Esta inocencia es cultivada por los que intentan huir de nuestra sociedad, pero también por aquellos que se dedican a ayudar, que dan sin tomar. Esta libertad, sin embargo, nos convierte en solitarios y nos empobrece.*[31]

*Bert Hellinger*

**Agradecer todo tal y como es.** Es el acto de humildad de inclinarse frente a la vida como algo más grande. En este acto, somos bendecidos porque vivimos sin exigencias ni expectativas desmedidas.

*Permanecer en el amor significa que todo es amado tal y como es,*
*Que todo es acogido en el alma tal y como es.*
*Significa que asentimos a ello tal y como es.*
*Y lo amamos tal y como es, exactamente tal y como es.*
*Significa que asentimos a la vida completa tal y como es.*
*Exactamente tal como es.*
*A la propia vida tal como es.*
*A la vida de los otros tal como es.*
*Y a la creación tal como es.*
*Exactamente como es.*

*Bert Hellinger*

## Cuándo actuamos en contra de Los Órdenes del Amor

**El amor ciego:** Bert Hellinger se refiere con este término a aquellas lealtades que guían o cohesionan al sistema familiar pero desde el desconocimiento, la arrogación y el sufrimiento. Se trata de un "amor que no ve claramente, un amor infantil o arcaico" que hace que en determinados núcleos familiares se perpetúen ciertas desgracias o destinos poco felices.

*El amor ciego, sin conocimiento, ignora los órdenes*
*y, en consecuencia, nos hace errar en nuestro camino.*[32]

---

31   Ibíd, p. 178.
32   Ibíd., p. 13.

**Ejemplo 1: Cuando algún descendiente asume el destino de un ancestro que fue excluido para lograr el reconocimiento del mismo y garantizar la completitud del sistema.**

En cuanto los excluidos son reconocidos por los demás miembros de la familia, es decir, cuando se reconoce su derecho a formar parte del sistema familiar, el amor y el respeto compensan la injusticia cometida con ellos sin que su suerte tenga que ser repetida. Es lo que aquí llamamos «solución».

**Ejemplo 2: Cuando se excluye a un miembro de la familia por haber realizado algo considerado negativo para el sistema, haber cometido un delito, un hecho vergonzante o alguna causa que contradice los principios del sistema.**

> *Por tanto, siempre que un miembro de la familia o de la red familiar es excluido, apartado u olvidado, la familia o la red familiar reacciona como si se tratara de una injusticia grave que reclamara la expiación. Así ocurre, por ejemplo, en el caso de una persona que por razones morales es considerada indigna de pertenecer a la familia;(…). El alma no tolera que nadie sea considerado más grande o más pequeño, mejor o peor. (…). La injusticia de la exclusión se expía en la familia nuclear y en la red familiar por medio de otro miembro del sistema, que, muchas veces sin darse cuenta personalmente, es llevado a representar a la persona excluida u olvidada y a reproducir sus sentimientos y su suerte.*[33]

Bert Hellinger

**Ejemplo 3: Cuando se elige inconscientemente llevar el destino de alguno de los padres, en los casos de enfermedad. El mensaje que lleva el alma es: Yo en tu lugar… Yo me sacrifico por amor… Yo me enfermo o muero en tu lugar.**

> *El contexto sistémico se muestra en la dinámica ilustrada por la expresión: «Te sigo»; es decir, la persona pretende seguir a otro miembro de la red familiar, enfermo o muerto, cayendo enfermo o buscando la muerte también él. Lo mismo ocurre en el caso de un hijo que ve que alguien en su familia tiende a seguir a otra perso-*

33   Ibíd., pp. 432-433.
34   Ibíd., p. 434.

na de esta manera, por lo que pretende retenerlo diciendo: «Mejor que vaya yo que tú».[34]

Bert Hellinger

## Ejemplo 4: Quedarse soltero para permanecer al cuidado de los padres y sostener el lugar de hijo por sobre el movimiento natural que nos lleva a tomar nuestra vida en su totalidad.

> El amor es una parte del orden. El orden precede al amor, y el amor únicamente puede desarrollarse en el marco del orden. El orden nos viene dado. Pretendiendo invertir esta relación, queriendo cambiar el orden a través del amor, se fracasa forzosamente. Es imposible. El amor se subordina a un orden y después puede prosperar, de la misma manera que una semilla se hunde en la tierra para crecer y florecer ahí.[35]

Bert Hellinger

## Ejemplo 5: Rechazar a uno de los padres por lealtad al otro, con lo que se asume, en muchos casos, los problemas de los padres. De esa forma el rol de hijo no se cumple claramente.

> Una persona solo puede encontrar su identidad estando en paz con ambos padres. Cuando se excluye a uno de los padres, el hijo solo está a medias sintiendo el vacío y la falta, lo cual es la base de la depresión. La depresión se sana integrando al padre o a la madre excluidos, dándole su lugar y su dignidad.

Bert Hellinger

## Ejemplo 6: No tomar a ambos padres como fuente de nuestra vida.

> Con esto se afirma la importancia de recuperar la verdadera constitución del núcleo familiar. Para ello es fundamental redescubrir las nociones de parentesco y sostener que tanto el padre como la madre son necesarios, que ninguno es mejor que el otro y que ninguno de los dos es reemplazable por el otro. Ambos son igualmente responsables por los hijos y tienen los mismos derechos y obligaciones.

---

35   Ibíd., p. 41.

**Ejemplo 7: Dar en una relación de pareja para hacer sentir al otro miembro más pequeño sin respetar su importancia.**

*El que da demasiado amenaza la relación. No debo dar más de lo que el otro me puede devolver. El que da demasiado está en una postura de poder, obligando al otro. Si doy demasiado actúo como una madre.*

Bert Hellinger

*La necesidad de un equilibrio entre dar y tomar hace posible el intercambio en los sistemas humanos.*

Bert Hellinger

**Ejemplo 8: No respetando a las parejas anteriores de nuestra pareja.**

*En el presente, el primer sistema, es decir, la primera relación íntima de una persona, tiene prioridad sobre la segunda, independientemente de la calidad de la primera.*

*Quiere decir que la segunda relación establece un vínculo menos fuerte que la primera. La profundidad del vínculo disminuye con cada relación. Pero «vínculo» no es equivalente a «amor». Es posible que el amor en una segunda relación sea más grande, pero el vínculo es menor.[36]*

Bert Hellinger

**Ejemplo 9: Desacreditar a mi pareja o expareja frente a los hijos.**

*Es obvio que ayuda el abstenerse de expresiones hirientes para con el otro progenitor delante de nuestros hijos, por muy enojados o cargados de razones que estemos. No obstante es un logro todavía mayor el trabajar en uno mismo para restaurar el amor y el respeto, y darle el mejor lugar al otro progenitor frente a nuestros hijos, incluso cuando se trata de una pareja infeliz o de una separación dolorosa y turbulenta. Recordemos que los hijos no se separan de los padres. Para ellos, los padres siguen juntos como pa-*

---

36   Ibíd., pp. 42-43.

*dres. Los padres se separan como pareja (vivan juntos o no), pero no es posible separarse como padres.*[37]

Joan Garriga

## Ejemplo 10: No respetar a los hijos anteriores de mi pareja.

*Una pareja posterior debe saber que tiene más posibilidades de ocupar un buen lugar si asume que los hijos de su pareja estaban antes y respeta su prioridad.*[38]

Joan Garriga

## LA REPETICIÓN, LA REPETICIÓN, LA REPETICIÓN

*Por el momento, ante mis dos amos –mi cuerpo y mi inconsciente– agacho humildemente la cabeza y me contento con perseverar en el ser.*

Dr. Luis Chiozza

"¿Qué es la repetición? La repetición designa un movimiento universal, un latido que rige el orden biológico, psíquico, social y hasta cósmico. Desde hace miles y miles de años, la Tierra repite, invariablemente, la misma órbita elíptica alrededor del sol. Del mismo modo, la historia de la humanidad repite constantemente los mismos conflictos y las mismas soluciones precarias."[39]

El trastorno o problema que no halla solución en el inconsciente retorna hasta que halla su significación y allí deja de aparecer.

Como dice Chiozza "el síntoma es la verdad del sujeto, la manifestación involuntaria que lo individualiza y lo significa tal y como es en lo más hondo de sí mismo".

Detrás de cada enfermedad, de cada comportamiento, de cada decisión en el presente hay escenas pretéritas ¿reprimidas/olvidadas? por

---

37  Garriga, Joan, [en línea]. Dirección URL: https://www.facebook.com/joangarriga-bacardi/photos/los-hijos-no-atienden-tanto-a-lo-que-los-padres-dicen-sino-a-lo-que-los-padres-s/1802423776478758/ [Consulta: 20 de diciembre de 2018].

38  Garriga, Joan, [en línea]. Dirección URL: https://www.facebook.com/joangarriga-bacardi/photos/del-viejo-amor-al-buen-amor12-reglas-de-oro-para-vivir-en-pareja-hoyjoan-garriga/724805047573975/ [Consulta: 20 de diciembre de 2018].

39  D. Nasio, J., *¿Por qué repetimos siempre los mismos errores?*, Buenos Aires, Paidós, 2013.

diferentes motivos y que vuelven a aflorar una y otra vez hasta que encuentran su válvula de escape, sea cual fuere.

En el trabajo psicoconstelativo, se trasciende al individuo y se busca eso oculto en antecedentes más remotos. Los escenarios se desarrollan ante mí, en cada taller, y solo debo permitir que aquello remoto se manifieste para ayudar a que cada paciente consiga su solución.

Lo vivido, todo lo ocurrido queda grabado en cada ser que conforma la familia e impregna a cada uno de sus predecesores. La memoria es un mecanismo activo que nunca cesa, si algo no se resuelve en una generación pasa a otra y a otra hasta que alguien "levanta el pañuelo", se hace cargo y sufre consecuencias hasta resolverlo o no. Si no se resuelve seguirá afectando a la persona una y otra vez, no necesariamente de la misma forma o con los mismos síntomas, pero sí obstaculizando su vida normal, puede ser también, que tal como sucede en una carrera de postas, otro tome en su lugar ese conflicto y lo viva para resolverlo o no.

Porque el trauma y los secretos hasta no solucionarse no desaparecen y retornan dolorosamente una y otra vez hasta que se resuelven, en esta y otra generación.

De modo que cuando alguien asiste a mi consultorio lo primero que trato de ver son esos indicios que señalan una problemática repetitiva, hereditaria, para poder llevar al paciente a una resolución correcta.

En la novela familiar hay conductas, ocultamientos, historias que se repiten pero no de forma directa y comprensible para todos. En los talleres se indaga en esa genealogía y se le da el significado que tiene para que el consultante disponga del conocimiento de las situaciones y de esa forma posea el poder de decidir qué quiere hacer con ello. Porque es cierto que muchos desean revivir situaciones y no cambiarlas, otros sí están dispuestos a la transformación para mejorar su calidad de vida.

Otra cuestión fundamental que planteo en las Psicoconstelaciones es la no confrontación. Me explico: hacemos un taller y sale a la luz un secreto, algo que dolorosamente estaba perjudicando al paciente. La idea siguiente es, veamos con amor que lo acaecido sucedió con un motivo que escapa a tu pleno conocimiento. No juzguemos, no peleemos, en su lugar, reconozcamos que hay cuestiones que escapan a nuestro entendimiento y debemos acordar con ellas. Es decir, propongo un replanteo: no critiquemos, tan solo asistamos a este acontecimiento como mero observadores a los cuales se les brinda la posibilidad de **cambiar el desenlace sin cuestionar el desarrollo de la obra.**

Solo a través del amor, la comprensión y el acuerdo es como se accede a la sanación.

Este método, que así planteado parece sencillo, brinda al consultante la posibilidad de darse un respiro de su historia, plantarse frente a ella y tomar una decisión.

Cuando estamos dominados por el pasado, repetimos como reproductores de sonido, sin reflexión, sin elaboración, al sacar a la luz el problema y pararnos frente a él, asumimos el control y la posibilidad de DECIDIR.

El pasado nos condena si lo dejamos actuar libremente, pero cuando entre el pasado inconsciente y el presente mediamos un acto de pura consciencia, de alumbramiento, ese trauma pretérito pierde su fuerza.

## POTENCIAL DE CAMBIO

La fuerza de la tarea constelativa así como de toda herramienta de sanación radica en hacernos comprender que si bien somos parte de algo que está más allá de la realidad que alcanzamos ver o entender, poseemos un gran potencial para trasformar y transformarnos. Podemos cambiarnos, modificar el sistema al cual pertenecemos, influir en otros tiempos y espacios en los que habitaron diferentes generaciones. Esto nos confiere el poder de modificar eventos pasados, presentes y futuros.

*Nuestros viajes interiores son ese aprendizaje.*
*Nos ejercitan en el caminar con el espíritu creador.*
*Pero no es caminar con nuestros propios medios*
*y con nuestra propia fuerza. Nos entregamos al mando*
*de esa fuerza paso a paso.*

Bert Hellinger

## LO QUE NOS ENFERMA Y LO QUE NOS SANA[40]

Cada paciente que asiste a mi consultorio trae consigo un universo de situaciones: problemas, dudas, conflictos, angustias. La gran mayoría, además, presenta síntomas físicos que pueden variar: desde cansan-

---

40 Este título hace referencia al nombre de un seminario dictado por el reconocido naturópata y homeópata alemán y discípulo de Bert Hellinger, Stephan Hausner,.en la provincia de Mendoza en el año 2016. Desde 2007, trabaja con Constelaciones Familiares con enfermos en la clínica psicosomática de Simbach, Alemania.

cio crónico, dolores óseos y musculares, jaquecas, desórdenes menstruales, alergias hasta enfermedades que ponen en riesgo su vida.

Muy pocos son los que consideran, hasta que se adentran en las Constelaciones, que toda esta sintomatología depende fuertemente del alma y no solo del alma individual sino también, en algunos casos, del alma familiar. Al adoptar una actitud de respeto, reconocimiento y acuerdo con el pasado y con el alma se despliega una magia sanadora.

Para Hausner "la curación del cuerpo solo puede darse en consonancia con los movimientos del alma".

Una vez que entramos en esa dimensión de armonía y sintonía con el pasado generacional y álmico el cuerpo comienza a "autorrepararse". Ocurre una reprogramación en todos los órdenes del ser… es el pasado que está curando al presente.

Bertold Ulsamer define a la Constelación Familiar como "un proceso tridimensional capaz de modificar el sufrimiento generacional".

Entonces ya que son nuestros antecesores quienes forman parte de la sanación y la herramienta es la Constelación, definiré bien esta metodología.

El significado etimológico de Constelación según el *Diccionario de la Real Academia Española* proviene del latín *constellatio, -ōnis* que hace referencia al "conjunto de estrellas que, mediante trazos imaginarios, forman un dibujo que evoca una figura determinada". En su segunda acepción explica que es "conjunto, reunión armoniosa".

Desde estas definiciones ya se perfila el sentido profundo de una Constelación. Pues, por ejemplo, en la dinámica del taller o en la atención individual lo que se realiza o se cumple es una reunión armoniosa donde el alma celebra su protagonismo en perfecta sintonía con otras almas que acudieron al encuentro.

Las diferentes configuraciones espaciales a las cuales hace referencia la definición encontrarán en estos trazos imaginarios, sus diferentes formas/imágenes sanadoras.

En esa intrincada relación entre el grupo y la persona, entre el astro que parece moverse en soledad porque no sabe ni sospecha que existe en función de un universo de sentidos que lo mueve, es en definitiva donde se desarrolla el lenguaje de las Constelaciones.

Veamos ahora el funcionamiento mismo de la Constelación…

Las personas que conforman el grupo, se disponen en un círculo, y en la rueda queda un espacio central delimitado donde se desarrollará la Constelación. Una vez planteado el tema propuesto por uno de los pacientes, se elige dentro del grupo a la persona o las personas que representarán la problemática planteada por aquel constelante.

Los representantes se ubican en el espacio de acuerdo con una imagen interna que en ese momento se les presenta. No saben absolutamente nada acerca de la vida del constelante al que ayudarán con ese movimiento. A partir de allí, comienza a propiciarse un escenario donde se desenvuelven historias y situaciones que el o las almas necesitan exponer.

Los representantes entonces, tal como sucede cuando leemos un libro, se sumergen en la historia y pasan a vivirla, a sentirla. Es similar a la estrecha relación que se establece entre cada lector y la obra que tiene en sus manos. Es el maravilloso momento donde las ideas y los relatos cobran vida. Se observan paisajes diferentes, se asiste a situaciones aparentemente irreales, se conocen a actores de los que nada sabíamos y todo ese espectáculo que se despliega pasa a ser real, nos mimetizamos con él, vibramos con él.

Al ser invitados a representar y estando situados en un lugar, escenificamos lo que ocurre con las personas reales. Desaparece la diferencia que generaría en el campo mental una digresión entre lo que estoy sintiendo y lo que supongo que debo sentir.

Ese pacto de creencias está presente cuando asistimos como espectadores a un espectáculo teatral. Existe un instante mágico que hace que todos seamos atravesados por lo que está ocurriendo. Los diálogos, la escenografía y los actores reales desaparecen y somos conducidos a través de un fragmento de historia, a un escenario real más allá de la escenografía montada y al sentir profundo de las personas que componen ese relato.

Ese es el sentido profundo del trabajo constelativo.

Es un espacio donde se produce la encarnación de narrativas pretéritas que se desarrollan en un escenario propicio para el entendimiento y la sanación.

Los representantes solo sienten; no piensan ni realizan juicios de valor. Todo es válido en esta traducción porque representar en realidad no es ACTUAR sino SENTIR en carne propia vidas y hechos. Sin pensamiento, sin intención consciente. Esto significa que es el cuerpo el que traduce la impronta del campo energético y de las almas.

En un taller de Constelación tomamos esta referencia y le damos al registro corporal una prevalencia para que sea el medio a través del cual cada participante vaya recibiendo la información que será necesaria para ir configurando las distintas imágenes.

En reiteradas ocasiones, el representante tiene conflictos con las sensaciones que percibe, pero eso es debido a la falta de experiencia, por lo que es mi tarea mostrarle la importancia de respetar ese sentir. Todos debemos realizar un re-chequeo de esas impresiones y aceptarlas tal y como se presentan, sin juzgarlas.

Tal como ocurre en el truco del mago, frente al cual todos desde una inocencia infantil nos sorprendemos, en el movimiento constelativo existe una lógica por la cual las personas ubicadas en un lugar del espacio responden como las personas reales, recrean su sentir profundo y escenifican en el contacto con el miembro representado algo de la profundidad de ese vínculo. Sucede que el representante está parado no en el espacio físico concreto de la rueda sino que está en otro campo espiritual, en otro plano de consciencia que es la fuente de donde surge el sentir representado a través del lenguaje corporal.

Fue Rupert Sheldrake, un biólogo, bioquímico y escritor británico quien lo conceptualizó este tema denominándolo campo morfogenético o resonancia mórfica.

En ese campo están almacenados en una memoria colectiva todos los eventos y las emociones a ellas asociadas de un grupo.

La teoría del campo morfogenético de Sheldrake explica, desde su óptica, fenómenos que ocurren en el campo de la biología, donde ciertos hechos aumentan su probabilidad a medida que acontecen más veces. Como consecuencia de ello los comportamientos adquiridos que se manifiestan en una generación son heredados de las anteriores.

La hipótesis de la causación formativa postula que la memoria es inherente a la Naturaleza. Esta hipótesis sugiere que "todos los sistemas naturales que comprende a los organismos humanos, familias, culturas, moléculas o a la galaxia heredan una memoria colectiva de todas las cosas de su misma clase sin importar lo lejos que puedan encontrarse unas de otras, ni el tiempo transcurrido desde que existieron". Podría hablarse de una memoria acumulativa. Mediante esta y a través de la repetición, se produce una habitualidad en la naturaleza de las cosas.

Esto explicaría lo que vivenciamos en una Constelación. Un campo de sabiduría en el cual todo se manifiesta de acuerdo con una memoria que nos trasciende y que se manifiesta a través de nosotros. Son pautas de conocimiento instaladas en el campo que adquieren fuerza más allá de cualquier circunstancia.

Representar es un privilegio, una vivencia hermosa, porque se ponen las emociones al servicio del otro, pero siempre se genera algo dentro del que actúa que se pone a su servicio para sanarlo.

Es este un momento único donde podemos sentir de primera mano y de forma muy especial el campo morfogenético. Simplemente porque se da un campo de sabiduría que nos atraviesa y el aprendizaje adquiere una multidimensionalidad más allá del pensamiento. Es exactamente eso lo que ocurre en un taller de Constelación.

Esta es una de las razones por la cual las Constelaciones Familiares implican un cambio de paradigma en la medida que la sanación individual deja de ser una intención individual para darle lugar a la sanación grupal. Todos nos ponemos al servicio de lo superior para ser facilitadores del bien del otro. En ese intercambio nos sanamos mutuamente. Todos somos uno. Todos somos uno con el Todo.

## AMIGARSE CON UNO MISMO

> *Cada enfermedad distinta representa, en el escenario de la vida íntima, un drama diferente, tan típico e identificable como la enfermedad misma. Un drama que el enfermo siempre conoce de un modo distorsionado o incompleto, y cuya relación con la enfermedad generalmente ignora o malentiende.*
>
> Dr. Luis Chiozza

Vivir consiste en reducir continuamente el mundo al cuerpo, a través de lo simbólico que este encarna.[41]

(...) El cuerpo es un elemento de gran alcance para un análisis que pretenda una mejor aprehensión del presente (...).[42] El cuerpo es un lugar donde la psiquis y el alma se expresan continuamente. No hay discusión al respecto... el cuerpo es un espejo de ambas. (...). [La medicina] Cuando cura al hombre enfermo no tiene en cuenta su historia personal, su relación con el inconsciente y solo considera los procesos orgánicos.[43] Otras medicinas no tradicionales o "nuevas" se esfuerzan, por el contrario, por ir más allá del dualismo para considerar al hombre en su unidad indisoluble.[44]

---

41  Le Bretón, David, *Corps et societies. Essai de sociologie et d´anthropologie du corps*, Meridiens-klincksieck, 1988.
42  Le Bretón, David, *Antropología del cuerpo y modernidad*, Argentina, Nueva Visión, 2006, p. 7.
43  Ibíd. p. 10
44  Ibíd. p. 11

Me tomo de esta brillante reflexión de Le Bretón para desarrollar un tema que nos afecta a todos: el cuerpo nos habla, se expresa y no le prestamos la atención específica que solicita, con toda su complejidad y en todas sus dimensiones.

La medicina actual, tal y como la conocemos, no se ocupa del espíritu, del alma, ni se sumerge en la biografía del paciente. Cuando llega una persona a un consultorio, ese cuerpo/objeto denunciante es puesto bajo una mirada absolutamente focalizada en lo orgánico y en lo funcional. Se atiende síntomas, pero muy pocas veces se profundiza en sus causas últimas.

Obviamente, no es culpa de los médicos este tipo de atención, sino de un paradigma y sistema cultural, pero, sobre todo, económico que no contempla atender el ser completo e integral, sino partes de él.

Por eso, hay cada vez más especializaciones, terapias, disciplinas, para dar respuesta a lo que en una primera instancia no se responde.

"Solo podemos mirar los síntomas" parecería la consigna y tratar a través de estudios o de medicación que el paciente se lleve una respuesta de lo que viene a sanar. Y cuál es su búsqueda aunque no sea consciente de ello: una cura para su alma y no para su cuerpo.

Es el cuerpo enfermo el que lleva a la persona. Intenta ponerla en manos del médico, para que pueda curar su alma.

Los médicos en su mayoría no cuentan con el tiempo para la escucha. Tampoco se han podido preparar adecuadamente para eso. Y en el ejercicio profesional el sistema apunta a que el paciente se lleve una respuesta. ¿Cuál es esa respuesta? Un estudio que lo mantendrá contenido hasta que se lo haga, una medicación que le devolverá la confianza en que podrá liberarse del síntoma y la expectativa de un nuevo turno.

Todo este aparataje así armado hace que la rueda pueda seguir girando.

Avalo sin duda la medicina preventiva, y la importancia que tiene el diagnóstico precoz en toda enfermedad. Pero también considero que el circular por las distintas especialidades y los diferentes estudios son en muchos casos innecesarios y se ahorraría el costo emocional de los pacientes si existiera la posibilidad de la escucha. Una buena entrevista diagnóstica evita este largo recorrido.

Recuerdo en mis años de práctica profesional institucional que algunos pacientes concurrían con carpetas de estudios de un volumen digno de una biblioteca, desahuciados debido a que no se encontraba nada en los estudios que pudiera ser causante de su dolencia. Y era ahí donde eran derivados a Psicología como último recurso.

Aquí se hace necesario explicar un punto fundamental... Considero importante trabajar desde una mirada integrada que articule un prudente diagnóstico médico que puede complementarse pues ciertos medicamentos con un consumo medido son fundamentales para tratar algunas patologías. Vivimos en un entorno hostil o semihostil, tecnológico, cosificante y es muy difícil que el organismo no presente ciertas dolencias. Este tema es muy controvertido y algunos podrán tener argumentos a favor o en contra pero lo que sí quiero sostener es que, por ejemplo, en mi caso, cada vez que entrevisto a un consultante, realizo una evaluación que implica tomar en consideración la posible intervención de un profesional en psiquiatría quien determinará la necesidad de medicar si la patología de base así lo requiere. Este concepto aplica a cualquier especialidad médica.

Hecha esta aclaración continúo con la afirmación de que lo que se necesita es una mirada abarcativa que contemple a la persona completa, podría decir, una mirada holística.

Por eso defiendo tanto esta metodología que llamo Psicoconstelaciones, una mirada que toma a la persona en su totalidad. Mirándola en el entorno en el cual vive y se desarrolla así como en una mirada retrospectiva, en la historia familiar inmediata y ancestral.

Porque trabajo desde un lugar de total respeto hacia el ser. Le brindo a cada consultante un lugar para que investigue en su propia psiquis, alma y cuerpo, con cuidado, con amor. Con las Psicoconstelaciones se abre un espacio íntimo para la introspección, para la autognosis, para un viaje al interior mismo de la historia.

Nuestra carne, nuestro organismo, es símbolo, se expresa por símbolos y posee un lenguaje emotivo que necesita amor, paciencia y dedicación y al que creo que vale la pena darle su espacio y tiempo.

Por ejemplo, el doctor Luis Chiozza propone una idea a la que adhiero al cien por ciento. Él pone el énfasis en que para mejorar la calidad de la salud, se deben realizar lo que él denomina estudios patobiográficos, esto es:

> método que se utiliza para encarar (el) diagnóstico y tratamiento. Consiste en una tarea que se realiza mediante dos tipos de historia. Una, clínica, consigna los síntomas, los signos y la evolución de las enfermedades que el paciente ha padecido, o padece, considerándolos como procesos que derivan de una causa. La otra, biográfica, presta atención a los episodios y acontecimientos de su vida, considerándolos como escenas y temáticas cuyo significado también posee un sentido en el conjunto entero de esa vida. La superposición de ambas historias nos revela

que aquello que las personas callan con los labios no solo suelen expresarlo con gestos o actitudes, sino también con el mismo funcionamiento de sus órganos. (...). Encontramos así el drama vital específico de cada una de esas enfermedades diferentes, drama que, como si se tratara de su propio 'guión' cinematográfico, solo a ella pertenece.[45]

Entonces, prestarle atención a esa simbolización somática y unirla a la historia del paciente se hace fundamental para cortar el ciclo de "ciertas" enfermedades. Digo "ciertas" porque también queda claro que hay muchas afecciones que al revés de lo expresado, influyen en la psiquis, su origen es orgánico. Pero ese tema quizá lo desarrollaré en otros trabajos.

Lo que aquí interesa es el análisis global y abarcativo del consultante para comprender su realidad y ofrecerle una respuesta o solución.

Cada persona posee una historia consciente y otra inconsciente que se manifiesta a través del cuerpo, pero esa encarnación del dolor y la problemática tienen un lenguaje encriptado, que mediante el desvelamiento terapéutico es posible llegar a comprender. Por eso, la tarea será tomar esa historia que lo punza, que lo hiere, trabajarla con el paciente, co-construir una nueva mirada, "echar una nueva luz" sobre ella para que las patas que sostienen a la enfermedad se tambaleen y finalmente la estructura sintomática se desmorone.

A ver... no voy a idealizar a las Constelaciones pues, la curación o, mejor dicho, mejoría del constelante, depende de muchos factores, pero sí es posible con ella aliviar la tensión, es posible des-dramatizar los legados pretéritos, alivianar la carga y creo que ya eso es un avance más que importante.

Ahora bien, esto me lleva a otro tema: el aprender a convivir con nuestras sombras y limitaciones.

¿A qué me refiero con esto? A que el sentirnos bien no depende exclusivamente de la intervención de un clínico o psicólogo, sino que hay un trabajo individual, en solitario, que se debe hacer, que no depende de nadie excepto de nosotros mismos. Ya he tratado en mis libros anteriores el tema de la voluntad, del empeño, de la necesidad de poner manos a la obra para sentirse mejor, porque en cierta forma, depositar todas las expectativas en los tratamientos médicos es desligarse de las responsabilidades del propio ser y JUSTAMENTE para sanar hay que tolerar/amar/aprehender lo que somos y cómo somos. Esto no es otra cosa que la aceptación de que hay eventos de nuestra historia que no se pueden borrar, sucedieron y ya no hay marcha atrás en ello, que tenemos limitaciones, que nos cansamos,

---

45    Chiozza, Luis, *¿Por qué enfermamos?*, España, Alianza editorial, 1994.

a pesar de que esta sociedad basada en el exitismo y la prisa nos exige correr, ser hermosos, estar impecables a toda hora y tener buena onda bajo cualquier circunstancia.

Tal como lo expresa magníficamente M. L. von Franz en "La percepción de la sombra":

> La sombra no es el total de la personalidad inconsciente. Representa cualidades y atributos desconocidos o poco conocidos del ego: aspectos que, en su mayoría, pertenecen a la esfera personal y que también podrían ser conscientes. (...). Cuando un individuo hace un intento para ver su sombra, se da cuenta (a veces se avergüenza) de cualidades e impulsos que niega en sí mismo, pero que puede ver claramente en otras personas: cosas tales como egotismo, pereza mental y sensiblería, fantasías, planes e intrigas irreales, negligencia y cobardía, apetito desordenado de dinero y posesiones (...). Además, la sombra está expuesta a contagios colectivos en mucha mayor medida que lo que está la personalidad consciente. Cuando un hombre está solo, por ejemplo, [puede llegar a sentirse] relativamente bien; pero tan pronto como "los otros" hacen cosas oscuras, primitivas, comienza a temer que si no se une a ellos lo considerarán tonto. Así es que deja paso a impulsos que, realmente, no le pertenecen.[46]

Increíble esta última observación por lo que decía de las imposiciones, de la obligación de ser feliz y optimista contra viento y marea. Esto es, en cierta medida, ir en contra de las propias necesidades para ser parte del montón que sonríe para no quedar como un "mala onda".

> Que la sombra se convierta en nuestro amigo o en nuestro enemigo depende en gran parte de nosotros mismos. (...) la sombra no es siempre, y necesariamente, un contrincante. De hecho, es exactamente igual a cualquier ser humano con el cual debemos entendernos, a veces cediendo, a veces resistiendo, a veces mostrando amor, según lo requiera la situación. La sombra se hace hostil sólo cuando es desdeñada o mal comprendida.

Para cerrar este tema quiero dejarles mi humilde mensaje: Tomen la salud mental, corporal y espiritual en sus manos, responsabilícense por ella. No se conformen con diagnósticos que solo reflejan una infinitesimal parte de su ser. Deben cuidarse y amarse con todos los defectos y virtudes, con límites, carencias y bellezas. No permitan que los avasallen con imposiciones que establecen las modas. Amíguense con ustedes, respétense y presten mucha atención a lo que el alma, la psiquis y el cuerpo

---

46  Von Franz, M. L., "Percepción de la sombra", en *El hombre y sus símbolos*, de Carl G. Jung, España, Luis Caralt Editor, 1984.

les comunican. Hay que mantener un amoroso diálogo con cada parte de nosotros para que sea posible vivir digna y felizmente.

> "No es mirando a la luz como se vuelve uno luminoso, sino hundiéndose en la oscuridad. Pero esta labor es a menudo desagradable, y por tanto, impopular".
>
> Carl Jung

## LAZOS QUE CONSTRUYEN, LAZOS QUE DESTRUYEN

> *Y si luchamos por mejorar el futuro, ¿acaso no debemos empezar por conocer y reconciliarnos con nuestro pasado?*
>
> Jonathan Safran Foer

Muchas son las películas y los libros que tratan el tema de los lazos familiares, las relaciones entre cada uno; simbiosis, herencias, mandatos, y creo que son ejemplos magníficos para referirme a la temática puntual de mi texto.

En este caso puntual, hay dos películas a las que haré mención: *Shine* (conocida en Latinoamérica como *Claroscuro*) y *Everything Is Illuminated (Todo está iluminado)*.

La primera es un caso magnífico para comprender relaciones patológicas, donde una familia, lejos de coexistir con amor, lo que vertebra el árbol genealógico es la dominación y el poder. No se busca indagar en la historia, sino que se la reproduce y con mayor violencia. Allí hay una metáfora que no tiene desperdicio... los protagonistas (Peter y David) de manera alternativa utilizan anteojos rotos. Son cristales que no dejan ver y, si lo permiten, deforman la realidad.

En el segundo film hay una búsqueda de los ancestros. El deseo de unir las piezas para acceder a la comprensión articula esa indagación. Aquí, el personaje principal, Safran, usa unos anteojos que amplían la mirada hasta límites casi desconcertantes, quiere ver, no desea perder ningún detalle.

Dos historias, dos formas de afrontar el pasado.

Empecemos, entonces, por *SHINE*.

Primero deseo comentarles que esta historia está basada en la verdadera historia del pianista David Helfgott. Nada de lo que allí se ve es una invención. Se trata de un relato crudo y desgarrador de un ser absolutamente abyecto, dominado y psicotizado por la relación enferma con su padre, un progenitor despótico que, como en su momento no pudo revelarse contra la tiranía de su padre, trata de canalizar su frustración a través de un hijo indefenso.

En fin, la película comienza con un Helfgott adulto que habla sin parar. Tiene un monólogo reiterativo, monocorde, quebrado, "APARENTEMENTE" sin sentido, pero en ese discurso se entrevé frases que Peter (su padre) repetía a David sin cesar... órdenes... advertencias... augurios... mandatos, y también se filtran cuestionamientos propios (que no es lo común en él) cargados de mucho sentido. Y digo que no es común en él, pues David no tiene espacio en su interior para su yo pues está completamente acaparado por el yo del padre.

El monólogo comienza así: "¿Puede el leopardo cambiar su traje? ¿Quién soy yo? ¿Quién soy yo? No lo sé ni yo mismo"; "Si haces algo mal puedes ser castigado para el resto de tu vida. Es una lucha eterna"; "Hay que sobrevivir, hay que sobrevivir"; "Lo importante es que yo no tengo alma... papá, papá decía que el alma no existe"; "Soy ridículo y zafio decía papá".

Esta, a las claras, es la gramática de una enfermedad familiar, una historia de vínculos enfermos donde un padre trata de colmar sus expectativas a través de su hijo. El hijo se transforma en un objeto, el modo de sublimar sus frustraciones, aunque nunca lo logrará pues no funciona de esa manera.

En realidad, tanto el padre como el hijo son dos seres atrapados en su historia, pero Peter (padre) invade con la suya la personalidad de David, por lo que resulta este en un niño eterno, cuya individualidad nunca logra concretarse, solo se observa parte de ella en pequeños respiros que le brinda el amor de su pareja o cuando va a estudiar a otro país.

Por otro lado, si el diálogo de David reproduce sentencias del padre, el discurso de Peter es reproducir la violencia de su propio padre pero de manera exponencial y con un doble discurso (mentiroso por cierto). Le pide David que repita que es afortunado porque él le permite estudiar música, cosa que su padre le prohibió, sin embargo, no le está permitiendo nada, le está imponiendo su deseo.

Observen este diálogo:

Peter: —Cuando era un muchacho de tu edad me compré un precioso violín. Había ahorrado mucho para comprarlo y, ¿sabes qué paso?

David: —Sí, que él lo aplastó —dice indicando el cuadro del padre de Peter.

Peter: —¡Sí, lo aplastó! ¡David, tú tienes mucha suerte! Mi padre nunca me dejó oír música.

**David:** —Lo sé.

**Peter:** —¡Tú tienes mucha suerte! ¡Repítelo!

**David:** —Yo tengo mucha suerte...

**Peter:** —Mucha... Suerte.

Pero esto no es suerte para el hijo sino su desgracia, pues al igual que su padre, Peter le está imponiendo algo, en este caso la música, con lo cual lejos de romper el modelo lo está repitiendo agresivamente, pues la impotencia, el llanto, el deseo de rebelión que Peter no concretó frente a su padre, se terminó transformando en una frustración que descarga impunemente en ese hijo con una fuerza arrolladora, sobre todo, cuando lo obliga a decir que tiene suerte. Acto sádico hasta el paroxismo.

Bajo la apariencia de dar al hijo, su meta es completamente opuesta. Le quita vida, determinación y espacio propio. Interrumpe y prohíbe el desarrollo de su personalidad. De ahí ese pasaje tan importante donde la madre le explica al maestro que David, ya a una edad donde no es común, se sigue haciendo pis en la cama. La enuresis, en este caso, está relacionada con alteraciones de la personalidad a causa de factores familiares y emocionales. David está atrapado y absolutamente a merced de los deseos de redención de su padre. Cómo dejar de ser niño ante semejante gigante al que todos obedecen ciegamente.

Si bien el poder del amor ayuda a rehabilitarlo, hasta el final sostiene, quizá de manera un poco más elástica, el lazo de ese padre invasor.

En el caso del film *TODO ESTÁ ILUMINADO*, se trabaja con el pasado pero desde otro ángulo.

Si en *Shine* se habla de repetición, de perpetuación de traumas y castigos, y no de esclarecimiento, en esta película, Safran busca echar luz en el pasado, busca las raíces, anhela los detalles para reconstruir un pasado borrado por la guerra. El protagonista, a diferencia de *Shine,* usa unos anteojos que pareciera que amplían cualquier imagen, porque él busca ver, busca hallar, quiere encontrar lo que pueda. IGUALMENTE SIEMPRE HAY SECRETOS QUE SE MANTIENEN.

Safran no solo observa, sino que colecciona cualquier objeto que ayude para reconstruir su pasado. De hecho es muy llamativo que ese mismo acto de coleccionar es un acto que toda su familia, qué digo, todo su pueblo Trachimbrod tenía por costumbre realizar.

En este film, hay tres personajes centrales, Alexander (hijo de Alexander y nieto de Alexander), el abuelo Alexander y Safran (Hijo, nieto, bisnieto, tataranieto etcétera, etcétera, de Safran).

Safran quiere armar su árbol y su vida, Alexis hijo desconoce su propia historia y no le interesa saber de ella y el abuelo no la quiere ver y por eso afirma que es ciego a pesar de no serlo, pues "ver" lo enfrentaría con una verdad a la que no puede hacer frente. Obviamente esta ceguera tiene sus bases en la culpa, culpa cuyo origen están en que para salvar (se) debió cometer una "supuesta traición". Muchos sobrevivientes necesitan este tipo de ceguera u olvido selectivo para poder hacer soportable la vida que continuaron, pues el hecho de seguir con vida les exigió a algunos cometer actos insoportables para cualquier humano.

En el film, Safran es casi autómata, parece que no siente, no se emociona, teme a todo, no reacciona rápidamente y todo objeto es recolectado en bolsas herméticas para formar parte de su colección. Pareciera que quiere reconstruir su historia pero a la vez mantener una distancia.

Se trata de un recolector de recuerdos familiares que se ve motivado a viajar a tierras ucranianas para buscar los orígenes de su familia. El libro se llama *Todo está iluminado* porque hace referencia a que una vez que se llega a la fuente, al origen, el presente queda claro.

Hay cuerdas que nos unen y otras que nos ahorcan. Es necesario distinguirlas. No podemos permitir que algo tan valioso como nuestra vida quede librada al azar, al humor del pasado, es vital desandar el camino, retroceder para luego ir a hacia delante con paso firme y poder construir un presente consciente, coherente y pleno.

Ambos filmes nos hacen llegar de distintos modos a la conclusión de revisar nuestro pasado, entenderlo y sanarlo si es que deseamos esclarecer el presente.

# CASOS: SANANDO HERIDAS

## CASO I: APNEA DE SUEÑO... UN RECUERDO OLVIDADO EN EL ALMA

Entra a mi consultorio un hombre de mirada apacible, buen porte, muy educado. Luego de una breve presentación (aunque previamente habíamos conversado telefónicamente para establecer la fecha de encuentro), me comenta de manera muy concreta su problema. Desde hacía tiempo padecía unas molestias físicas a las que los médicos no le hallaban ni las causas ni el modo de resolverlas, por lo que estaba sumamente interesado en ver otras formas de solucionar esta cuestión.

Para mí estaba claro que, si tras haber realizado estudios médicos y los doctores no elaboraban un diagnóstico concreto, debía hacer otro tipo de indagaciones, era fundamental requisar entre sus recuerdos, ver qué había en su consciente y en su inconsciente y, obviamente, en su alma.

Sucede que ese desvelamiento que realizo en esta terapia si bien contempla lo físico y lo mental, jamás relega lo que el alma quiere delatar.

El inconsciente, el alma, el cuerpo son como niños que se resisten a callar, denuncian todo el tiempo, pero cada uno con sus propios métodos. El consciente se esfuerza por callarlos, trata de adoctrinarlos y contenerlos, sin embargo, a través de reacciones espontáneas, contestaciones aparentemente ilógicas, dolores incomprensibles, angustias y sensaciones inexplicables, ellos hablan, señalan el problema y la solución.

En tiempos remotos, toda esta sintomatología, era atendida por un médico brujo, curandero, que trataba de sanar al enfermo con hierbas y con conjuros, con magia. En su trabajo conjunto y con los mecanismos precarios con que contaban, los enfermos sanaban pues se analizaba a la persona desde su ser integral. "El curandero sabe una cosa que el médico ignora: la ley genealógica y la relación con los antepasados definen en gran parte los lazos, los derechos, los deberes y las identidades que estructuran al ser humano en su cultura y biografía. El curandero también conoce las palabras y los rituales que le permitirán conjurar a la presencia, al fantasma (un antepasado desgraciado o que deshonró a su familia), sinónimo del desorden inconsciente que se puede transmitir de generación en generación"[47].

Hoy, en cambio, con tanta tecnología, se estudia al paciente, con veinte máquinas que se reparten los miembros a estudiar. Cuando se junta esa información queda frente a ellos una persona particionada, cuyos resultados no terminan siendo convincentes.

Sin desmerecer a la medicina y a los doctores, que han hecho grandes avances, es vital que retorne esa mirada integradora, para hacer sanar a la persona total ya que, hoy en día, se controlan los síntomas, pero la fuente del malestar sigue latente.

Es por esto por lo que con las Psicoconstelaciones el cuidado del paciente es total. Se lo ayuda a cuidar su energía, su psiquis, su cuerpo y alma.

Cada uno de nosotros somos archivos vivientes que jamás borramos los tiempos pretéritos, y, en ciertas ocasiones, eventos acaecidos influyen en el cotidiano, y de no mediar una terapia constelativa difícilmente puedan llegar a corregirse o entenderse. Por tal motivo, siempre dejo la puerta abierta para que la Psicoconstelación encuentre su propio camino hacia la sanación, pues el problema puede estar anclado en situaciones pasadas, quizás no ancestrales sino experimentadas por dicho paciente, pero en otra vida.

Llegado el día del taller constelativo, el paciente dice: *Quisiera constelar mi apnea en el sueño.*

Elije para representarlo a Cristina.

Cristina se ubica en cierto lugar de la rueda constelativa.

El paciente coloca sus manos sobre los hombros de ella para transmitirle su energía. Luego se retira. Ella cierra sus ojos y, al cabo de unos segundos, manifiesta sentir mucho cansancio y tener el pecho oprimido.

Se le nota que le cuesta respirar.

**Yo:** —¿Sentís que te colocaste en el sitio correcto?

**Cristina:** —No lo sé. Tendría que tomarme unos minutos para sentirlo.

**Yo:** —Fijate cuál podría ser un mejor lugar para vos en el espacio. Podés permanecer con los ojos cerrados si así lo sentís.

47   Van Eersel, Patrice y Maillard, Catherine, *Mis antepasados me duelen. Psicogenealogía y Constelaciones Familiares*, España, Ediciones Obelisco, 2004, p. 7.

Cristina comienza a moverse despacio. Se detiene en un punto.

**Yo:** —Decime qué sentís, por favor.

**Cristina:** —Que ya no puedo seguir avanzando. Necesito quedarme en este lugar que elegí.

**Yo:** —¿Qué sentís ahora?

**Cristina:** —Que tengo los pies mojados y fríos. También escucho el eco de mi propia voz, como si estuviera en un lugar cerrado.

**Yo:** —Vamos a movernos juntos en este lugar. Quédate tranquila que estaré a tu lado.

Cierro mis ojos y veo con claridad el sitio donde ella está. Efectivamente, se trata de un lugar cerrado, oscuro, frío y muy húmedo. Se percibe cierto movimiento alrededor. Los sonidos producen eco, y el aliento forma un vapor producto de ese mismo frío que domina el escenario que presencio.

**Yo:** —Recordá que estoy a tu lado. No temas. Te acompaño. Fijate si podés decirme algo más acerca del lugar donde estás.

**Cristina:** —Estoy en un lugar cerrado y oscuro. Es muy húmedo. Y siento mis pies mojados y fríos. Cuando hablo veo el vapor de mi aliento. Hay eco en este lugar. Siento mucho frío en todo el cuerpo.

**Yo:** —Mirá más detenidamente a tu alrededor y fijate si hallás una salida.

**Cristina:** —No. No veo ninguna.

**Yo:** —Tranquilizate. Observá bien a tu alrededor. ¿En dónde pensás que estás? ¿Hay algún elemento que te resulte familiar?

**Cristina:** —Sí, sí. Escucho como un sonido de agua… agua que golpea las paredes donde estoy.

**Yo:** —Describime las paredes.

**Cristina:** —Estoy rodeada por paredes de madera. ¡Nooooo! Estoy en un barco. ¡EL BARCO SE ESTÁ HUNDIENDOOO! —en ese preciso momento comienza a temblar y llorar. Se desespera—. Tengo miedo… mucho miedo.

Me acerco más a ella. Le digo que se tranquilice. Que no está sola allí. Que estoy a su lado. Coloco mis manos en su pecho a la altura del Chakra corazón y, a la misma altura, en su espalda. Le pido que respire tranquila y profundamente ya que así será posible que juntos encontremos el modo de escapar de allí.

**Yo:** —¿Te es posible ver alguna ventana o abertura como para salir?

**Cristina:** —Veo una luz que entra por una ventana. Es muy pequeña. No creo que pueda salir por ahí.

**Yo:** —No importa que no puedas salir por ahí. Quiero que mires por esa ventana y me digas qué ves.

**Cristina:** –Veo el cielo. Un cielo limpio.

**Yo:** —Ahora, que pudiste ver esa abertura, la luz y el cielo, quiero que aflojes tu cuerpo. Conectate con esa luz. No pienses en ese barco sino en el afuera. Lentamente sentirás cómo todo se torna más luminoso y la brisa toca tu rostro. La luz dorada te va envolviendo y tu alma puede volar libremente. Ya no estas atrapada. Ya no hay dolor ni frío.

En ese momento, Cris exhala, como quien se quita un peso de encima, y se relaja. Aparece una leve sonrisa en su rostro y sus ojos se llenan de lágrimas.

Poco a poco se afloja y gira lentamente… el alma, por fin, quedó libre de la opresión, el encierro y la desesperación.

Luego de este trabajo, a todos no había quedado perfectamente claro que la apnea era la manifestación de un alma torturada por el temor.

El doctor Brian Weiss, médico psiquiatra estadounidense famoso por sus creencias en la regresión de vidas pasadas y la supervivencia del alma humana después de la muerte, afirma que algunos traumas que se manifiestan en el presente son el resultado de eventos acontecidos en otra vida.

En mi experiencia profesional con las Psicoconstelaciones Familiares son muchas las veces que el tema presentado abre el espacio a otro plano de consciencia. Se manifiestan sensaciones que no pertenecen al presente sino a un pasado oculto y doloroso. Viajar a ese momento y ayudar al alma a salir de esa trampa, de ese lugar traumático es uno de los caminos fundamentales para sanar el ahora.

## Acerca de la consulta, tiempo después

Tras un largo tiempo desde aquella Psicoconstelación, el paciente vuelve a llamarme. Su intención era contarme sobre su evolución.

Obviamente, para mí era una excelente oportunidad para ver los resultados de aquel taller. Esto, sin duda, me dio una inmensa alegría, dado que no siempre se da la posibilidad de ver los resultados del trabajo constelativo. Hay personas que asisten tan solo a unos pocos talleres y sus posteriores seguimientos, y que, tras sentir que solucionaron su problema, sencillamente ya no vuelven ni mantienen un contacto conmigo, lo cual me deja sin poder comprobar los resultados del movimiento efectuado.

Me comenta, entonces, que las apneas habían disminuido significativamente y, de hecho, había lapsos que ni siquiera aparecían.

Al mismo tiempo, me cuenta que tras aquella Psicoconstelación se dedicó a estudiar su árbol genealógico, su historia, y fue así como dio con información que lo impactó profundamente.

Recordó que tenía un abuelo paterno que, justamente, y no, casualmente, había estado muy relacionado con barcos, agua, mar. Él había vivido en Grecia, en la isla de Kalimnos. ¡Oh, detalle! Como tantas personas del lugar, se había dedicado a la pesca de esponjas de mar con el método de apnea en profundidad, es decir, sin usar equipos con oxígeno sino conteniendo la respiración.

Es importante destacar hasta qué punto ejerce influencia la lealtad, pues el hijo de este paciente a la edad de 25 años emigró a los Estados Unidos. Es decir, el hijo del paciente había podido realizar algo que su ancestro no había logrado.

La historia de este hombre griego se reflejaba de distinta manera en su nieto y bisnieto. Registros que estaban grabados en la memoria familiar. Por otro lado, el paciente mismo, logró acabar con aquella sintomatología opresiva que se llevaba de arrastre por generaciones.

Queda establecido que la memoria ancestral vive en cada uno de nosotros y que, al trabajar en ella y con ella, es posible reordenar el presente.

Mantenemos lealtades de linajes que no comprendemos en su verdadera dimensión pero que afectan cada paso de la vida cotidiana. Lo importante es darse cuenta de ello para liberarnos y actuar con plena consciencia y responsabilidad… es ni más ni menos que hallar la propia identidad, el propio sendero.

Es fundamental reconocer el peso de la historia, las lealtades, las expiaciones, los lazos inconscientes que nos moldean, sin este reconocimiento es poco probable lograr la individualidad, la libertad, la autodeterminación.

## CASO II: VÍNCULO INTERRUMPIDO ENTRE MADRE E HIJA

*No hay nada que sobrepase a la madre.*
*La conexión con ella es la base de todo éxito en la vida.*
Bert Hellinger

Winnicott estudió y se involucró profundamente con todos los procesos que intervienen en la constitución y funcionamiento del aparato psíquico de un individuo. Dentro de esos análisis y estudios no pasó por alto la relación madre-hijo donde según su opinión, el niño es visto y reconocido por su madre, y así ese niño se reconoce y se desarrolla sanamente.

La mirada de la madre es fundamental, la ausencia de su mirada, de su voz, de su presencia produce grandes traumas en un pequeño. De tal modo, la falta de contacto con aquel infante, una comunicación interrumpida, un lazo débil deja huellas profundas en aquel niño que de no sanarlas pueden dejar grandes "dolores" en el adulto. Así surgió, por ejemplo, el caso de esta mujer que vino a uno de los talleres porque desde hacía tiempo le habían diagnosticado fibromialgia y jamás había conseguido librarse de este problema.

L (a quien denominaré a partir de ahora) quiso asistir al taller porque desde hacía tiempo tenía dolores corporales, cansancio y sentimientos de soledad y tristeza. Si bien, gran parte de ello se debía al fallecimiento de sus padres, había otras razones a las cuales no lograba acceder o comprender que la mortificaban a diario.

Comienza el taller y ella es elegida como representante para un caso en el que se debía rastrear y sanar la relación entre un hijo y su madre y la partida temprana del padre.

Está claro que esa gran alma colectiva actúa de maneras misteriosas, pues desde el inicio su alma ya estaba tratando de denunciar conflictos con los padres.

Cuando llega su momento, L dice que quiere constelar: "Yo y mi niña interior".

Su alma claramente me señalaba que debía curarse algo de su niñez, desde, incluso, el momento más inmediato a su nacimiento.

L elije para representar a su niña a Silvina, miembro del equipo de trabajo, y para representarla a ella, a quien denominaré como P, persona que también concurría por primera vez a un taller y que, por lo tanto, sería su primera experiencia para representar.

Se ubican una frente a la otra y se miran.

**Silvina:** —Siento vacío y un dolor fuerte en el pecho.

P, quizás por su dificultad para poder entregarse al sentir en esta primera experiencia, expresa no sentir demasiado. Es más, muestra extrañeza de estar en ese lugar frente a Silvina.

Creo conveniente aclarar que, más allá de una falta de conexión y a la falta de experiencia en este tipo de terapias, a veces los pacientes no se conectan por temor, por miedo a quedar vulnerables o experimentar nuevas sensaciones.

Siguiendo con la experiencia, ninguna de las dos se reconocen.

Silvina, la niña, se angustia al no sentirse mirada. Se siente sola y no cuidada. Comienza a llorar.

En ese momento, Valeria, que forma parte también del equipo de trabajo, empieza a manifestar ciertas molestias físicas. Explica que siente cansancio, pesadez, malestar general en todo el cuerpo.

La invito, entonces, a que forme parte de la Psicoconstelación pues su alma de algún modo se había conectado con la escena que se estaba desarrollando.

De pronto, Valeria se instala justo en el medio de Silvina y P. Le toma las manos a Silvina y quedan mirándose.

Silvina se emociona profundamente.

Valeria sigue con esos síntomas de cansancio y dolores. Está claro que representa el cuerpo de la paciente L.

Ciertamente, una Psicoconstelación no tiene una lectura lineal, ni un único significado, ni una sola causa que provoca el cuadro presentado por un paciente sino que se presta a múltiples lectura y que señala hacia acontecimientos que fueron armando el camino del constelante. De modo que cuando se realiza un trabajo terapéutico como este es imprescindible estar atentos a lo que nos "grita" el alma, la psiquis y el cuerpo. Todo el ser habla, todo el ser se manifiesta y es a todo el ser a quien debemos guiar hacia su sanación.

Fíjense que L llegó al consultorio con un diagnóstico de fibromialgia y en la rueda constelativa ya teníamos tres "elementos" para trabajar: a) la intuición de la paciente de que algo pretérito estaba incidiendo en su presente, B) aquella niña con la que deseaba constelar, que no era ni más ni menos una forma de acceder a la relación madre-hija que se había interrumpido, c) y su cuerpo como denunciante de la situación.

P repentinamente declara que se siente molesta porque Valeria no permite que la vea a Silvina (la niña) y que no soporta verla llorar. Tampoco entiende por qué llora.

Valeria expresa que se siente demasiado cansada. Sus piernas no la sostienen y necesita tenderse en el piso. Lentamente va bajando hasta quedar acostada en el suelo y en posición fetal. En este momento ese cuerpo denunciante, ese cuerpo doliente retorna al preciso momento del nacimiento donde el vínculo con la madre estaba interrumpido.

La madre no había producido ese lazo extraordinario (por el motivo que fuere) necesario para que el bebé reconozca y se reconozca y crezca de manera saludable y feliz. En su lugar recibió vacío, desunión, y, por lo tanto, dolor; un dolor que se expresará en el adulto a través de la fibromialgia.

P, por otro lado, toma distancia y mira la escena desde un sitio de no compromiso.

Silvina, mira cómo su cuerpo (Valeria) está sufriendo.

Entonces... llegamos a un momento inicial. El punto exacto en donde aquel bebé percibió esa primera indiferencia, esa primera agonía.

Valeria, mientras, permanece en el suelo. Parece un cuerpo inerte, sin vida. Un cuerpo sin madre, sin caricias, sin esas miradas que autentican las identidades.

Llegado a este punto, siento que es necesario intervenir de manera más activa. Me acerco, ingreso en el movimiento y mediante reiki y masajes profundos que comunican contención, amor, unión, logro que recobre la vitalidad, que recupere ese sentido de pertenencia a su grupo y su linaje y al amor que necesita.

El momento del parto suele ser traumático. La madre puede no estar disponible incluso por el compromiso mismo que significa a nivel físico.

Era claro que algo había pasado en ese momento y que era fundamental repararlo.

Cuando le pregunto a la paciente qué información tenía acerca de su nacimiento me mira con extrañeza y responde que poco o nada.

Pero al ver la escena frente a ella, le fue posible reconstruir su historia y entenderla, llegar al punto de partida de su problemática. Puedo comprender qué era lo que toda esa sintomatología le rogaba que atendiera. Su alma pedía una reparación.

Cuando finalmente Valeria se recupera, se levanta del piso, con más bríos y hasta con una sonrisa en su rostro.

Le pregunto qué siente.

Valeria responde que ya no le duele nada, que su cuerpo no está agotado.

Acto seguido, se para cerca de Silvina. Se miran como si estuvieran reconociéndose por primera vez. Es diferente al encuentro que tuvieron antes.

Se observan. Se conectan. Se funden en un abrazo. Silvina llora de emoción.

Silvina dice que es la primera vez que no se siente sola y que se nota más fuerte.

Valeria se retira del movimiento. Se coloca a un costado y desde ahí mira la escena.

Le pido a Silvina que se mire en un espejo que se encuentra en la sala.

Le pregunto qué es lo que ve.

Ella responde que se ve a sí misma, que ve una mujer, a una mujer feliz.

Le pido a la constelante que se ponga al lado de Silvina.

Juntas miran el espejo y sonríen.

Les pregunto qué ven.

Ambas contestan al unísono que ven una mujer, una mujer completa, integral.

La constelante agrega que es la primera vez que ve una versión contenta de ella.

Luego le pregunto a P (su yo adulto) qué está sintiendo. Responde que siente calma y tranquilidad y que, por raro que parezca, percibe una conexión sana con su niña interior.

Aquello que había ocurrido en cada momento de la Psicoconstelación había dejado un sentir de armonía que se percibía con claridad en el ambiente.

Tal como hago en cada Psicoconstelación, le pregunto a todos los representantes si están bien. Esa es la pregunta necesaria y última para cerrar el movimiento.

Cuando responden afirmativamente, realizamos una rueda con los representantes y la constelante para cerrar el movimiento y doy por cerrado el trabajo terapéutico.

## CASO III: CUANDO EL ALMA SE REPLIEGA

*Quiero constelar el mensaje que mi alma necesita transmitirme en el hoy…*

Se inicia la jornada del taller y la consultante elige a Valeria (integrante del equipo de Psicoconstelaciones) para que la represente. Valeria tomará su lugar y percibirá todo aquello que surja (emociones, sensaciones, sentimientos) a partir del trabajo constelativo.

La forma en que se disponen las personas dentro del consultorio me brinda una información crucial para entender qué sucede con la paciente y su problemática. Valeria comienza a movilizarse dentro del consultorio, sobre unas alfombras que dispongo de una manera específica, hasta hallar el sitio en el que siente que debe estar. No olvidemos que en esta terapia el orden de las cosas y los acontecimientos poseen un significado profundo y preciso. Entonces, Valeria expresa sentirse a gusto en ese punto particular de la habitación.

En principio, mantiene los ojos cerrados, pero luego los abre y dice que siente mucha emoción y que percibe presencias a su alrededor. Repentinamente nos dice que siente las piernas totalmente rígidas.

La invito a que, poco a poco, intente recorrer nuevamente el lugar para hallar un mejor sitio. Vuelve a desplazarse, con cierta dificultad y profundamente emocionada.

En un momento determinado, percibo que Silvina (otra de las asistentes del grupo de trabajo) se siente inquieta. Desde esta agitación expresa su necesidad de ingresar en esta Psicoconstelación.

Le digo que se ubique donde crea que es el lugar que la representa. Se coloca frente a Valeria, pero a cierta distancia.

Silvina es la que, en realidad, "encarnará" a la paciente. Representa la construcción de su yo, de su ego que está ubicado en un plano bien concreto del aquí y ahora.

La invito a Valeria a que se acerque poco a poco a Silvina, sin embargo, esto le produce cierta dificultad.

Por otro lado, le había solicitado a Silvina que pusiera sus manos extendidas y hacia arriba para recibir a Valeria.

Así dispuesto todo, las invito a que se miren, que hagan contacto visual.

Silvina tiene la intención de que Valeria se acerque, sin embargo, ambas manifiestan no sentirse relacionadas, conectadas.

Claramente se puede observar ante esta incomunicación, ante esta des-unión, un corte, una escisión entre el alma y la esfera de la personalidad. Porque Valeria es el alma de la paciente.

Valeria dice no poder acercarse. No se siente a gusto en ese lugar y necesita tomar distancia. Vuelve a internarse en las profundidades de otro plano. Se dirige a un lugar cada vez más apartado. Allí se siente más tranquila y sin intención de volver a conectarse con Silvina.

En ese momento, decido trabajar con plantillas que tienen la forma de pisadas. Las ubico de tal forma que van marcando un camino frente a Valeria. Un camino que la conduce nuevamente hacia Silvina. Se trata de un sendero de conexión entre estas dos instancias, es decir, un camino de vuelta a casa, al abrigo de la calidez que nos da el alma.

Le pido que simplemente se conecte con su sentir en lo profundo y que se deje guiar.

Comienza poco a poco a transitar el camino. Va con los ojos cerrados y afirmando sus pies en cada una de las pisadas. Exactamente arriba de ellas. Sin embargo, cuando está próxima a Silvina explica que no puede continuar.

Silvina dice que ella quiere que se acerque, pero Valeria no lo desea.

Le digo a Silvina que la invite a acercarse y que la atraiga mediante imágenes positivas, como si estuviera mirando un álbum con fotos de lugares preciados, de gente amada y con momentos de profunda conexión y confianza.

En ese instante sucede algo extraño… en vez de acercarse, Valeria se aleja nuevamente.

Silvina, por su parte, también percibe una sensación rara y se pone a llorar. Afirma que no tiene imágenes positivas, que no las puede ver.

Entonces, decido acercarme. Coloco mis manos en su pecho y espalda, justo a la altura del Chakra corazón. En esa posición, comienzo a entrar en contacto con imágenes diversas que van viniendo a mi mente y se las transmito a Silvina.

Le digo suavemente… *Estás mirando imágenes olvidadas de momentos felices. Es como si estuvieras abriendo distintas cajas donde te encontrás con objetos muy queridos que los habías guardado durante mucho tiempo. Estaban ahí esperándote y ahora te podés encontrar con ellos. Estás en un espacio nuevo, un sitio muy blanco, con mucha luz y ventanas abiertas por donde entra una brisa fresca que te acaricia.*

Silvina logra ver todo esto y se conecta con estas imágenes que estaban olvidadas o reprimidas, y llora profundamente de emoción.

Decido que ya es suficiente y retiro mis manos, pues el canal ya está abierto.

Ahora bien, establecida nuevamente la conexión, Valeria puede acercarse. Ambas se abrazan y se conmueven profundamente. Al mismo tiempo, la constelante se siente, también, emocionada.

Se toman de las manos e invito a la protagonista a que se sume a la rueda para que pueda tomar el lugar que le corresponde, el sitio donde su yo y su alma se encuentran en perfecta comunión.

Así, el movimiento se cierra. Se cumple el objetivo de volver a moverse en el mundo desde esta unidad indisoluble.

Un aire de alegría y de paz invade el espacio.

* * *

Este caso que les presenté es muy recurrente en mi consultorio porque cuando una persona vive una experiencia traumática o dolorosa, como por ejemplo un duelo, el alma se repliega, se esconde.

Tal como lo describe la Dra. Elisabeth Kübler-Ross[48], existen cinco etapas por las que uno transita cuando elabora un duelo: negación, ira, negociación, depresión y aceptación. Es en la primera y segunda fase donde puede ocurrir esta disociación ego-alma. La negación y la ira logran que el alma se encierre y se aparte. Solo reaparecerá cuando se negocie y se acepte dicho dolor y retorne la capacidad de recordar experiencias bellas o positivas. De este modo, se produce la maravillosa reconexión.

## CASO IV: SANACIÓN Y RECONEXIÓN CON EL LINAJE FEMENINO ANCESTRAL

Tal como lo expresa Bert Hellinger, las conexiones inconscientes con los destinos de nuestros antepasados deben ser revelados para sanar. Lo que ocurre en generaciones precedentes se repite sin cesar hasta que se resuelve.

Es esta la mirada que quedará expresada a través del relato de esta Psicoconstelación.

La persona que concurre al taller lo hace movida por la inquietud de hacer un movimiento con ella misma en el hoy. Es en realidad su alma la que manifiesta esta necesidad, la que le indica el posible camino de sanación.

Elije para representarla a Cristina.

Cristina busca ubicarse en un lugar del consultorio. Una vez que lo halla, explica que siente inestabilidad, falta de apoyo, algo que la debilita. Al mismo tiempo manifiesta tristeza y un fuerte peso en ambos hombros.

Por otro lado, afirma que siente bastante frío en la espalda.

En ese momento, aparece en mí la imagen de su madre detrás de ella. Pido a alguien que se ponga en ese lugar.

---

48   Elisabeth Kübler-Ross (Zúrich, 8 de julio de 1926-Scottsdale, Arizona, 24 de agosto de 2004) fue una psiquiatra y escritora suizo-estadounidense, una de las mayores expertas mundiales en la muerte, personas moribundas y los cuidados paliativos.

La persona que representa a su madre, también siente la inestabilidad y el frío en la espalda, por lo que le solicito a otro integrante del taller que se coloque detrás de aquella madre, para cumplir la función de abuela.

A pesar de este movimiento, el sistema no logra equilibrarse dado que esta abuela también siente la falta de apoyo.

Incluyo, pues, a alguien que podría representar a la bisabuela. El desequilibrio continúa igual.

Entonces, les solicito que se pongan en fila india y que cada una apoye sus manos en los hombros de la persona que tienen delante. Este contacto es una manera de reconectar la energía femenina nuevamente.

Luego les solicito que se sienten en el piso y que cada una apoye su espalda en las piernas dobladas de la persona que tiene detrás y que hagamos unos minutos de relax.

Tras unos instantes me coloco como punto de apoyo o sostén en la espalda de la persona que representa a la bisabuela. Repongo así toda aquella energía que faltaba en esa línea ancestral, canalizo esa energía y la transmito a todo ese linaje.

Cuando hago esta canalización, siento en lo más profundo de mi ser esa falta de fuerza de las generaciones posteriores y anteriores, ese peso que no puede transmutarse en fuerza vital.

Les digo que cierren sus ojos y que respiren suavemente. Que dejen fluir correctamente esa energía que las está atravesando.

Cuando comienzan a abrir sus ojos les pido que se incorporen lentamente y que formen una rueda tomadas de las manos, con la constelante en el medio de aquella rueda.

Les indico que se miren, que se reconozcan como parte de un grupo, que se apoyen energéticamente unas a otras.

De pronto, se percibe con claridad cómo las cuatro, de manera perfectamente sincronizada, empiezan a mecerse con un suave movimiento, casi imperceptible, como si fuera un oleaje de energía amorosa que van envolviéndolas a todas y a cada una.

Logró conformarse una ronda o rueda de mujeres unidas por la fuerza, las vivencias y el reconocimiento. Se siente la alegría del reencuentro. Ya no sienten desprotección, debilidad o pesar. Se sienten protegidas, asistidas y guiadas por el Gran Espíritu que las devuelve al sendero de la vida.

Le pregunto, seguidamente, a la constelante cómo se siente, y ella me responde que con fuerza, plenitud y energía de vida. Las restantes representantes contestan igual.

Cerramos el movimiento honrando y agradeciendo a través de él a la energía de la madre Tierra, a la energía de lo femenino que da vida.


## CASO V: EL TEMOR A NO SER QUERIDA

Bert Hellinger, en su larga trayectoria como terapeuta, llegó a la conclusión de que muchas personas, por el motivo que fuere, se hallan desconectadas de algunos de sus ancestros, situación que termina afectando todos sus vínculos.

Esa desconexión produce un dolor que se cristaliza y que, hasta no sanarlo, produce una amplia gama de reacciones, actitudes y problemas de diversa índole, en todos los ámbitos imaginables e inimaginables.

¿Cómo se supera, entonces, una herida pretérita que nunca cierra? Viajando nuevamente a ese pasado y tratando de arrojar luz sobre ese conflicto. Superado ese trance la vida toma el curso normal.

* * *

Con esta problemática justamente asistió una paciente a uno de mis talleres. A su alma, a su cuerpo y psiquis les urgía resolver una cuestión como la que planteé.

Como además de ese tema, había más interrogantes e inquietudes para subsanar, le costaba mucho elegir a los representantes de la escena que se desarrollaría.

De modo que le pedí a todos los concurrentes que cerraran sus ojos, se conectaran energéticamente, se unieran en esa alma colectiva y se sintonizaran para que pudieran percibir quiénes participarían en esa rueda constelativa como representantes.

Tras unos minutos formulo la siguiente pregunta: –¿Quién siente que podría representar a la consultante y quién al propio temor de no ser querida?

Establecido el contacto, la paciente elige a Silvina para representarla y a Ivana para cumplir el rol de aquel temor. Ambas forman parte de mi equipo.

La paciente las ubica una frente a la otra, pero a una distancia bastante importante, con lo que aquí tengo mi primera llamada de atención.

Ivana me dice que siente mucho dolor de cabeza y como vacío en el pecho. Se siente incómoda, intimidada por la presencia de Silvina frente a ella.

Silvina, por su parte, adopta una postura de distancia interna. Se siente grande, fuerte, fría. Me explica que no entiende claramente qué está sucediendo en ese momento.

Ivana se siente aún peor al escucharla hablar. Manifiesta agotamiento físico y pide permiso para sentarse en el piso.

Así, ambas se encuentran en diferentes planos, con diferentes jerarquías.

Ivana (la representante del dolor) parece una pequeña desvalida, hecho que confirma con sus palabras.

Silvina, que ya no soporta ver esa imagen, gira sobre su eje y se queda dándole la espalda.

Al ver semejante escena, decido participar más activamente. Le pido a Ivana que cierre sus ojos y que describa qué ve.

Ivana: —Estoy en una habitación. No hay nada y estoy sola. Me siento sola.

Yo: —¿Podés ver algo más?

Ivana: —Veo una puerta —yo también la veo—. Ella se está yendo por allí y me deja sola. Estoy muy sola.

Yo (dirigiéndome a Silvina): —¿Sentís algo con respecto a lo que está contando Ivana?

Silvina: —Me siento conmovida —sus ojos se llenan de lágrimas—. Siento que la dejé sola. Tengo tanta culpa…

Yo: —¿Podés girar y mirarla a Ivana a los ojos?

Cuando se da la vuelta, queda estática. Todo su cuerpo se pone rígido. Ninguna de las dos se conecta emocionalmente.

Por su parte, Ivana siente que sus dolores se agudizan repentinamente.

* * *

Necesito en este punto interrumpir el relato para poder hacer una aclaración: es bastante frecuente que el dolor ante un hecho traumático nos produzca una actitud distanciada y fría. Obviamente esto responde a una defensa que instalamos porque no deseamos ubicarnos en una situación de vulnerabilidad. Además, cuando media la consciencia, queremos imponer una lógica que, por lo general, no es la adecuada para resolver este tipo de situaciones. La consciencia no deja espacio para que se comunique el alma, la intuición, la energía, la memoria ancestral, y si lo considera apropiado, bloquea las emociones, justamente imponiendo mayor distancia.

La consciencia tiene la particularidad de levantar defensas apenas detecta un "posible" atentado contra la integridad personal y por ello comienza a revestir al individuo con placas de armadura, hasta que un día, sin haberlo notado, la persona queda completamente envuelta en esta coraza dura y aparentemente impenetrable. Sin embargo, ese blindaje siempre tiene resquicios por donde ocurren filtraciones y escapes. Aparentemente estamos a salvo de lo que nos puede llegar a lastimar, pero solo se trata de una ilusión. Tarde o temprano, los duelos, los desamores, los conflictos atraviesan esa superficie y penetran en el ser.

En una Psicoconstelación es frecuente ver cómo el paciente y su representante erigen sus defensas tratando de esquivar cualquier situación que pueda lastimar, y con amor y humildad y respeto hacia esos sentimientos voy guiando a aquellas almas para que hallen su camino.

* * *

Le pido a Valeria, también miembro del grupo, si puede entrar en la rueda, ya que cuando hicimos el ejercicio de sintonización para elegir representante para este movimiento sentí que ella debía participar.

Yo: —Valeria, vos representarás la sabiduría interior de la paciente. Fijate cuál es el lugar en el que necesitás estar y tratá de conectarte con lo que está sucediendo. Esto hará que Ivana pueda entrar en contacto con sus emociones.

Valeria se coloca de rodillas frente a Ivana, apoya su frente en la de ella y permanece así unos segundos. Seguidamente toca sus brazos. Comienza, de este modo, un contacto muy amoroso y profundo entre ambas.

Dejo que esta imagen se vaya sanando y abriendo caminos de contacto.

Vuelvo a Silvina.

Le pido que me explique qué siente al ver esa imagen.

Silvina: —No me gusta verla de rodillas a Valeria. Necesito que se ponga de pie.

Incluyo a otra representante en la Psicoconstelación.

Le pido a Stella si puede ponerse detrás de Silvina. Ella representará a la madre de Silvina.

Stella: —Me siento bien en este lugar. Cómoda.

Le pregunto a Silvina si percibió algún cambio.

Silvina: —Siento miedo.

Le pido a Silvina que gire y mire a Stella.

Silvina: —Me siento extraña. No siento mucha conexión con ella.

Stella confirma lo mismo… desconexión absoluta.

Incorporo a otra persona más a la Psicoconstelación. Alicia representará a la abuela de la paciente.

Necesitaba reponer el lazo entre las distintas generaciones de mujeres y lograr que aquella energía de lo femenino fluyera correctamente. Era evidente la falta de nexo en aquella cadena de mujeres y el trabajo debía centrarse allí, precisamente.

\* \* \*

La constitución correcta en los lazos parentales es fundamental para vivir dignamente, con felicidad, de manera autónoma y madura. Cuando estos se ven interrumpidos o directamente no se producen, afectan a generaciones enteras y producen una serie problemas que afectan la salud, la autoestima, las relaciones con los otros. Así planteada la importancia de estas conexiones, se hace fundamental que entre ellas se conecten permitiendo así que sus almas, sus energías y sus vidas se desenvuelvan con normalidad.

\* \* \*

Le pido a Stella y a Alicia que mantengan un profundo contacto visual. Los ojos como espejo del alma abrirán el camino. Además le solicito a Alicia que enuncie las siguientes palabras: —Te paso la vida. Te entrego la fuerza de la vida en su totalidad.

Alicia (dirigiéndose a Stella): —Te paso la vida. Te entrego la fuerza de la vida en su totalidad.

Stella afirma que con estas palabras y esa mirada siente paz y mucho alivio. Logra sonreír.

Luego le digo a Stella que se dé la vuelta y observe durante unos instantes a Silvina (representante de la constelante) y que desde esa mirada álmica le diga a Silvina la misma frase.

**Stella** (dirigiéndose a Silvina): —Te paso la vida. Te entrego la fuerza de la vida en su totalidad. Desde ese sentir de totalidad podés pasarla a las generaciones venideras.

Silvina exhala, se emociona y dice que ya no siente más temor.

Le pido a Silvina que se voltee y mire a la paciente.

En ese momento, dirigiéndome a la constelante, digo: —Muchas veces el amor que nuestros padres no recibieron, en el momento oportuno, se transforma en miedo a la soledad, y ese temor, esa sensación de desamparo se transmite de generación en generación. Esos vínculos que transmiten temor en vez de amor atan en vez de liberar y todos se hallan amalgamados desde lo traumático, lo doloroso y lo que esclaviza.

Al lograr que nuevamente el amor fluya se produce la liberación y aquel vínculo no se rompe sino que se sana.

Tal como dice Bert Hellinger, "me parece ridículo limitar la terapia transgeneracional, como hacen algunos, al hecho de separarse de su destino genealógico, de liberarse de él, de cortar las raíces que no serán más que trabas. En mi opinión, la liberación de la persona pasa por el reconocimiento de sus lazos ancestrales"[49].

En definitiva, no debemos desprendernos del árbol sino sanarlo para sanarnos.

\* \* \*

**Yo** (dirigiéndome a Ivana): —¿Cómo te sentís?

**Ivana:** —Mucho mejor y conectada emocionalmente.

**Yo** (dirigiéndome ahora a Silvina): —Mirala a los ojos a Ivana y decile "Sos mi hija y te veo. Y desde esta mirada te bendigo. Bendigo tu vida. Tenés mi permiso para tomar tu vida y tu libertad en su totalidad".

Ivana toma estas palabras amorosamente. Se pone nuevamente de pie. La niña ya ha quedado atrás. La mujer puede ahora tomar su lugar.

**Ivana:** —Me siento fuerte. Me siento conectada.

49  Las Constelaciones Familiares o el contacto alma a alma, entrevista con Bert Hellinger, en *Mis antepasados me duelen. Psicogenealogía y Constelaciones Familiares*, Ediciones Obelisco, España, 2004, pág. 61.

Poco a poco, Ivana se acerca a Silvina. Se abrazan y lloran.

Se separan y toman distancia.

Finalmente circula el amor y el respeto con normalidad.

Todos los participantes de la Psicoconstelación se abrazan y saludan con profundo respeto.


## CASO VI: UNA RELACIÓN QUE NECESITA CERRARSE

*También la herida es parte de la vida, y, también, la cicatriz que indica que la herida está curada, aunque el lugar sigue siendo vulnerable, nos advierte de proceder con atención y cautela.*

Bert Hellinger

A Pascal se le atribuye la famosa frase "el corazón tiene razones que la razón desconoce" y puedo decir que es absolutamente cierto porque a menudo recibo en mi consultorio a personas realmente conflictuadas por relaciones amorosas concluidas hace tiempo, pero que por algún motivo dejaron huellas imborrables que obstaculizan su presente afectivo.

Muchas veces esas muescas quedaron en nosotros por causas complejas. No olvidemos que son frecuentes los casos en los que la base de la relación es una patología. Esa intrascendencia brindada a esa historia compartida muchas veces se produce por el tiempo de duración, por el poco compromiso involucrado, porque desde el inicio se planteó como una situación oculta entre amantes.

Sea cual fuere el modo en que se desarrolló el vínculo, queda claro que ambas almas tenían algún tipo de ligazón. Se trata de conexiones causales que conscientemente desconocemos, pero que subyacen en lo profundo y guían nuestros pasos.

El cierre de esta historia y el soltarla definitivamente es sin duda el desafío que enfrentamos en este taller, porque era fundamental que el paciente obtuviera su autonomía y dejara de estar influenciado por esa antigua relación.

El tema es: "Quiero constelar con una expareja".

Elije para representarlo a Valeria y, para representar a su expareja, a Ricardo.

Los coloca frente a frente.

Valeria desde el momento mismo en que es puesta en el lugar no puede dejar de mirarlo. Están muy cerca y lo mira todo el tiempo con una actitud desafiante. Es obvio que se siente molesta.

Por su parte, Ricardo permanece con los ojos cerrados. En principio, dice no entender bien qué hace en ese sitio. Manifiesta no sentirse cómodo y aún más cuando abre los ojos. Le cuesta sostener su mirada.

**Valeria** (dirigiéndose a mí): —Estoy esperando que diga algo.

**Ricardo:** —No sé qué debo decir. La verdad es que no siento que tenga algo para decir.

**Yo** (dirigiéndome a Ricardo): —Fijate si podés sentir algo. ¿Podrías decirle "Lamento haberte dañado. No fue mi intención"?

Sabía perfectamente que él no diría esas palabras, pero era fundamental que Valeria pudiera escuchar aunque sea su respuesta negativa. Necesitaba cualquier contestación menos el silencio o la indiferencia.

**Ricardo:** —La verdad no lo siento. No siento haberla dañado. Y si lo hice, no lo siento.

Valeria toma un poco de distancia. Se aleja más. Sigue sintiéndose incómoda. Se enoja.

**Valeria:** —Necesito que se corra. Que me deje pasar.

**Ricardo:** ...Si quiere pasar que lo haga. No necesito correrme para que pase —Responde con una actitud que muestra, sin duda, falta de compromiso afectivo.

Era evidente que ambas partes habían asumido, en su momento, diferentes niveles de compromiso, por lo que, mientras uno de ellos había quedado atrapado en el pasado, el otro había llevado su vida normalmente.

Le pido, entonces, a Valeria si puede acercarse nuevamente a él. Necesito corroborar lo que yo estaba percibiendo... que Valeria aún sentía algo por Ricardo, que sentía tensión y nerviosismo tal y como se siente hacia alguien con quien sentimos atracción.

Se acerca.

Le pido si puede acercarse un poco más. Se pone a poca distancia de él.

Ricardo no se siente a gusto con tanta proximidad.

Le pregunto a Valeria qué siente.

**Valeria:** —Me parece que lo quiero. Que nunca lo pude olvidar.

En este momento miro al constelante. Su cara es de asombro. Su expresión cambia rotundamente. Es como si de pronto se le hubiera revelado un secreto desagradable. No puede dar crédito a lo dicho por Valeria.

A esta altura queda claro que no estaba consciente de ese sentimiento.

Hay demasiadas emociones y sentimientos a los que disfrazamos y maquillamos para que pasen desapercibidos, para que no nos molesten y nos permitan seguir en pie.

Sin embargo, en algún momento ese sentir brota por algún resquicio y nos punza, nos recuerda que algo está inconcluso, que algo nos sigue afectando.

Sin embargo, no hay escapatoria, lo que no enfrentamos nos termina afectando de múltiples maneras.

No sirve pensar que ya todo pasó, que todo está bien, que "el tiempo curará las heridas", es fundamental tomar coraje y combatir ese mal.

**Valeria:** —Me siento muy incómoda. Quiero irme.

**Yo:** —Hacelo, nadie te detiene. Fijate si lo podés lograr.

Avanza. Se para justo al costado de él y no puede seguir.

**Valeria:** —Siento como un imán que me atrae. No puedo alejarme aunque lo quiera.

De pronto siento la necesidad de integrar a Ivana a esta rueda. Ivana representaría el dolor y la angustia de Valeria.

**Yo** (dirigiéndome a Ivana): —¿Estás sintiendo algo? ¿Querés entrar en la rueda?

**Ivana:** —Me siento mal, me duele la cabeza. Tengo una opresión grande en el pecho.

**Yo:** —¿Podrías formar parte de este movimiento?

Mientras Valeria y Ricardo permanecen quietos tal como cuando se congela una escena de una película.

Ivana comienza a llorar en forma desgarradora. Llora desesperadamente.

**Ivana:** —Lo odio. Lo odio…. Me siento muy enojada con él.

Ivana continúa llorando. Ricardo la mira y dice que se siente mal por verla así.

**Yo** (dirigiéndome a Ricardo): —Fíjate si podés decirle que lamentás haberla dañado y que no fue tu intención.

145

**Ricardo:** —Lo siento. Lo único que puedo decir es que no me gusta verla así. Me da pena. Pero no me siento responsable de su dolor.

Repentinamente en mi interior surge esta oración: —Honramos el propósito que los unió. Sea lo que fuere que mantuvo esta unión hoy tiene el permiso de liberarse y liberarlos para que puedan continuar con sus vidas.

Una vez que dije en voz alta esta frase, algo se soltó, algo se liberó entre aquellas personas. Al enunciar ese permiso para soltarse y liberarse, todos y cada uno sintieron que ya no había ligazón alguna entre ellos, que podían continuar con sus proyectos y parejas sin interferencia, sin "lastres".

Luego de decir esta frase le pido, nuevamente, a Ricardo si puede decir "lo siento".

**Ricardo:** —Lo siento. Lamento haberte dañado. No fue mi intención.

Se conmueve y dice sentirlo. Puede finalmente decirlo.

Ivana se calma. Valeria puede moverse. Se corre del lugar donde estaba y puede seguir adelante.

Vuelve al lugar cerca de Ivana. Se miran. Se ponen frente a frente y se toman de las manos.

Finalmente, Valeria puede hacer contacto con la herida que le había causado la relación. Tiene finalmente el permiso de comenzar un proceso de sanación.

## CASO VII: DOLOR EN EL HOMBRO – DOLOR POR UN DUELO

> *Como ocurre en algunas oportunidades, la inquietud de realizar una terapia sanadora de Psicoconstelación genera cierto temor por el costo emocional que puede significar traer a la luz un tema doloroso.*

Recuerdo que, hace tiempo, una querida colega me derivó a una paciente con quien venía trabajando. Si bien, su método psicoterapéutico desde una mirada integradora le había traído sus beneficios, ella se encontraba en un momento en el cual le resultaba difícil superar temas emocionales, y eso le impedía que pudiera disfrutar con plenitud de su vida.

La consultante había atravesado varios duelos importantes, aunque, sin duda, el más impactante de todos había sido el de su compañero de vida y padre de sus hijos. Como viuda y, por cierto, bastante joven, tuvo que tomar fuerzas para poder seguir adelante con su trabajo como docente y para acompañar a sus tres hijos, aún chicos, en su crecimiento y estudios.

Luego, debió superar dos partidas también cruciales, la de su madre, que hasta el momento había sido un gran apoyo en la crianza de sus hijos, y la de su hermano a quien la unía un profundo sentir.

Luego de la preentrevista, y tal como siempre lo aclaro al finalizarla, le comenté que cuando ella lo considerara (su alma, específicamente) hallaría el momento apropiado para realizar el taller.

Ese momento es el exacto para cada uno, cuando lo sabio que poseemos nos guía hacia el encuentro.


## El día del taller

Comienza a desarrollarse el taller. Tras unos minutos, luego de finalizada la primera Psicoconstelación, pues como dije al principio, en un taller pueden realizarse hasta seis o siete, no más, la consultante me comenta que uno de los movimientos que presenció la conmovió muchísimo, pues se había escenificado la partida de un ser querido.

Muy emocionada me confiesa que todo en ese movimiento fue como si hubiera sido especialmente elegido para ella. Cada palabra sanadora había calado hasta en lo más profundo de su ser.

Esto prueba cómo en la rueda constelativa todo lo que acontece permite sanar desde distintos lugares, más allá del tema que cada uno traiga para constelar.

Luego de ese movimiento, le ofrezco continuar con ella, si es que lo permitía y estaba dispuesta, ya que sería muy útil para terminar de cerrar aquello que la había movilizado. Sonriente, me dice que no, que mejor prefería esperar.

Obviamente, respeto su decisión, pues como profesional debo estar especialmente atento a los temores, recelos y decisiones de cada integrante. Es fundamental mantener una sintonía apropiada con cada uno de ellos para guiarlos correctamente.

Momentos más tarde, constelan otros dos pacientes y, luego del receso, me explica que otra de las Psicoconstelaciones había despertado en ella la inquietud de hacer su propio trabajo constelativo. También se hallaba particularmente impactada por un hombre joven que tenía un problema en su cadera, y fue con ese movimiento que ella se percató de un dolor persistente que padecía desde hacía tiempo en su hombro izquierdo.

Las punzadas en su hombro derecho se debían a las incontables horas transcurridas escribiendo en el pizarrón mientras dictaba clases, pero como ya no ejercía como profesora, estas ya no se sentían allí, sino que se manifestaban en su hombro izquierdo, cosa que le producía en el hoy una gran incomodidad.

Es increíble el significante que se esconde en el síntoma físico. Más allá de lo lógico y visible, el lado derecho estaba expresando, también, el lugar masculino, el sitio del varón, el apoyo que sin duda le faltaba y que debía compensar en la responsabilidad de la crianza de sus hijos, y que en la actualidad estaba instalado en su lado izquierdo, el lugar femenino, de la mujer; ese punto preciso que intentaba desvelar su hoy, ya no desde la responsabilidad de sus hijos grandes, sino desde lo que implicaba esta etapa de su vida… un momento en el que necesitaba y extrañaba a su compañero y le dolía su falta.

Acordamos, entonces, que ese sería un buen tema para abrir su movimiento de Psicoconstelación: *Yo y el dolor en mi hombro izquierdo*.

Tal vez para algunos pueda parecer que tengo una actitud complaciente en cuanto a las demandas de los participantes, pero no es ese el caso, sino que lo que hago es que las almas que allí se encuentran se manifiesten en el momento oportuno y del modo que lo necesitan. Solo así surge la magia de la curación. Cada movimiento, cada participación, la gente que se elige para representar, el orden de las diferentes Psicoconstelaciones, todo, en definitiva, tiene un significado particular que como terapeuta debo cuidar.

Luego, entonces, de exponer el tema ante los presentes, elige para representarla a Valeria y para representar el dolor en su hombro a Ivana, ambas, integrantes de mi grupo de trabajo.

Una vez ubicadas en el lugar, frente a frente, la paciente se pone por turnos detrás de cada una y toca sus hombros, para establecer un contacto energético y álmico. Luego se coloca a un costado y desde allí observará el desarrollo de la escenificación.

Ivana, sin más, se ubica repentinamente a cierta distancia de Valeria y se acerca a una lámpara que está en uno de los extremos de la sala. Desde ese lugar iluminado manifiesta sentirse más cómoda, pero tiene una sensación rara. Cree que algo de lo que está sucediendo en ese momento no está correcto. Acto seguido, muestra una molestia en su hombro izquierdo, como un peso que la inclina hacia ese lado particular, sin embargo, está segura al afirmar que el dolor proviene del lado derecho.

Valeria afirma que está angustiada, que le duele el pecho y que le cuesta entrar en contacto con Ivana. Una fuerza la lleva a estar en contacto, pero no puede verla con claridad.

En algún momento Ivana dice: —La verdad es que no entiendo mucho qué está pasando.

Y sonríe.

Yo le respondo: —Yo sí entiendo qué está sucediendo.

Entonces les pido que vuelvan a colocarse frente a frente.

Les sugerí este movimiento porque pude ver en cierto momento lo que sucedía detrás de esa escena, detrás de ese velo, y qué debía hacer para solucionarlo.

En ciertos casos, ese acercarse poco a poco a las imágenes es lo que necesitamos para permitir que aflore aquello que nos duele, aquello que guardamos durante mucho tiempo porque la vida nos impulsa a seguir adelante y no hay permiso para entregarnos con totalidad al dolor.

Una vez que se hallan en el sitio que les indiqué, Valeria la toma de las manos, primeramente, y luego la abraza con fuerza y se apoya en ella.

Se siente con claridad que fue un encuentro ansiado, largamente esperado.

Ivana se deja abrazar. Se queda. Aunque no siente esa misma necesidad.

Valeria cada vez se afirma más a ella y suspira con gran alivio; sin embargo, se nota en ella un poco de tristeza.

Le pregunto qué siente. Valeria responde que no puede ni quiere soltarla, y que necesita estar en contacto con ella.

Le pregunto a Ivana qué piensa al respecto.

**Ivana:** —Me da pena que esté mal. Siento que necesita que la acompañe, pero yo estoy bien. No me siento mal. Siento que estoy acá por ella.

Cada vez comprendía con mayor claridad lo que se estaba desarrollando allí. La neuralgia en el hombro había sido el lugar permitido para poner de manifiesto el profundo dolor que sentía la constelante por la partida de su compañero, el vacío enorme que le había dejado y la herida que aún no había podido cicatrizarse.

Le pregunto: —¿Podés entender lo que está sucediendo aquí?

Asiente con timidez, sin animarse totalmente a poner en palabras lo que su alma está escenificando.

Valeria interrumpe: —Me duele su no presencia. Me duele la profunda herida que me dejó al partir.

Valeria y la consultante rompen en llanto.

Valeria continúa: —No quiero que se vaya. No quiero dejarlo ir. Necesito que esté conmigo.

Y se aferra aún más, casi con desesperación.

Tras unos instantes, logra relajarse un poco, suspira aliviada en sus brazos, pero sin apartarse de Ivana (el alma de su compañero).

Ivana se dirige a mí y me explica: —Me hace mal verla así, pero yo estoy bien, no estoy mal, es aquí donde debo estar.

Le pido que se lo diga a Valeria.

Ivana: —Estoy bien. Estoy a tu lado, pero tuve que cumplir con mi destino.

Le solicito a Valeria que le diga las siguientes palabras: —Honro el amor que nos unió y la vida que compartimos. Los hijos maravillosos que tuvimos y lo profundo que nos une.

Valeria responde: —Puedo decírselo, pero no puedo dejarlo ir. No puedo. No quiero que se vaya.

Es un momento de profunda conmoción para todos, sobre todo, por la situación desgarradora que está viviendo Valeria y, por ende, la constelante. Ella no estaba dispuesta a soltar a su compañero, su amor y su apego era tan grande que no quería dejarlo ir.

Entonces le pido a Ivana que le repita: —Honro el amor que nos unió y la vida que compartimos, los hijos maravillosos que tuvimos y lo profundo que nos une.

Ivana me confirma que puede decir esto ya que necesita que Valeria sepa que está bien, a su lado y al lado de los chicos, que la ve y que está con ella.

Le pregunto a Valeria si es posible que ahora que lo deje partir.

Valeria: —NO, no puedo. (Se aferra con fuerza a Ivana y llora desconsoladamente).

Ahora me dirijo a la constelante: —Me doy cuenta de que fue muy fuerte ese amor. Cuando dos almas elijen un reencuentro en esta vida y se desarrolla una historia, es muy difícil la separación.

Valeria afirma: —Sí, lo fue. Me hubiera gustado tanto que viera a sus hijos crecer, y a sus nietos. Me cuesta mucho estar sin él.

Le respondo: —Lo sé. Se siente. Ese amor lo estamos sintiendo todos.

Valeria: Nunca tuve tiempo para expresar este dolor, para dejar salir esta congoja. A veces, cuando todos dormían me permitía llorar, pero no quería que los chicos me vieran así.

Poco a poco, y a pesar del llanto, Valeria consigue fuerzas para empezar a separarse, hasta poner un poco de distancia y colocarse de espalda a Ivana.

Le pido a Ivana que pose sus manos en la espalda de Vale para que sienta el calor de su contacto, su apoyo incondicional. Ella confirma que así lo siente.

Lentamente Ivana empieza a tomar distancia hasta retirarse por completo del espacio determinado para constelar, porque el alma logró partir definitivamente al lugar que le correspondía.

Pero antes de marcharse, me explica: —Ella es fuerte, más fuerte que yo. Yo no hubiera podido sin ella.

Valeria dice tajante: —Si me doy vuelta no voy a dejarlo ir. Solo así mirando hacia otro lado, puedo.

Le respondo: —Imaginá a tus nietos y a tus hijos mirándote. Tu momento de partir todavía no llegó, debés quedarte con ellos, en cambio él debe partir. Ya se encontrarán cuando sea el momento correcto. Los grandes amores no terminan sino que continúan más allá del tiempo.

Ivana la mira desde lejos y explica: —Me siento tranquilo. En paz. Estoy en un buen lugar. Y desde este lugar los cuido.

Valeria aunque se halla dolorida y triste, siente paz, y continúa: —Es raro porque me siento muy triste. Siento su falta. Sin embargo me siento en paz… una paz que no había sentido hasta hoy.

Concluida así la Psicoconstelación, y como acostumbro a realizar en todos los movimientos, cerramos el trabajo honrando a todos los involucrados y dejando con ellos su destino donde radica su fuerza.

Luego del cierre, las representantes y la constelante de esta maravillosa historia se funden en un abrazo. Y así permanecen en silencio. Es en ese momento donde la Psicoconstelación se cierra definitivamente conservando toda la fuerza sanadora de cada imagen.

## CASO VIII: LA IMPORTANCIA DE LA ELABORACIÓN DE UN DUELO. LA DESPEDIDA... TE DEJO IR CON AMOR.

> *No demos por sentado que enfrentar la idea de la muerte es demasiado doloroso, que pensar en ella nos destruirá, que debemos negar la transitoriedad para que esa verdad no vuelva insoportable nuestras vidas. Tal negación no es gratuita: empobrece nuestra vida interior, nubla nuestra visión, embota nuestra racionalidad (...). Mirar a la muerte a la cara, acompañados por alguien que nos oriente, no sólo aplaca el terror sino que vuelve a la existencia más rica, intensa y vital. Trabajar con la muerte nos enseña sobre la vida.*
>
> Irvin D. Yalom

Todos, sin excepción alguna, en algún momento reflexionamos acerca de la muerte, sobre todo, acerca de la propia finitud y la de nuestros seres amados. Tememos al fin y temblamos ante la idea del "qué vendrá después". Es que lo que atenta contra la vida y las certezas, lo que coquetea con lo desconocido, aterra. Por más creyentes y espirituales que seamos, lo cierto es que nos conmueve profundamente el saber que la muerte es inexorable y que no sabemos qué pasa cuando ella nos toma de la mano.

Creyentes y no creyentes son igualmente afectados por esa sensación de lo inevitable, de lo que no es posible manejar y que caerá inexorablemente sobre cada uno y en el momento menos pensado. Tal vez, varía la creencia de si existe o no un después, pero el temor a esa amiga fatal, está presente de mil maneras.

Philippe Ariès dijo "hoy, basta únicamente con mencionarla [a la muerte] para suscitar una tensión emotiva incompatible con la regularidad de la vida cotidiana".

Esta incertidumbre, entonces, produce angustia, dolor y ansiedad que de no ser elaborada correctamente, conducen a un conflicto que queda flotando en el aire, como algo inconcluso que molesta, como una mosca en la oreja que no cesa de zumbar y no permite que descansemos y disfrutemos.

La Psicoconstelación que a continuación compartiré me devolvió una vez más la certeza acerca de lo que ocurre con el alma luego de dejar el cuerpo para continuar con su tránsito evolutivo.

En este taller entre los integrantes se hallan dos hermanas. Ambas afirmaron que asisten para constelar diferentes cuestiones, sin embargo, no me pasa por alto que las dos se encuentran igualmente afectadas por el fallecimiento de una prima con la que tenían un lazo de amistad y profundo afecto. Yo conocía a esta joven fallecida desde hacía bastante tiempo y aprovecho este relato para rendirle un sincero homenaje a ella y al profundo sentimiento que nos unía.

R, una de las hermanas, plantea que desea abordar la problemática de su proyecto: YO Y MI PROYECTO.

Yo sé que no es eso lo que desea trabajar, pero mi deber es respetar su deseo y dejar que lentamente se entrevea y salga a la luz lo que en realidad debe emerger.

La invito, entonces, a que elija a alguien que la represente y alguien que represente el proyecto.

Elije para ella a Jimena, una habitual participante de los talleres y, para su proyecto, a Ivana.

Desde el momento mismo en que las personas son dispuestas en el espacio comienza a manifestarse con claridad la intervención de ciertas energías e hilos invisibles que comienzan a actuar (Boszormenyi-Nagy hablará de "ataduras invisibles"). Quizá, al principio, parece confuso, pero de a poco, cada cosa toma su lugar y se expresa lo que verdaderamente las almas dictan.

Me parece interesante contarles que en el espacio constelativo, más allá de esos lazos invisibles, también intervienen otros factores como ruidos inesperados que irrumpen desde el exterior, sensaciones corporales, ubicaciones que tomamos dentro del consultorio, interrupciones, etcétera.

En este sentido, la disposición de las alfombras que enmarcan el espacio en el medio de la rueda y que tienen un sentido concreto de aportar comodidad a los representantes marca en lo sutil los diferentes planos energéticos que ilustran aún más cada movimiento.

La superposición de las alfombras, sin bien parece que están dispuestas azarosamente, en realidad marcan claramente tres planos. Es una manera de observar en qué lugar se ubica cada participante de la Psicoconstelación específica. Obviamente esto me aporta más información a lo que ya recibo a través de mi alma, de mi intuición y entrenamiento profesional.

Jimena (la representante de la paciente) es la que se aleja cuando Ivana (el proyecto) intenta acercarse. Jimena no puede mirarla a los ojos, y, cuando lo intenta, su mirada se nubla, no logra ver con claridad. Su cuerpo expresa la dificultad para poder conectar con su presente, con su necesidad de crecer y avanzar.

Mientras Jimena e Ivana permanecen a una distancia prudencial, una participante solicita incorporarse al movimiento y se para al lado de Jimena. Es evidente que esa proximidad la reconforta y le da fuerza. Sin duda, aquella mujer estaba representando a su hermana que, como dije oportunamente, también había concurrido al taller.

Ivana, de pronto, retrocede. Ya había ido atravesando los distintos planos y se encontraba fuera del espacio delimitado por las alfombras.

Desde aquel apartado lugar, Ivana miraba a Jime. Al principio con una mezcla de emociones turbulentas, y, luego, con calma y serenidad.

Jimena comienza a llorar desconsoladamente. Es que en ese momento estaba surgiendo todo el dolor por la muerte de su querida prima. De modo que Ivana, en realidad y desde un principio, estuvo representándola. Las almas funcionan de ese modo… en cuanto uno inicia una apertura, un trabajo interno encuentran la manera de aflorar y mostrar el camino para la sanación.

Tras unos minutos, Jimena ya siente que no necesita el apoyo de su hermana y que puede mirar a Ivana, aunque todavía no cree poder dejarla partir.

Ivana le transmite un sentir reasegurador. Le dice que ella está bien. Que está en paz. Que, a pesar de hallarse en otro plano, su presencia la acompañará siempre.

Jimena quiere acercarse y abrazarla, pero Ivana le dice que es imposible, pues ella "se encuentra a muchos mundos de distancia". Esas fueron sus palabras textuales.

Este momento tan emotivo nos dio a todos la certeza de la existencia de múltiples planos y que si bien estos se hallan conectados, a veces, es necesario respetar esas distancias y pausas.

La Psicoconstelación fue una excelente herramienta. Sirvió como portadora de un mensaje tranquilizador y amoroso que brindó paz a cada uno de los integrantes.

Jimena, con entereza y una expresión de alegría le dice: "Honro tu destino y con profundo amor te dejo ir".

Tanto Ivana como Jimena, al haber establecido esa conexión que se había interrumpido, pueden despedirse y seguir su camino sin interrupciones y sin angustia.

Como en todos los trabajos, cerramos la rueda con todos los participantes para dejar que el alma continúe su proceso sin interferir.

# CASO IX: LA DIFICULTAD DE ALCANZAR LA PROSPERIDAD EN UN NUEVO EMPRENDIMIENTO

*Un árbol no puede escoger el lugar donde crece.*

*Sin embargo, el lugar donde su semilla cayó a la tierra es el lugar correcto para ese árbol.*

*Lo mismo ocurre con nosotros.*

*El lugar donde están los padres es el único lugar posible para cada ser humano, y, por tanto, el lugar correcto.*

Bert Hellinger

Una relación sana y fuerte entre padres e hijos es fundamental para que el niño crezca y avance equilibradamente y con éxito. Cuando este vínculo se halla obstaculizado, es probable que el pequeño, ahora adulto, presente una serie de dificultades en sus relaciones laborales y personales.

Recibir la energía de ambos progenitores nos permite sentir la fuerza para avanzar. Es la bendición de la madre tierra que nutre las raíces y que hace crecer fuerte al árbol gracias a lo cual puede florecer y dar frutos.

Quien trae el tema a constelar lo hace movido por la imposibilidad de concretar un nuevo emprendimiento laboral. Siente, sin duda, un peso que detiene su avance. No solamente es así en este caso sino en todo lo que ha emprendido laboralmente.

Elije para representarlo a Andrés y, para representar a su proyecto de empresa, a Valeria.

Si bien tiene dos socios más en este emprendimiento, considero que el movimiento podría empezar por verlo a él en relación con su empresa y, luego, la Psicoconstelación irá mostrando el camino a seguir.

Los coloca frente a frente a cierta distancia a uno de otro.

**Andrés** (luego de entrar en contacto con sus sensaciones corporales):
—Siento mucho peso en los hombros. Como si algo muy pesado me llevara hacia abajo. Sobre todo, en el hombro derecho. Hay una fuerza que me aplasta. No puedo movilizarme. Cada vez que miro a Valeria (el proyecto) siento esa fuerza que me paraliza.

**Valeria:** —Siento mucho peso, también. El lugar está oscuro. Hay energías en el lugar que interfieren.

Le pido si puede expresar con más claridad lo que está percibiendo.

**Valeria:** —Hay mucho peso en el lugar. Es como si hubiera una nube; una energía densa y oscura que dificulta que veamos con claridad.

En ese momento, Alicia (una participante) comienza a bostezar. Es claro que la energía de la Psicoconstelación ya la había tomado.

**Yo** (dirigiéndome a Alicia): —¿Sentís algo? ¿Podrías ingresar en la rueda y definirlo?

**Alicia** (colocándose en el medio de los dos): —Siento mucho peso. —Luego se ubica al lado de Andrés y lo mira. Sigue sintiendo mucho peso.

**Andrés**: —Dispuesto todo de este modo no siento ese peso que me comprime, sin embargo, la molestia del hombro derecho persiste y se me está expandiendo a todo el brazo.

Luego mi mirada se dirige a Silvina.

Sentada en la rueda, había sido también elegida para ser parte de la Psicoconstelación. La energía se estaba moviendo y, de a poco, iba armando su recorrido para enunciar lo que necesitaba.

**Yo** (dirigiéndome a Silvina): —¿Estás sintiendo algo?

**Silvina**: —¡Qué dolor de cabeza me dio! Además tengo una opresión en el pecho, angustia y el cuerpo pesado.

Le solicito, entonces, que se ubique dentro del movimiento que se estaba desarrollando. Se coloca entre Valeria y Andrés.

De inmediato, Andrés se mueve y se coloca frente a Silvina. Mantienen contacto visual.

**Andrés** (dirigiéndose a Silvina): —Siento que sos mi padre —en ese momento, se conmueve y llora.

**Silvina**: —No puedo verlo así. Me da mucho dolor. Lo veo agobiado, con mucho peso. Un peso que no es de él.

**Yo** (dirigiéndome a Silvina): —Fijate si le podés decir "Lo que llevaste por mí, lo hiciste por amor, pero ya es suficiente. Ahora es mi turno y lo tomo".

Luego de unos instantes, lo dice haciendo vibrar cada palabra internamente. No precisa decirlo en voz alta. La vibración de cada palabra en el alma resuena profundamente.

Se siente muy conmovida y llora.

**Andrés**: —Ya no siento el peso en los hombros —como terapeuta sé que aquella neuralgia en aquel sitio es el lugar del padre. El lugar masculino de la energía ejecutiva que moviliza a la acción.

**Yo** (dirigiéndome a Silvina): —Decile a Andrés: "Bendigo tu vida. Tenés mi permiso para tomar tu vida y tu felicidad en su totalidad".

Luego todos permanecen en silencio para que estas palabras queden vibrando desde la humildad que significan.

Alicia mira la escena conmovida. Desde el comienzo sentí que era la madre. Que, sin duda, también sentía el peso de la historia.

El dolor que ambos habían pasado, el dolor de la historia de lo vivido en su tierra natal y del esfuerzo por superarse y por crecer era lo que dificultaba el crecimiento del constelante. De hecho, la relación con su padre nunca había sido buena, sino distante. Y él había partido manteniendo esa distancia emocional profunda.

Esa herida ahora tenía el permiso de sanarse.

Le pido a Andrés que haga contacto visual con Alicia.

Ella lo mira con una gran ternura.

**Yo** (solicitándole a Alicia que le diga unas palabras a Andrés): —Por favor, decile: "Bendigo tu vida. Con amor te bendigo y te libero. Todo aquello que llevaste por amor ahora podés soltarlo". —Lo abraza y se conmueve también. Lo mira con un profundo amor.

**Andrés** (sonriendo): —Me siento pleno y liberado.

Puede hacer contacto visual con Valeria que lo mira.

**Valeria:** —Yo sigo sintiendo peso en el lugar –refiriéndose a la energía del lugar y de las personas que se encuentran allí–, pero me siento mejor.

Se acercan.

Silvina se coloca a distancia y observa la escena, feliz.

Le pido al constelante que se acerque y que todos hagamos una rueda de cierre para recibir la maravillosa energía de las almas que han hallado su correcto camino.


## CASO X: CUANDO LA PARTIDA ES INESPERADA Y NO DEJA TIEMPO PARA LA DESPEDIDA

> *Hay veces en que la muerte se asoma lentamente y prepara a la persona y a la familia para la partida, en otros casos, irrumpe como un rayo y produce un momento traumático que impacta por largo tiempo o para toda la vida a sus seres queridos.*

El movimiento de Psicoconstelación que compartiré a continuación revela con claridad este mensaje.

En este caso, quien trae el tema concurre con una mezcla de expectativa y nerviosismo porque no solo está a punto de vivir una experiencia nueva sino porque sabe que tendrá un reencuentro con alguien a quien apenas recuerda: un ser querido que partió cuando solo tenía dos años y medio. Como algunos se imaginarán la Psicoconstelación será: "Mi padre y yo".

En el taller, el constelante no manifestó ningún detalle salvo la presentación del tema, para ser consecuentes con la privacidad que merece este trabajo y para facilitar que se manifieste solo lo que el alma necesita escenificar sin que ningún mensaje del pensamiento consciente perturbe e interfiera en la tarea de lo que los representantes canalizarán en cada momento.

El constelante, entonces, elije como representante de su padre a Cristina (integrante del equipo) y, para representarlo a él, a Silvia (una participante, con gran sensibilidad y capacidad de entrega, que suele venir de manera habitual a los talleres).

El movimiento se inicia.

Se percibe una gran tristeza, sobre todo en Cristina. Ella siente una confusión importante, como si no pudiese reconocer con claridad el lugar donde está, y comienza a invadirla cierto enojo. No le gusta el sitio en donde se halla.

Silvia observa con curiosidad a Cristina. Le resulta familiar y no entiende bien qué sucede.

Recuerdo que en la entrevista el paciente había mencionado que en varias ocasiones sentía la falta de la figura paterna, de su apoyo y de su guía.

Silvia percibe mucha distancia con ese padre, lo mira con extrañeza, pero al mismo tiempo siente una conexión que va más allá de la relación y que habla con claridad de la profundidad del vínculo.

En ese momento intervengo y le solicito a Silvia que se ponga de rodillas para volver a la etapa de la niñez y que, desde ese lugar, lo mire. Que lo observe con ojos de niño.

Y ahí aparece un cambio profundo y fundamental.

Silvia comienza a llorar, se siente desolada y expresa una profunda tristeza, un gran dolor por la partida temprana de su padre. Justamente así lo había manifestado el paciente en la primera entrevista.

El lugar del hijo… del hijo pequeño que mira a su padre… Ese lugar que, como ocurre siempre, los niños lo interpretan con la profunda sabiduría que los caracteriza. Ellos son la vida misma en movimiento, por lo tanto, no existe para ellos algún sentir de injusticia, ni de arrebato, simplemente el dolor, reflejo de lo que cada uno de los integrantes vivieron con esa partida temprana.

De pronto se desarrolla el siguiente diálogo:

**Padre:** —No quería irme.

**Hijo:** —Estoy tranquilo. Te veo y siento que así tenía que ser. No siento desesperación, pero sí, tristeza. (Llora).

**Padre:** —Me da pena verte así. No quiero que estés mal.

**Hijo:** (Sigue llorando).

**Padre:** —No quería irme tan pronto. No te vi crecer. No estuve a tu lado.

Luego de un silencio de algunos minutos, le pido a Cristina que diga la siguiente frase: *Lamento haberte dejado. Lamento haberlos dejado. Lo siento. Lo siento profundamente, pero tuve que cumplir con mi destino.*

Le cuesta decir tal cosa, pero finalmente lo logra.

Poco a poco el hijo necesita ponerse de pie, y así lo hace. Ya es adulto otra vez. Algo se sanó. Algo permitió que se generara este cambio, que sin indicárselo directamente se pusiera de pie.

Se me manifiesta una frase y le pido a Cris si puede repetirla. Como siempre lo hago, digo que no es necesario que la pronuncie en voz alta a menos que así lo sienta, y agrego: *vibrá con cada una de las palabras y dejá que vayan manifestándose.*

Cada vez que lo realizo de esta manera, surge con claridad cómo el lenguaje del alma habla sin necesidad de que se manifiesten las palabras. Es un instante de conexión profunda de alma a alma, donde las palabras resuenan internamente.

**Padre:** —Soy tu padre y te amo. Lamento profundamente no haber podido acompañar tu crecimiento. Solo tuve que cumplir con mi destino. Siempre estaré a tu lado. Siempre guiaré tus pasos y estaré acompañándote cada vez que lo necesites.

Una vez que lo expresa, sobreviene un alivio, una sensación que Cris manifiesta como si hubiera podido dejar una pesada mochila que llevaba sobre sus hombros. Algo se liberó, se soltó definitivamente.

Le pido a Silvia (hijo) que diga lo siguiente: *Soy tu hijo y te amo. Con este amor te miro y con este amor siento tu compañía. Siento tu apoyo, y ese apoyo estará conmigo cada vez que lo necesite.*

El padre agrega: *me siento orgulloso de vos… lo hiciste bien.*

Cris me mira y me dice, necesito aproximarme. Se acerca y ambos se funden en un profundo abrazo, muy sentido y emocionante. Es el abrazo del reencuentro, es aquello que necesitaba sanarse, es aquello que no había podido ser en su momento. No hubo espacio para la despedida. Fue súbito, repentino, y, ambas almas habían quedado dolidas.

En estas situaciones, el alma queda detenida mirando ese dolor, separada, aislada, sin poder integrarse en su totalidad.

Luego, los dos se separan.

Silvia da un paso hacia atrás. Cris también lo hace, pero le pide que no lo mire porque si no, no podrá partir y es vital que siga su camino. También le afirma que a pesar de no estar presente siempre lo acompañará.

Así ocurre. Silvia se da vuelta poco a poco y respira aliviada. Dice sentirse en paz.

Ahora debemos ayudar para que ese padre pueda irse.

Juntos, Cris y yo, colaboramos en este proceso invocando al orden que nos trasciende, al orden que da sentido, entregándonos con profundo respeto a ese proceso.

* * *

Habrán comprobado con este caso y con el anterior, cómo es la dinámica grupal y personal y el nivel de responsabilidad con el que se debe trabajar, puesto que todos los que intervenimos en las Psicoconstelaciones nos comprometemos profundamente a nivel emocional. Obviamente, tanto mi equipo como yo estamos plenamente conscientes de que operamos en un espacio sagrado y simbólico y, por lo tanto, debemos manejarnos con certeza, respeto y humildad. El no participar con estas premisas como guías podrían perjudicar al paciente y no conducirlo a la sanación ansiada.

## CASO XI: EL REENCUENTRO CON LOS ANCESTROS

*A veces creemos que somos independientes, libres, autónomos y que podemos decidir nuestro destino. Todos estamos unidos con los destinos de los otros, de toda la humanidad. Todas las personas que han tenido que ver con nosotros viven dentro de nosotros.*

Bert Hellinger

Tal como venimos compartiendo, la Psicoconstelación como experiencia fenomenológica abre puertas desde lo que el alma sabiamente viene a sanar.

Quien trae el tema que desarrollaré a continuación tiene un recorrido personal en la filosofía de las Psicoconstelaciones y su inquietud es poder desvelar qué es aquello que desde lo ancestral está influyendo en su vida actual.

Desde esta mirada es como si aquello que no fluye, que está trabado, nos invitara a mirar hacia atrás.

Si bien es cierto que siempre hay una correlación entre los acontecimientos que vivimos y lo que está simbolizado en la memoria ancestral, es también claro que cuando empezamos a mirar nuestra vida desde lo transgenealógico podemos sentir con mayor claridad la relación que existe causalmente entre todos los acontecimientos.

Es la voz de lo ancestral que nos reclama, sin duda. Como dice Bert Hellinger, "Muchas soluciones recién son posibles cuando no miramos solamente a la familia inmediata, sino cuando el individuo recibe la fuerza para la solución a través de la bendición de los ancestros"[50].

M plantea el tema que desea constelar: "Yo y mis ancestros".

M elige a Cris como representante.

Con ella decido iniciar el movimiento, dado que, seguramente, luego el alma irá manifestando quién deberá sumarse.

Tal como ocurre en la mayoría de las ocasiones, cuando se inicia el trabajo, salvo que interceda alguna energía que obstaculice mi participación, me conecto desde diversos planos con los constelantes y sus antecesores, con todas aquellas almas que se manifiestan para expresar lo que están sintiendo y sus necesidades.

El pensamiento, una vez aquietado, controlado, da paso a que se manifiesten las almas y se pueda ver lo propicio para alcanzar aquel objetivo que se está anhelando.

A través de los años, pude comprobar que la respuesta surge inevitablemente cuando se recrea un ámbito propicio para la introspección y la bienvenida de nuestros ancestros. Sale a la luz aquello que yacía en la oscuridad y nos da permiso para que lo rectifiquemos.

En esta Psicoconstelación, lo que primero llama mi atención es dónde se ubica Cris. En este caso, utilizo la disposición de las alfombras

48 Hellinger, Bert, *El manantial no tiene que preguntar por el camino*, Buenos Aires, Alma Lepik, 2007.

como un primer indicador, como una fuente de información para comprender mejor la situación de M (inicial que utilizaré para denominar a la constelante).

Siempre hago hincapié en la información que proporciona la disposición espacial de los constelantes... las ubicaciones nos hablan de jerarquías, relaciones, miradas evitadas o buscadas, aceptaciones y rechazos, amores u odios. La observación de distribución espacial de las personas se convierte en una fuente excelente de datos que me conducen a una mejor comprensión de la situación. Estoy hablando de un plano de relaciones donde se simbolizan o representan las conexiones interfamiliares.

Cris: —No me siento estable. Mi cuerpo oscila. Es como si estuviera en un bote que se mece. Siento las piernas rígidas. Si quisiera, no podría avanzar.

Estaba de pie mirando hacia la ventana. Le pido que, poco a poco, gire para estar de frente a los participantes.

Yo (dirigiéndome a Cris): —Imaginemos que adelante tuyo hay un camino, un sendero de luz que debemos transitar. ¿Podrás caminar por él?

Cris responde que sí y da algunos pasos que la sitúan en la otra alfombra, con lo que indica un tránsito a un plano más profundo y un tiempo más allá de este tiempo.

Cris: —Me hallo en un túnel, es un túnel de luz violeta que me rodea. Es como un túnel amplio. En el fondo solo veo oscuridad.

Yo: —¿Podés seguir avanzando? Si es posible, hacelo lentamente. Yo estoy viendo ese mismo pasadizo y noto que hay personas que te observan, y de manera agradable, te miran con buenos ojos.

Cris: —Sí, los veo. Es como si me miraran detrás de pequeñas ventanas. Permanezco todavía en el túnel de color violeta. Es amplio como el del subterráneo.

Yo: —Ese color violeta no es estático sino que varía, porque por momentos es más tenue o más intenso. ¿Vos lo ves, también? Se trata de pura energía en movimiento. ¡Es maravilloso!

Cris: —Sí, también lo veo.

Es claro que ambos estamos compartiendo la misma realidad. Estamos vivenciando otro plano, sin dejar de estar totalmente anclados en esta realidad, sin perder contacto con la certeza de dónde nos encontramos.

Es mágico poder comprobar cuántos mundos habitamos simultáneamente. Por desgracia, solo logramos tener atisbos, chispazos de divinidad que nos transforman en plenitud y nos vuelven humildes y profundamente integrados con lo sagrado.

Para poder comprender mejor esta experiencia de atravesar por diferentes planos, emplearé una analogía: pensemos en el maravilloso ejercicio de la fabricación de ideas, en el hecho estético, como cuando uno lee algo y está habitando ese paisaje, uno mismo es leído, está caminando por ese lugar, viviendo la vida de ficción de los escenarios y sus personajes, sintiéndolos, dialogando, mimetizándonos. Bueno, esto es algo similar.

Es por ello que cuando ingreso a esa otra dimensión, solicito con profunda humildad que la Luz guíe cada uno de mis pasos. Si bien entro allí con seguridad y certeza, también lo hago con reverencia y respeto, pues sé que estoy siendo invitado y debo participar con prudencia.

Cris: —Siento aún oscuridad al final del túnel.

Yo: —No hace falta que sigas avanzando. Sin duda, seguirá estando oscuro al final.

Tengo la convicción de que hay allí una profundidad que nunca nos será desvelada y que solo podremos acceder a una mínima parte de ese todo que nos trasciende.

Yo: —Hay alguien que está viniendo a tu encuentro. ¿Podés percibirlo? Es la imagen que viene a mi mente.

Cris: —Sí, la veo. Es una mujer.

En ese preciso momento, en una simultaneidad de tiempo, mi mirada se cruza con la de Valeria, que estaba sentada justo frente a Cris, y ella me dice: —Siento que necesito entrar.

Valeria, entonces, se para frente a Cris y comienza a sentir una profunda emoción. Su mirada se nubla.

Valeria: —Siento un amor que vibra en todo mi cuerpo. Lo siento en cada parte de mi ser.

Las miradas de ambas se encuentran. Se quedan durante unos instantes observándose. Se trata de un contacto visual en el cual se asoman las almas para saludarse y comunicarse.

Valeria y Cris se abrazan de manera muy sentida.

Al rato, dejan de abrazarse, pero quedan tomadas de las manos.

Cris: —Siento que estaba esperándola desde hacía mucho tiempo.

De pronto, Valeria comienza a sentir algo que nos lleva a un paso más profundo en el movimiento. A otro lugar.

**Valeria**: —Es muy loco lo que voy a decirte, Marcelo, pero siento como si no tuviera cabeza —Lo dice con la timidez propia de no saber si ese sentir es adecuado. Pero sí lo es, pues en este tipo de terapia lo "correcto" es expresar sin prejuicios, sin recelo y sin temor a posibles burlas. Todo el ejercicio se desarrolla en un ambiente de profundo respeto hacia el otro y hacia uno mismo–. Sigo percibiendo una electricidad muy fuerte en el cuerpo, salvo en la cabeza, que directamente no la siento.

Valeria se pone de rodillas.

**Valeria**: —Ahora creo que estoy en un lugar oscuro, frío, cerrado, sin aire, de piedra. Siento mis brazos extendidos. Mis manos están encadenadas.

Siento que Silvina, que se halla a mi lado, necesita entrar en la Psicoconstelación.

**Silvina**: —Me duele la cabeza y la boca del estómago.

**Yo** (dirigiéndome a Silvina): —¿Podrías ingresar en el movimiento y colocarte detrás de Valeria?

Cuando ella se coloca donde le indico, comienza a llorar.

**Silvina**: —¡Qué tristeza profunda tengo!

**Yo** (dirigiéndome a Silvina): —Ahora, por favor, ubicate frente a ella, mirala a los ojos y decile "Te veo, y desde este mirada honro tu vida y tu destino y te doy un lugar en mi corazón".

**Yo** (luego de unos instantes de silencio, repito también esas palabras y agrego): —Sea lo que fuere lo que te dañó hoy tiene el permiso de pasar para liberar tu alma, para liberar a quien hoy abre esta puerta y a las generaciones posteriores.

Nos quedamos, un minuto, en silencio.

Estas frases que vienen a mi mente no son siempre las mismas, sino que fluyen sin esfuerzo como si fueran dictadas y tuvieran una cadencia y una magia especial. Se trata de una energía que sin duda habita en cada palabra y que aquí toma una profundidad aún mayor.

Cris se pone de rodillas frente a Valeria y la abraza. Se funden nuevamente en un abrazo muy profundo.

En ese momento miro a Silvina y le pregunto cómo se siente.

**Silvina**: —En el preciso momento en el que dijiste esa frase, me dejó de doler la cabeza. Se liberó esa punzada tan profunda en la boca del estómago. Me siento triste, pero aliviada.

Les pregunto a Valeria y a Cris si pueden ponerse de pie. Lo hacen. Siguen tomadas de la mano. Se miran con alivio y agradecimiento. Más tarde se sueltan.

**Valeria**: —Ya es tiempo de irme. Considero que ya puedo partir.

**Cris**: —Percibo lo mismo y también es hora de que parta.

Le pido que gire muy despacio y que cuando lo haya hecho comience a dar algunos pasos hacia adelante. Avanza despacio en dirección a la ventana. Se detiene en el plano intermedio donde había comenzado el movimiento y va muy despacio hacia adelante.

Ya totalmente en aquel plano, respira profundamente y se emociona. Sus ojos se llenan de lágrimas.

**Cris**: —¡Qué sensación más extraña! ¡Me parece que volví a la vida! ¡Por primera vez me encuentro plena y feliz! —En su mirada, nublada por las lágrimas, transmite una sensación de alegría, de renacimiento.

El movimiento se cierra. El encuentro con su historia ancestral se había producido.

Analizar la historia es complejo, seguramente, pues en ella hay centenares de acontecimientos que la conformaron, algunos de ellos, violentos, terribles, pero que inevitablemente deben releerse o mirarse bajo una nueva luz para comprenderlos y aceptarlos.

Los misteriosos y sabios designios de la rueda de la vida suelen tornarse escurridizos a una mirada desatenta, pero claramente responden a un propósito. Esa intencionalidad es la que revisamos en profundidad en las Psicoconstelaciones para que la persona comprenda la total magnitud del hecho que afecta a su cotidiano de modo que pueda seguir su rumbo sin obstáculos, aquello que en el hoy detiene nuestra marcha, su camino evolutivo. El síntoma físico o emocional muestra el camino de regreso a aquella escena en la cual se halla una de las llaves para abrir una nueva puerta.

## CASO XII: TERAPIA REGRESIVA Y PSICOCONSTELACIONES PARA UN PROBLEMA DE MATERNIDAD

> Cuando alguien muere sin que un trabajo de duelo le haga llegar a las puertas de la Gran Luz, entonces se crea, entre el muerto y los vivos, esta entidad relacional denominada fantasma, que les permite, a los dos, seguir viviendo juntos, aunque ilusoriamente. Sin embargo, al transmitirse de generación en generación, esta entidad relacional se va convirtiendo en patógena, porque no está al servicio de los proyectos de los vivos, sino de los que el muerto no ha podido realizar.

Con estas palabras, Didier Dumas expone maravillosamente el modo en que personas que murieron trágicamente o sin resolver ciertos asuntos inciden en el presente. Muchos son fantasmas que forman parte de nuestras existencias pasadas, otras, almas en pena que piden socorro a través del tiempo y el espacio.

El médico psiquiatra, Brian Weiss, en su libro, *Muchos cuerpos, una misma alma*, explica lo siguiente:

> Creo que todos poseemos un alma que existe después de la muerte del cuerpo físico y que regresa una y otra vez a otros cuerpos en un intento progresivo de alcanzar un plano superior. (…) Cuando mis pacientes se veían en otras vidas, los traumas que les habían conducido hasta mí quedaban mitigados y, en algunos casos, llegaban a desaparecer. Ése es, pues, uno de los propósitos fundamentales del alma: progresar hacia la curación.

Justamente, cuando me encuentro en la preentrevista con el paciente, más allá de la evaluación psicológica que realizo, dentro de mí surge una intuición acerca del problema que debemos enfrentar juntos… a veces, ancestros, a veces, otras vidas. A partir de allí, aplico diferentes herramientas terapéuticas para conducir a la persona hacia la sanación. Puedo emplear Psicoconstelaciones, Regresión, ambas a la vez, sumar reiki, en fin, mi profesión y mi alma van marcando mi camino para conducir a cada consultante hasta que logren resolver su problema.

\* \* \*

En este caso puntual, esta participante es la segunda vez que asiste a un taller, pero con una problemática diferente: desea ser madre, pero hay un temor que no se lo permite.

"Siento" que esto no tiene que ver con ancestros y decido que utilicemos la herramienta de la Psicoconstelación como una herramienta de regresión.

El tema a tratar será, pues *"Yo y mi miedo a la maternidad"*.

Se inicia el trabajo, y ELLA elije para representarla a Cristina, quien está presente en varios movimientos dado que es parte del equipo de trabajo.

Una vez que Cristina selecciona un sitio dentro del espacio terapéutico, comienza a entrar en contacto con sus sensaciones corporales. Ya sintonizada con la vida de la paciente y sus sensaciones, comienza el trabajo de regresión, desde la mirada de las Psicoconstelaciones.

En principio lo que le planteo es que siga los movimientos profundos de su alma, que relaje lentamente su cuerpo y que poco a poco entre en ese camino de significación que va expresándose a través del cuerpo.

Luego, le indico que se imagine que se halla frente a una escalera, en lo más alto de esta y que comience a recitar una cuenta regresiva. Con cada número deberá imaginar que desciende un escalón.

Ya completamente relajada e instalada en un plano más profundo, comienza a darse una dinámica en la cual a ambos nos es posible visualizar las mismas imágenes. Son huellas de otra vida que están frente a nosotros y que debemos descifrar.

De pronto, con mucha nitidez, vemos un patio, muchos niños y, detrás, un edificio de fachada gris envuelto en tinieblas. En su entrada, hay personas que observan atentamente.

Otra vez aparecen en primer plano los niños, pero vemos un detalle: todos tienen guardapolvos grises. Claramente era un internado u orfanato.

Cristina me dice que se siente dentro de la escena y con ropas de esa época y embarazada. Desea moverse, pero no puede.

En ese momento, Silvina, otra de las integrantes del equipo, comienza a ser tomada por el movimiento de lo que está ocurriendo. Es invitada a ser parte. Manifiesta síntomas físicos intensos: opresión en el pecho y en la garganta, claro síntoma de angustia.

Le solicito que halle su ubicación dentro de la escena que se está desarrollando. Se coloca detrás de Cristina.

**Silvina:** —Siento que estoy acompañándola, que la estoy llevando a un lugar.

**Cristina** (dirigiéndose a Silvina): —Sé que debemos ir allí, pero no quiero hacerlo.

Casi al mismo tiempo, una participante, Stella, que se encontraba sentada en uno de los laterales de la escena, se levanta y toma asiento justo enfrente a Cristina.

**Yo** (dirigiéndome a Stella): —¿Te moviste por alguna razón en particular?

**Stella:** —Simplemente necesitaba ubicarme aquí, tenía que ver a Cris de frente.

Silvina comienza a llorar desconsoladamente.

**Silvina** (entre sollozos): —Me siento culpable por llevarla. Sé que no desea hacer esto, pero no tiene otra opción.

Silvia, otra consultante, sin que nadie le dijera nada, se para al lado de Stella.

Se siente angustiada, le tiembla el cuerpo, necesita apoyarse en una silla porque no puede mantenerse en pie.

Ya estaba armado el rompecabezas del movimiento. Todas las piezas se hallaban en su sitio y dispuestas para ser parte de un genuino viaje astral de almas.

Aunque hay algunos participantes sin integrar el movimiento, todos sin excepción se encuentran envueltos e impregnados por estas sensaciones. Todos somos permeables al movimiento sutil de la energía envolvente del movimiento.

Ya todo dispuesto así, solo restaba permanecer en silencio para que esos hilos, esa consciencia o almas empezaran a indicarnos qué debíamos hacer para sanar.

Tras unos instantes, todos percibimos la misma información: la joven, en estado de gravidez, estaba siendo llevada por su madre a un orfanato porque allí se le haría una intervención.

Continúa el movimiento.

Silvia solicita acostarse en el piso. Cae casi desplomada.

**Yo** (dirigiéndome a Silvia): —¿Cómo te sentís? ¿Puedo ayudarte de alguna manera? ¿Querés decirme algo?

**Silvia:** —No quiero hablar, solo sé que así me siento cómoda.

En ese momento, comprendo con claridad que ella estaba representando, también, en un desdoblamiento, a Cristina.

Marina, otra participante de la rueda, solicita incorporarse a la escena y se ubica al lado de Silvia que esté acostada. Ella representa al bebe que no había podido nacer. Así lo expresa.

**Stella** (muy alterada): —No lo puedo creer, ¡soy la partera! ¡Fui la responsable de ese aborto!

A Silvina, quien llora desconsoladamente, le pido que se incline y tome las manos de Silvia (la joven fallecida en el aborto), lo mismo le digo a Cris.

**Yo:** —Honramos tu destino y, con profunda humildad y respeto, nos entregamos a la fuerza de lo que nos trasciende. Hoy todos tienen el permiso de sanar. Tu cuerpo puede sanarse del dolor, y desde esta sanación profunda, también, tiene el permiso de no perpetuarse en el presente.

Le pido a Stella que haga contacto visual con Silvia y que le diga: *Te veo y te reconozco. Y con profunda humildad lamento haberte dañado. No fue mi intención. Solo fui un instrumento del destino y cumplí mi parte. Con profundo amor te doy un lugar en mi corazón.*

Silvia (profundamente emocionada y dirigiéndose a Stella): —Lo tomo. Está bien para mí. Sé que no fue tu intención.

Exhala profundamente. Y sobreviene un alivio que nos envuelve a todos en una atmósfera de paz.

**Marina:** —Yo sabía que no iba a nacer. Así estaba escrito en mi destino, y está bien, así está bien.

Voy preguntándole a cada uno de los participantes, como lo hago antes de cerrar cada movimiento, si hay algo más que necesiten expresar. Ante la negativa de todos, verifico que cada uno se sienta relajado y en total paz, lo cual es la prueba de que la sanación de ese movimiento y los diferentes sentires pudieron encontrar un mejor lugar.

La constelante me comenta que durante el transcurso de la escenificación se sintió totalmente conectada al movimiento y que sentía que podía encarar su propia maternidad de otra manera y con absoluta felicidad.

Tras estas palabras, les pido a todos que nos tomemos de las manos y cerremos el movimiento.

No solamente un trabajo de esta profundidad, nos deja conmovidos sino que también ilustra uno de los principios fundamentales de la filosofía que inspira esta herramienta maravillosa. Y es que todo tiene un orden perfecto en otro plano.

La energía natural, la que nos da vida, no opera con conceptos morales, sino que responde a un orden que nos trasciende.

Todos los actores implicados en cada situación actúan de acuerdo a un guión álmico que responde a un propósito que escapa a lo que cada uno puede comprender. Por eso es importante dar nuestro acuerdo a lo que acontece tal como es.

Dar nuestro acuerdo, es sustancialmente diferente a aceptar, dado que la aceptación implica cierta actitud condescendiente, casi resignada frente a lo que acontece, mientras que el acuerdo es estar en perfecta sintonía con la rueda del destino que pone en marcha el movimiento.

> Soy médico y psiquiatra, y curar a la gente es la pasión de mi vida. Creo que a cada uno de nosotros el instinto nos empuja hacia la curación y el crecimiento espirituales, hacia la comprensión y la compasión; en resumen, hacia la evolución. Soy de la opinión de que, espiritualmente, avanzamos, no retrocedemos. El inconsciente (o subconsciente, o mente superconsciente o, también, alma) lleva incorporado un mecanismo que lo conduce por un sendero positivo de evolución espiritual. En otras palabras, evoluciona siempre, en todo momento, hacia la salud. (…). Nuestras vidas pasadas y futuras

convergen en el presente y si pueden inducirnos a la curación ahora, de modo que la existencia actual sea más sana y más plena (…), progresaremos. La retroalimentación es continua, porque su objetivo es ayudarnos a mejorar nuestras vidas futuras, incluso mientras vivimos la presente.

Brian Weiss

## CASO XIII: SUPERAR LOS DOLORES FÍSICOS ES POSIBLE. UN DOLOR EN LA CADERA Y LA NECESIDAD DE SER CUIDADO

Como dice el doctor Luis Chiozza, "cada enfermedad distinta representa, en el escenario de la vida íntima, un drama diferente, tan típico e identificable como la enfermedad misma", es decir, el cuerpo tiene un lenguaje que nos indica qué es lo que debemos sanar, lo que sucede es que no todos hablan ese idioma y a veces se torna dificultoso traducirlo.

En este caso, si bien el paciente aparece en mi consultorio con una patología particular, no quise focalizarme, en este texto, en el análisis de sus causas sino en el manejo de la sintomatología, para demostrarles que mediante un trabajo terapéutico es posible convivir dignamente con algunas dolencias cuando las causalidades toman cierto tiempo en resolverse, es decir, "cuando el trastorno ya ha alterado la estructura física de los órganos comprometidos"[51].

Entonces… quien trae el tema es un paciente con el que vengo trabajando desde hace un tiempo.

En algunas sesiones, notaba que se "le escapaba" la cuestión de sus dolores, pero jamás quería constelar por ello. Sin embargo, en un momento determinado, sus síntomas se tornaron más agudos al punto de volverse intolerables.

Un primer diagnóstico que le brindaron fue el de pubalgia. Luego de varios tratamientos y una serie de estudios se le indicó una cirugía en la zona por un diagnóstico asociado a una lesión en el labrum, cuya misión es estabilizar la cabeza femoral en la cadera.

Luego de la intervención y del posterior proceso de rehabilitación, las dolencias continuaron. Nada lo hacía sentir mejor, y esto le producía muchos inconvenientes en lo social, laboral, psicológico y emocional.

Un día me llama y me solicita constelar específicamente: *Yo y mi cadera.*

51  Chiozza, Luis, *¿Por qué nos enfermamos?*, España, Alianza, 1994.

170

Obviamente accedo a su petición y, el día del taller, pusimos manos a la obra.

El constelante elije para representarlo a Andrés, asiduo participante de los talleres, y, para su cadera, a Valeria, miembro de mi equipo.

Una vez ubicados en el lugar. Ambos comienzan a entrar en contacto con sus sensaciones corporales.

Andrés, menciona sentirse incómodo, molesto, fastidioso y con una profunda opresión en el pecho.

Quienes vienen leyendo los casos por orden de aparición podrán comprobar que en las Psicoconstelaciones, el dolor en el pecho es un síntoma recurrente. Esto tiene que ver, como dije en reiteradas oportunidades, con el chakra corazón (Anahatha o Anahata, cuarto chakra primario). Recordemos que los chakras son centros de energía y estos "forman parte de una red de energías sutiles superiores. Su función es transportar la fuerza vital al núcleo de todas y cada una de las células del cuerpo. (...). Existen tres canales principales por los que fluye la energía pránica. (...). Los tres canales convergen en seis puntos, cada uno de los cuales forma un chakra. (...). Cada chakra se corresponde con un determinado nivel de conciencia [pero] todos guardan una relación íntima con el sistema endócrino del cuerpo (...), controlan las emociones, los pensamientos y los deseos".[52]

Justamente, el chakra al que hago referencia está íntimamente relacionado con los sentimientos, el amor y la compasión. Fíjense que cuando alguien habla de un ser amado se toca el corazón, cuando se refiere a la muerte de un ser querido, el gesto que lo acompaña suele ser ambas manos estrujando ese lugar del pecho, siempre es el punto de referencia para indicar profundos sentires.

Volviendo al tema de la rueda propiamente dicha, Andrés me dice que no puede mirar a Valeria a los ojos porque le produce mucha ira.

**Valeria** (dirigiéndose a mí): —Me siento muy incómoda si lo tengo que ver de frente. Además, no quiero acercarme a él.

Es claro que hay un impedimento importante para mantener el contacto con las emociones. Y esto no sucede porque el constelante tenga dificultades, en general, para conectarse con su parte emocional, sino que se trata de algo muy puntual ya que el dolor en su cadera lo molestó tanto que le produjo un profundo enojo que activó mecanismos defensivos.

52    Siri Datta, *Guía práctica de Kundalini Yoga. Prácticas diarias para el crecimiento personal y para liberarte de todo lo negativo que te rodea*, España, Robinbook, 2004.

Se percibe con claridad en su representante cómo se contiene, cómo no permite que se descontrole esa masa casi tangible de cólera. Funciona casi como una olla de presión, empieza a acumular fuerza y cuando está a punto de estallar se activa una válvula que no deja que la olla explote.

Le pido, igualmente, que se conecte con este sentir, que vuelva a ese contacto. Me doy cuenta que no puede relajarse. Está todo el tiempo en alerta.

Le pido a Valeria que se acerque y entre en contacto con él.

**Andrés**: —No me gusta esta cercanía.

**Yo** (dirigiéndome a Valeria): —Por favor, acercate a Andrés y tocalo.

**Andrés**: —Por favor, no me toques porque no sé si podré controlarme.

Es clara la furia que siente. Se trata de frustración mezclada con dolor, lo que deriva inevitablemente en profunda angustia.

En algún momento, siento la necesidad de acercarme. Comienzo a tocarlo con mi dedo índice. Realizo leves presiones en distintas partes de su cuerpo.

**Andrés** (sonriendo, pero de manera forzada): —Marcelo, no me gusta este contacto. Me estoy enojando cada vez más. Me es muy difícil controlarme.

A pesar de esta advertencia, sabía que debía proseguir para que fluyera por fin eso que trataba de sujetar con tanto ahínco.

Entonces, presiono muy levemente ese sitio que tanto dolor le provoca a diario.

Andrés se pone rígido, pálido y sus ojos se llenan de lágrimas.

**Yo:** —Dejá que lo que necesite salir salga. Conectate con ese sentir. Podés golpear con tus pies en el piso, gritar, simplemente dejá que salga. No lo controles más.

Valeria, que se había acercado, lo toma de los brazos suavemente. En ese preciso instante, Andrés rompe en llanto y lo que había estado contenido comienza a salir.

Luego, lo abraza para contenerlo

Me acerco, entonces, al constelante, le coloco mis manos a la altura del pecho, en la zona del chakra corazón, y comienzo a pasarle energía.

Ese contacto le activa la memoria celular y lo transporta a aquel primer contacto con el pecho materno. Es la sensación de reaseguro que siente el bebé.

El constelante también comienza a llorar profundamente.

Luego de unos minutos, Andrés me dice que está aliviado y mejor.

Valeria, aún, y con cierta distancia, continúa frente a Andrés.

Le pido al constelante que ingrese en la Psicoconstelación, que se coloque delante de Valeria y que haga contacto visual con ella. Al hacerlo se conmueve. Siguen cayendo lágrimas de sus ojos. Acto seguido, Valeria lo abraza y ahí se libera y suelta finalmente la angustia contenida.

Es muy difícil manejar sintomatologías crónicas, sobre todo, cuando son muy dolorosas. Producen en los que las padecen, sensación de desprotección, indignación, enojo.

Cuando surge todo esto aparece un deseo de retorno al seno materno, a la contención, al amparo, porque solo eso le brinda reparo ante el sufrimiento. Si de alguna manera, se repone esa figura materna, aunque sea momentáneamente, para brindarle paz y tranquilidad, las emociones se reacomodan y le permite al que sufre un respiro ante tanto padecimiento.

Que en definitiva es lo que sucedió con el constelante. Participar en este movimiento le brindó la oportunidad de volver a su eje, de equilibrarse y amigarse "dentro de lo posible" con su dolor.

## CASO XIV: EL SUFRIMIENTO DEL QUE ACOMPAÑA AL ENFERMO

Sé que padecer una enfermedad es algo fuerte. Reconozco que demanda una gran dosis de fortaleza, entereza, obstinación y hasta una cuota de resignación, sin embargo, no solo el enfermo es el que debe soportar este trance. Norbert Elias, en su libro *La soledad de los moribundos*, se refiere, sobre todo, a ese aislamiento que enfrentan los enfermos y los ancianos, pero qué pasa con aquellos que los aman y que cada día están a su lado apoyándolos y conteniéndolos. ¿Podríamos hablar de la soledad de los acompañantes? La respuesta es un rotundo sí, pues los familiares, amigos cercanos o cualquier persona emocionalmente comprometida con el paciente también pasa por toda esta gama de emociones y sentimientos. Muchos adquieren tal nivel de empatía que también terminan con su salud afectada.

Me estoy refiriendo a aquellos acompañantes en el dolor que no son a los que inyectan, internan o les hacen estudios, pero de manera indirecta lo vivencian y lo sienten casi en carne propia. En la díada paciente/acompañante, en demasiadas ocasiones, se produce una simbiosis y sincronización tal que sienten al mismo tiempo y con casi la misma intensidad, miedo, incertidumbre, enojo, desesperación y alegría durante los procesos de curación.

La salud, entonces, de este acompañante merece también observación y cuidados porque de una manera u otra termina implicado en la travesía del otro.

Hasta tiene un extra de pesadumbre, es a esta figura a quien se le suele dar el verdadero diagnóstico y probabilidades de mejoría o desmejoramiento del paciente. Una carga por demás pesada y angustiosa.

Por esto, la Psicoconstelación puede ser una herramienta apropiada para ayudarlo a alivianarse, aliviarse, extraer un poco de amargura y hasta aprender a sobrellevar mejor ese sendero por el que los dos se están conduciendo.

Este es el caso de M y lo veremos a continuación.

En esta nueva Psicoconstelación, M se ofrece para ser la primera en presentar su caso. Se trata de una mujer en cuyos hombros pesa una gran responsabilidad: es hija única, con su padre fallecido y una madre con desórdenes mentales.

En la preentrevista, ella me había contado detalles de su problemática: desde joven tuvo que asumir el compromiso de cuidar a su madre, lo que le provocó grandes inconvenientes en muchos ámbitos de su vida, sobre todo, en su salud física.

El punto crucial del tema fue cuando tuvo que tomar la decisión de internar a su mamá porque ya no era capaz de vivir sin cuidados especializados. Tomar una medida así, para cualquier hijo, es algo que produce una profunda marca.

En la sesión, vivenciamos juntos ese momento tan crucial. Fue estremecedor. Su alma y su cuerpo quedaron seriamente afectados ante este hecho tan chocante y triste.

En la rueda, entonces, la paciente dice que deseaba constelar: –*Yo y mi salud.*

Se comprenderá que "salud" se refiere a la mental, física y álmica, porque resulta altamente complejo atravesar situaciones como las que estaba viviendo M, sobre todo, cuando se toma una decisión tan drástica como la que debió afrontar, ya que por lo general, esa persona no puede despegarse de la sensación de desasosiego y culpa.

El querido maestro Hellinger continuamente hace mención de la "culpabilidad" que acompaña a la toma de decisiones o posiciones de cada ser humano, con estas palabras: *Culpa e inocencia, por tanto, se experimentan en relaciones y se refieren a relaciones, ya que todo actuar que repercute en otros va acompañado de un sentimiento sapiente de inocencia o de culpa. Comparable al ojo que, al ver, constantemente distingue entre claridad de la oscuridad, este sentimiento en cada momento distingue si nuestro actuar perjudica o favorece la relación. Así, pues, sentimos como culpa aquello que perjudica la relación y, como inocencia, lo que la favorece.*

En el caso de M, internar a una madre, por más objetiva que sea la elección, produce culpa y sufrimiento.

Volviendo a la rueda, cuando llegó el momento, M elije a Cristina para representarla a ella y, a Valeria, para representar su cuerpo.

Como ya lo he compartido en otro momento del presente libro, jamás doy información a los constelantes sobre los otros participantes. Solo se enuncia el tema a tratar. Nunca ahondamos en la narrativa de los hechos, para no condicionar lo que surge con posterioridad.

Es más, las personas del equipo con quienes comparto la tarea tampoco saben detalles de los participantes porque se quebraría la confidencialidad médico/paciente además condicionaría la espontaneidad propia que deben sentir al participar como representantes en cada movimiento.

Se realiza un momento de silencio, y tanto Cris como Valeria se ubican en los sitios donde sus almas le indican (una frente a la otra).

**Cristina:** —Siento peso en mis hombros, frío, dolores en la espalda.

**Valeria:** —Yo, en cambio, me siento como en el aire, como si estuviera en otro plano… es tan extraño. Además, me encuentro confundida y no logro ver claramente a Cris. Es más… no me siento conectada ni con ella ni con nadie en este lugar.

Cristina, al escuchar estas palabras, se siente peor aún.

A mi lado, está sentada Victoria, constelante que concurre por primera vez a un taller. Percibo que la energía del movimiento la toma a ella. Le pregunto si estaría dispuesta a participar y ella responde afirmativamente.

Le pido que se ubique en un lugar cerca de Cristina. Ella representaría, también, el cuerpo de Mónica, pero aquel cuerpo joven, sano y vital previo a todo este dolor.

Una vez que ella ingresa, Cris afirma que se siente mejor, más liviana y tranquila.

En ese momento, Valeria dice que no puede sostenerse. Que necesita sentarse. Sus piernas no tienen fuerza, su espalda se vence.

Le acercamos una silla y se desploma en ella. Se afloja. Su mirada está totalmente perdida.

**Valeria**: —Me siento sola… muy sola.

Coloco a alguien detrás de ella, una figura que le transmita seguridad y contención. Con esta representación configuro otra escena en donde le repongo la figura maternal.

De este modo, realicé un cambio en su alma y psiquis, pues le proporcioné a la constelante la posibilidad de "hablar" con esa madre ausente, y, liberarse así de su angustia.

Recordemos que tanto el inconsciente como el alma no tienen un lenguaje ordinario y sencillo, sino que están constituidos por simbología. Allí, el tiempo y el espacio son diferentes a los que nuestra consciencia maneja, y el lenguaje adquiere otras significaciones. Los sueños, las emociones, las reacciones manejan contenidos que, para modificarlos es necesario dirigirse a ellos en ese mismo idioma. Normalmente, estos cambios en los escenarios que se dibujan en las Psicoconstelaciones son el puente de comunicación y un camino de sanación.

Ahora bien, Valeria, que en un principio había sido seleccionada para representar el cuerpo y la salud de la constelante, entonces, sufre un desplazamiento y se transforma en la representante de la madre, una madre lúcida y presente. Valeria se convirtió en la voz de la mamá para que ambas pudieran recuperar su comunicación y quedar en paz.

En ese preciso momento, Cristina puede manifestar delante de ella, "que ya está capacitada para entender todo lo que debió atravesar, la tristeza, la sensación de abandono y soledad que estaba lentamente castigando a su cuerpo y con el que ya le era cada vez más difícil lidiar".

Pasado este momento tan emocionante, le pido a Cris que le diga internamente, en silencio, vibrando con cada palabra: *Soy tu hija y te amo. Lo que llevé por vos lo hice por amor, por un profundo amor y con ese mismo amor hoy te lo entrego. Te lo entrego con amor porque está en tu destino llevarlo. Con amor te lo entrego y con amor me libero. Y tomo mi vida y mi felicidad en su totalidad.*

**Valeria** (dice con mucha dificultad): —Lo tomo.

**Valeria** (dirigiéndose a mí): —Me estoy sintiendo otra vez rara y no entiendo con claridad.

**Valeria** (dirigiéndose otra vez a Cristina): —Quedate tranquila, donde estoy me siento bien y en paz.

**Cristina** (emocionada): —Por primera vez en mucho tiempo siento paz y vitalidad.

Empieza a sentirse acompañada por Victoria, la representación de su físico joven y alegre que había tenido de pequeña.

La invito a Cristina a mirar de frente a Victoria, pero me pide unos instantes más frente a su madre, porque quiere constatar que esté bien.

Siento que es el momento de dejar la Psicoconstelación en este punto, debido a que su alma todavía no siente que es el momento para asumir por completo a su nueva vida... necesita tiempo.

Simplemente, le digo a Cris que cierre sus ojos, que se deje tomar por esta nueva sensación de paz y plenitud, que sienta la respiración y que en esa respiración acepte su nueva vida.

La constelante, luego de presenciar todo esto, afirma sentirse en armonía y esboza una sonrisa.

Con esto doy por concluida la Psicoconstelación de M.


## CASO XV: UNA RELACIÓN COMPLEJA CON SU MADRE

> *Además de aquello que los padres son y dan, también tienen algo que les es propio y que ganaron como mérito o sufrieron como pérdida. Los hijos únicamente participan en ello de una forma indirecta, pero los padres no pueden ni deben darles aquello que es personal, y los hijos no deben ni pueden tomarlo de sus padres.*
>
> Bert Hellinger

El consultante, quien concurre por primera vez a un taller, había compartido durante la entrevista previa su interés por constelar la relación con su madre.

Su padre había fallecido cuando era muy pequeño y, por lo tanto, tenía con su madre una relación de profundo compromiso dada su condición de hijo único.

Al parecer, esta mujer tenía un tipo de desorden psicológico no diagnosticado, me inclinaría a pensar del orden de lo obsesivo (jamás quiso consultar con un terapeuta) y demandaba permanentemente atención de mi consultante, por lo que complicaba no solo la relación entre ellos sino sus lazos sociales en general.

Elije para representarlo a K quien concurre al taller por primera vez y para representar a su madre a M, asidua concurrente de los talleres.

Se coloca detrás de cada una de ellas y, apoyando las manos en los hombros, las ubica en diagonal una de la otra. Están ligeramente enfrentadas, pero se percibe inicialmente que cada una está viviendo su propio sentir, sin conectarse.

M (la madre) fija su mirada en un punto. Es evidente que algo la mantiene atada a una pérdida con alguien que ya no está.

Esta percepción inicial la corroboro cuando le pregunto a M si estaba mirando a alguien en particular.

M: —Yo estoy conectada con él —me dice—. Toda mi atención está puesta en él —pero no estaba observando a su hijo.

Le pregunto a K (la representante del constelante) cómo se siente.

K: —Me siento sola, desvalida, sin ningún apoyo.

Nacho, miembro del equipo, se siente inquieto en su lugar. Conecto con él y este me confirma su necesidad de ingresar al movimiento.

Entonces, se coloca a un costado de K y la toma suavemente de los hombros. Es en ese momento que K comienza a llorar. Una angustia largamente contenida tiene el permiso para soltarse.

Claramente, K estaba exteriorizando el dolor y la sensación de soledad largamente contenida por la muerte de su padre.

Nacho la contiene, la tranquiliza. K sigue llorando, pero poco a poco comienza a tranquilizarse.

Le pido a Nacho que le diga las siguientes palabras: *Lamento haberte dejado. Tuve que cumplir con mi destino. Mi amor y mi compañía estarán contigo siempre.*

Tras estas palabras, Nacho abraza fuertemente a K, y ella es invadida por la calma.

M, mientras, observa la escena.

M tiene una conexión con Nacho. Su mirada está puesta en él.

Y lo confirma.

M: —Mi tema es con él —señalándolo a Nacho.

Es claro que algo había sucedido en aquella relación de pareja. Algo privado e íntimo había dejado una deuda entre ambos.

Nacho no se muestra muy dispuesto y dice no sentirse cómodo en presencia de M. A pesar de ello, le solicito que se ubique frente a ella. Duda unos instantes, pero finalmente accede.

Le pregunto a K cómo se siente y me dice que se encuentra muy conmovida, pero que está bien. Además confirma que el apoyo de Nacho fue muy contenedor y le produjo gran alivio.

Después de decir estas palabras, se queda observando a Nacho (padre) y a M (madre).

Nacho se acerca a M, pero me comunica que no puede sostenerle la mirada, pues no se siente cómodo.

M lo mira de manera desafiante, demandante, pero aún no se comprende exactamente qué problema tiene con él.

Luego de unos instantes viene a mi mente la palabra SECRETO y entiendo que algo había pasado, pero que era un secreto entre ambos, y que en este momento y espacio no debía ser desvelado.

Me detengo aquí unos instantes para mencionar algo con respecto a los secretos: si bien son determinantes en la conducta posterior de los integrantes de un sistema, también es cierto que debemos manejarlos con absoluta prudencia puesto que podrían interferir negativamente en el constelante.

Al respecto opina Bert Hellinger: "Un hijo no debe conocer detalles que corresponden a la pareja de los padres".

El secreto se selló para resguardar la intimidad de los padres y para preservar el amor del hijo hacia ellos.

Ciertas intimidades pueden interferir en los vínculos amorosos, por lo que deben tratarse con muchísimo cuidado en un taller. Más allá de la certeza que podamos tener los facilitadores acerca de lo que estamos viendo, debemos asumir que solo estamos al servicio de un bien mayor que nos trasciende y sobre el que no tenemos el derecho de interferir.

El movimiento continúa su curso.

Los integrantes de la pareja están frente a frente.

Le pido a Nacho que diga unas palabras a M.

**Nacho:** —Lamento si algo en mi conducta te dañó. No fue mi intención —se hace un silencio prolongado.

**Yo:** —¿Sentís que podés vibrar cada una de estas palabras?

**Nacho** (profundamente conmovido): —Sí

**Yo:** —Volvé a decirle que lamentás profundamente si algo en tu sentir y en tu actuar la dañó.

Nacho lo repite internamente y asiente con la cabeza.

**Yo:** —Solo seguí los dictados de lo sabio que nos trasciende.

Cae al piso. No puede seguir sosteniéndose. De rodillas comienza a llorar desconsoladamente.

M se acerca muy despacio. Apoya su mano en la cabeza de él y luego en su espalda. Luego se retira a su lugar nuevamente.

Siento con claridad que aquello que estaba entre ellos finalmente quedó resuelto. Si bien se percibe tristeza, todos tenemos sensación de paz.

**Yo** (dirigiéndome a M): —¿Cómo te sentís?

**M:** —Bien. Ya está. Ya pasó. Ahora todo está bien entre nosotros.

Nacho poco a poco se pone de pie. Se encuentra conmovido, pero en paz.

Siente que ya es suficiente para él. Que puede irse a un mejor lugar. Su alma ya cumplió su cometido y en la vibración de este nuevo orden se retira.

K y el constelante están profundamente conmovidos, sobre todo, al darse cuenta de que los conflictos actuales (madre/hijo) se debían a un problema entre sus padres y que no tenían que ver con él.

M y K se miran con ternura.

K se acerca. Se abrazan. Permanecen así largo tiempo.

Le pido a M que repita unas palabras.

**M:** —Lamento no haber podido estar. Sé que me necesitaste, pero estaba sumida en un profundo dolor. Hoy lo veo. Hoy te veo.

Luego de decirlo, suspira aliviada.

K llora de emoción.

Se separan y se siguen mirando. K toma distancia. Se pone en un lugar desde donde puede verlos a ambos. Sonríe.

Un nuevo y sanador orden se había manifestado. Ahora sí podía tenerlos a los dos. Pudo tomar el amor de su padre que tuvo que partir prontamente y también pudo tomar el amor de su madre. Hoy como adulto puede verla y estar cerca, a una distancia que es la apropiada para continuar adelante con su vida.

## CASO XVI: CUANDO EL ALMA ELIGE SU MOMENTO PARA ENCARNAR

> *Nada nace, nada muere en realidad. Ninguna persona muere, sino en apariencia. Ninguna persona nace, sino en apariencia. El pasaje de la esencia a la sustancia es lo que se llama nacer y, por el contrario, lo que se llama morir es el pasaje de la sustancia a la esencia.*
>
> Apolonio de Tiana

El presente relato revela una vez más el profundo aprendizaje que implica cada taller de Psicoconstelaciones y cómo desde la apertura y la confianza la herramienta despliega todo su potencial creativo siempre que estemos dispuestos a dejarnos llevar por nuevos caminos de aprendizaje.

Tal como lo he expresado oportunamente, al principio elegimos siempre seguir la senda marcada para luego internarnos en caminos desconocidos donde nos aguarda un nuevo desafío de aprendizaje.

Quien trae el tema a constelar es una paciente muy querida, con quien compartimos un largo recorrido de trabajo. Ella estuvo presente en el primer taller que realicé al terminar mi formación en el año 2006. Desde aquel momento ha continuado asistiendo a diferentes talleres.

Su movimiento en esta oportunidad sería: *"Yo y mi proyecto"*.

Este tema apuntaba básicamente a encontrar un rumbo más concreto y acertado a su proyecto laboral.

Elije para representarla a una constelante que concurre por primera vez a los talleres de Psicoconstelaciones y, para representar al proyecto, a Ivana, miembro del grupo de trabajo.

Una vez que el movimiento comienza, Ivana empieza a sentir sensaciones vagas, muy sutiles. La percibo de esa forma y la imagen que viene a mi mente es que está flotando.

Para confirmar esta intuición, le pregunto: —¿Cómo te sentís?

**Ivana:** —Me siento etérea, como si estuviera flotando en un medio gaseoso. Veo colores, diferentes formas y me fundo en ellos y vuelvo a tomar forma. Soy parte de un todo que me trasciende, mucho más amplio.

En ese momento, quien representa a la constelante coloca sus manos en el vientre y ahí las deja. En su mirada se refleja ternura y tranquilidad.

El movimiento continúa.

Mi percepción en ese instante es clara, pero igualmente lo corroboro con otra integrante del equipo quien me afirma que su percepción es la misma que la mía. Ambos nos dimos cuenta en aquel preciso momento que se trataba del alma en el momento previo a la encarnación, todo aquello que antecede al mágico momento en el cual toma la decisión de habitar un cuerpo.

**Yo** (dirigiéndome a la constelante): —¿Entendés lo que está pasando?

**Constelante:** —No, no lo entiendo.

**Yo:** —Es el momento en el que luego se anuncia el embarazo. Es el alma tomando la decisión de encarnar.

**Constelante:** —Estoy entrando en pánico —dice sonriendo.

Ella tiene una clara mirada de sorpresa porque no está en sus planes un embarazo, sobre todo debido a que su meta es crecer laboralmente.

Aquí queda muy clara la diferencia que existe entre los proyectos del alma y del ego puesto que su alma estaba manifestando algo completamente diferente de lo que ella había venido a trabajar.

El movimiento continúa.

**Yo** (dirigiéndome a Ivana): —¿Qué estás sintiendo?

**Ivana:** —Sigo estando en esta nebulosa. Me siento bien. Estoy viendo todo desde lo alto. Y siento vértigo. Me cuesta mucho tomar la decisión de ir hacia algún lugar.

**Yo** (dirigiéndome a la representante de la constelante): —¿Qué estás sintiendo?

**Representante:** —Me siento dispuesta. Tranquila. Siento mucha conexión con la constelante.

**Ivana:** —Tengo claro hacia dónde tengo que ir. La sensación que me transmite el cuerpo es como si me tuviera que tirar desde un trampolín. Me siento en calma interna. No hay duda con respecto a este sentir. Aunque siento vértigo, sé que es el momento. Los colores se hacen más intensos. Son colores muy nítidos, pero a la vez se mezclan y dan nuevos colores.

Se queda unos minutos en silencio.

**Yo** (dirigiéndome a Ivana): —¿Ahora qué estás sintiendo?

**Ivana:** —De golpe es como si hubiera desaparecido el color. Fue un flash en el que todo quedó a oscuras y en un silencio absoluto. Me siento perdida.

**Yo** (dirigiéndome a la otra representante): —Extendé tus manos. Ponelas hacia arriba en actitud receptiva. Y dejalas ahí sin moverlas.

**Yo** (dirigiéndome a Ivana): —Con los ojos cerrados. Dejá que tus manos vayan guiándose hasta encontrarlas. Seguí el movimiento de su alma.

Luego de unos minutos se toman de las manos. Se produce un contacto muy sutil y profundo al mismo tiempo. Una vez que ocurre, Ivana suspira aliviada y la representante de la paciente se conmueve. Se le llenan sus ojos de lágrimas y siente el contacto profundo.

Ivana también se emociona.

Le pido que mantengan esa conexión. Que permanezcan un instante sosteniendo esa conexión profunda. Que nada interrumpa ese sentir.

Ese preciso momento donde ocurre el reencuentro de almas es el punto justo y adecuado para cerrar el movimiento.

El encuentro posterior al movimiento de Psicoconstelación.

Si bien debo lograr que el movimiento permanezca a salvo de cualquier análisis, lo cierto es que como terapeuta tengo que estar preparado para dar algunas respuestas y aclarar aquello que podría facilitar en la constelante una mejor interpretación del movimiento.

Tal como lo expresé al principio, quien habían traído el tema era una paciente con quien me unía una relación de profunda confianza y compromiso por lo cual un encuentro posterior enriquecería para ella todo lo acontecido en su Psicoconstelación.

Si bien su consulta había sido muy específica, esto es, el proyecto de trabajo, surgió en el taller algo inesperado… algo diferente se había manifestado para transmitir su mensaje. No podría afirmar si se trataba de crear otra vida, pero algo nuevo se estaba gestando dentro de ella y deseaba avanzar y crecer… podía ser un niño o un proyecto, pero algo estaba aflorando.

Gracias a su apertura mental y álmica fue posible todo este trabajo y quedó la puerta abierta para que pudiera ocurrir algo completamente nuevo, sin juzgar, sin miedo y con profundo respeto hacia ella misma y hacia lo que podría estar preparando su alma.

Hay una frase que utilizo habitualmente y que me gustaría compartirla: "Los grandes movimientos de la vida son inconscientes. Esa cuota de inconsciencia, ese arrojo hacia lo que sentimos sin que medie un pensamiento demasiado crítico es lo que permite que vivamos la magia de la vida y que nos animemos a transitar lo desconocido".

Si pensamos detenidamente, tratando de mantener controladas (como si fuera posible) todas las variables, no tendríamos hijos, no adoptaríamos animales, no nos animaríamos a dejar lo seguro y aventurarnos a lo desconocido que no es sino la perfecta definición de la vida.

El doctor José Luis Cabouli nos dice en su libro *El viaje del alma*:

> Hemos partido de la muerte y hemos regresado a la vida física. Un viaje de ida y de vuelta en el derrotero del alma. Una rutina repetida, con algunos viajeros que se resisten un poco a partir, otros que no ven la hora de irse para descansar y una gran mayoría que no quiere saber nada de volver a empezar. (…) Vinimos a la vida física a aprender, a crecer y a evolucionar, para regresar más tarde a casa enriquecidos con la expe-

riencia adquirida. Pero resulta que en el afán de hacer más cómoda y placentera nuestra estadía en la Tierra, nos hemos olvidado de la verdadera finalidad de nuestra presencia aquí. Nos hemos creído que éramos el cuerpo, cuando en realidad el cuerpo es la ropa que nos pusimos para ir a la escuela (…).

# MOVIMIENTOS A DISTANCIA

## MOVIMIENTO 1 A DISTANCIA: LO QUE ESTÁ DETENIENDO MI AVANCE

El presente relato corresponde a un movimiento para un paciente (A) con quien estamos trabajando desde hace un tiempo. En él se resume gran parte de lo que me une a mis pacientes: un sentir profundo de respeto y confianza que estuvo y está presente en las diferentes etapas de su tratamiento.

El motivo de su primera consulta había sido para tratar ciertos pensamientos de carácter obsesivo, que fueron finalmente superados en su totalidad y que resultaron en un fortalecimiento de su personalidad. Luego seguimos trabajando con diferentes objetivos para su crecimiento personal.

En muchos momentos de nuestra vida, suelen aparecer síntomas con la intención de que nos hagamos conscientes acerca de aquello que debemos cambiar. La sintomatología, entonces, da pistas para que implementemos cambios que nos conduzcan a la resolución de ciertos problemas. Una vez solucionada la crisis, estos "símbolos" se desvanecen.

Es así lo que ocurrió en este caso: A se encuentra en una etapa de superación de síntomas intensos de pánico, asociados a la reactivación de una ideación de enfermedad característica de un pensamiento obsesivo, desencadenados por un fuerte estrés laboral. Este cuadro motivó que él pidiera licencia médica.

En este momento se halla en un punto de equilibrio, lo que marca sin duda el compromiso con su recuperación, sin embargo, en la última sesión de psicoterapia, ambos notamos y acordamos que se hallaba en una especie de meseta, de estancamiento.

Era fundamental acabar con el período de licencia para dedicarse a la búsqueda de nuevos horizontes laborales y realizar diferentes actividades, sin embargo, esta etapa le producía inseguridad y cierta parálisis, metafóricamente hablando.

Le propongo, entonces, realizar una Psicoconstelación, pero ante la imposibilidad de concurrir el día fijado para uno de los talleres, le propongo una Psicoconstelación individual o constelar con él en su nombre en el taller que tendría lugar el sábado 17 de junio.

Evaluamos juntos ambas posibilidades. La Psicoconstelación individual tendría la ventaja de poder realizarla la semana próxima y no esperar hasta el mes entrante, fecha del próximo taller.

Tal como lo compartí oportunamente en otros capítulos, tanto la Psicoconstelación individual como a distancia solo las empleo en casos específicos, cuando por ejemplo tomo en consideración la dificultad de algunos pacientes de integrarse en un grupo, o debido a una situación geográfica insuperable o por situaciones puntuales.

Obviamente, los movimientos a distancia los hago solo con pacientes con quienes ya tuve algún tipo de contacto previo o con quienes trabajo habitualmente.

Con personas que no hicieron una experiencia de trabajo en Psicoconstelación, prefiero, en principio, que se sumen a la rueda de trabajo grupal, dado que supone un mayor enriquecimiento al participar en las otras Psicoconstelaciones, así como también tener la oportunidad de participar representando en el trabajo de otros lo cual conecta a la persona con un potencial propio que en muchos casos es desconocido.

Luego de evaluar ambas posibilidades en las cuales A tiene experiencia previa, este me solicita participar del taller grupal en el cual constelaría yo en su nombre.

El sábado siguiente, en el momento en que los participantes presentan su tema yo comienzo nombrando la Psicoconstelación de A y, dejo para el cierre de la rueda, la presentación del siguiente movimiento que también sería para otro paciente que ese día no podría estar presente por motivos laborales.

El tema sería: *A en el hoy y el desafío de lo nuevo.*

Me pongo de pie y elijo entre los participantes a Maqui, una joven con una gran sensibilidad y entrega. Ella asiste frecuente a los talleres y siempre se muestra muy bien dispuesta para representar en las Psicoconstelaciones.

Coloco mis manos en sus hombros y, en ese lugar, invoco en silencio el nombre de A y a su ser superior para que manifieste en este movimiento lo que necesita trascender para sanar y que se manifieste a través de esta Psicoconstelación lo que sea para su más alto bien y el más alto bien de todos los involucrados.

Luego de unos minutos de silencio, Maqui, quien permanece con los ojos cerrados, manifiesta sentir angustia y soledad.

La invito a que siga adentrándose en sus sensaciones...

**Maqui:** —Estoy en un lugar con mucha gente. Están hablando en grupos. No me siento parte, me siento sola, muy sola en este lugar. Siento que nadie me ve.

**Yo:** —¿Podés moverte? ¿Podés ver a alguien en especial entre esta gente?

**Maqui:** —No, no puedo moverme. Sin embargo, puedo ver a una mujer. Está sola. No habla con nadie.

**Yo:** —Fijate si te podés mover, aunque sea un poco, para acercarte a ella.

Muy despacio Maqui va dando unos pasos. Luego se detiene.

**Yo:** —Fijate si te mira.

**Maqui:** —No, no me mira. Ahora se puso a hablar con alguien y no me presta atención.

**Yo:** —Igualmente podés hablarle. Seguro va a escucharte.

Maqui se emociona. Sus ojos se llenan de lágrimas.

En ese momento, veo con claridad que está frente a su madre. Y es ese sentir y ese lugar de reaseguro donde está Maqui/A... Ese lugar al cual volvemos en los momentos de crisis, en los momentos donde el mundo aparece como un lugar no reasegurador, donde necesitamos tomar la fuerza para salir al mundo.

Y esta imagen se corrobora porque es ella quien está acompañándolo especialmente en este proceso, sin invadir su intimidad, sin sobreprotección, sino con una amorosa compañía.

Sin embargo, es importante que pueda tomar esta fuerza y salir al mundo. El permanecer en el útero al abrigo del mundo está deteniendo su avance hacia el nuevo ciclo que debe enfrentar.

**Yo** (solicitándoles a Maqui que se exprese internamente y que sienta el vibrar de cada palabra): —Repetí conmigo las siguientes palabras: sos mi madre y te amo. Honro tu amor y tu presencia en mi vida. Y desde este sentir tomo la fuerza para salir al mundo.

**Yo:** —¿Pudiste decirlo?

**Maqui** (profundamente emocionada y afirmando con su cabeza): —Sí, de hecho, ahora, me está mirando.

En este momento, le pido a Silvina que se integre al movimiento, que se ubique en el lugar donde supuestamente se halla la madre de A y haga contacto visual con ella.

Se trata de unos instantes de profunda emoción. Silvina llora también emocionada.

**Yo** (dirigiéndome a Silvina): —Decile a A que puede tomar su vida y felicidad en su totalidad. Que tu amor lo acompañará siempre y que estarás a su lado en cada momento de su vida.

Ambas se estremecen, se abrazan y permanecen así por unos minutos. Silvina acaricia suavemente la cabeza de Maqui.

Luego, toman un poco de distancia.

Le pregunto a Maqui si hay alguien más a quien tiene que decirle algo. Ella dice que no.

Tras mirarse un instante más, Maqui se da vuelta como para retirarse, y su madre insiste en ello.

**Yo:** —¿Seguís sintiendo la presencia reaseguradora de tu mamá?

**Maqui:** —Sí. Me costó darme la vuelta, pero la siento cercana a mí.

Da un paso hacia adelante.

**Maqui:** —Nuevamente veo personas. Gente nueva que no conozco, pero me entusiasma acercarme y hablarles. También veo luz más delante. Me siento bien, muy bien, como liviana y sin pesar.

Como ocurre mágicamente, la Psicoconstelación marca su cierre. Es cuando los representantes se sienten bien. Esa plenitud, ese sentir es el sentir de las personas reales en una sintonía perfecta.

Precisamente en ese momento es cuando digo: —Lo dejamos aquí.

### Compartiendo este movimiento en la sesión psicoterapéutica

Tal como en los casos anteriores, salvo excepciones, nunca se realiza un análisis de lo experimentado en un taller, por lo que me remito a las palabras de Daan Van Kampenhout:

> Uno de los principios importantes que han sido comprendidos y se utilizan en la sanación chamánica es que una imagen sanadora creada durante un ritual no debería ser almacenada en la personalidad sino en el alma. De este modo, queda a salvo del alcance de las maneras de pensar habituales.

Es por esto por lo que, en la sesión psicoterapéutica con A, decido simplemente indagar su sentir durante el taller de Psicoconstelación. Yo le había solicitado previamente que en el momento de aquella sesión permaneciera tranquilo y sintonizado con el movimiento que se desarrollaría en su nombre.

Le pido pues que relaje su mente, que cierre sus ojos y simplemente lo voy guiando al lugar al que fue llevado durante la Psicoconstelación en la representación de Maqui.

En ese lugar le pido que vibre internamente estas palabras:

*Siento tu fuerza. Siento tu amor y este amor me acompañará en este momento de mi vida. Con esta fuerza puedo salir al mundo nuevamente. Pleno en mi sentir y fortalecido.*

Instalados ya en el ahora, percibo a A profundamente conmovido. Puede comprender el sentido de la Psicoconstelación y el lugar de reaseguro en el cual se encuentra.

En esa conexión y en esa sintonía, sé, también, que es el momento de decir: *–Lo dejamos aquí.*

## MOVIMIENTO 2 A DISTANCIA: EL DESACUERDO EN EL HOY REFLEJA...

El siguiente movimiento a distancia tiene lugar en el mismo taller. En este caso se trata de otro paciente con quien venimos trabajando en sesiones vinculares con su actual pareja.

El vínculo anterior de él con la mamá de su hija, con quien estuvo en pareja siendo ambos muy jóvenes, es muy conflictivo por lo que se manifiestan continuos desacuerdos en torno a su hija de once años.

G había tenido una experiencia constelativa, pero en este momento existe una imposibilidad de poder concurrir por motivos laborales que lo comprometen todos los sábados por lo cual tampoco podría concurrir en uno próximo. Es por eso que ambos acordamos realizar con él un movimiento a distancia.

Presento el tema: *G y la relación con su expareja.*

Elijo para representarlo a Cristina y, para representar a la mamá de su hija, B, a Silvina.

Ambas se colocan una frente a la otra. Ya en clara resonancia con el movimiento.

Me coloco primero detrás de Cristina y, tomándola de los hombros, invoco en silencio el nombre completo de G. Pido a su ser superior para que manifieste en este movimiento lo que necesita trascender para sanar y que exprese a través de esta Psicoconstelación lo que sea para su más alto bien y el más alto bien de todos los involucrados.

Repito el mismo proceso con Silvina.

Cris no se siente bien físicamente, de hecho, me dice que tiene como pesadez en los hombros, molestias en el estómago y dificultad para ver bien a Silvina.

Silvina, por su parte, está fastidiosa, casi enojada y me comenta que la perturba demasiado estar frente a él.

Le pido a ambas que dejen guiarse por el movimiento de su alma en función de lo que vaya surgiendo.

Percibo que Maqui, quien está sentada a mi lado, se encuentra tomada por este movimiento. Me pregunta si puede cambiar de lugar pues no quiere mirar a Silvina. No le hace bien.

Le digo que ya forma parte de la Psicoconstelación y que cuando lo sienta, que se incorpore. Estaba claro para mí que Maqui representaba el lugar de la hija de ambos.

En ese momento, Cecilia, otra asidua participante de los talleres y paciente con gran sensibilidad, también solicita cambiar de sitio (se hallaba sentada detrás de Silvina) porque está notando un fuerte dolor en su espalda.

Se ubica, entonces, al lado de Maqui. Así dispuesto todo, Ceci queda instalada en el medio de ambas.

A pesar de este movimiento, a Ceci se la ve mal. El dolor de su espalda se ha agudizado y le pido que se incorpore al movimiento. Lo hace. No puede mantenerse de pie y se sienta, con ambas piernas de costado, entre medio de ambos (G/padre/Cris y B/madre/Sil). Coloca su mano derecha en el piso, su mano izquierda, detrás, en el medio de la espalda.

En ese momento Maqui se incorpora a la Psicoconstelación y se sienta a su lado, muy próxima a ella. La abraza. Cecilia apoya su cabeza en su hombro y le dice que siente alivio al estar con ella.

Cristina en ese momento comienza a mirarla. Se emociona. Y dice sentir una gran conexión con ella. Sin embargo, Sil, no experimenta esta conexión, y hasta se siente incómoda y molesta.

Cris se acerca a Cecilia, se inclina y apoya su mano en la pierna. Este gesto de Cris no produce ninguna emoción en Cecilia y, de hecho, ella afirma que lo único que le da alivio es la presencia de Maqui.

En ese momento, le pido a Cris que se ponga frente a Ceci, y, a Maqui, que siga en el lugar en el cual está. Luego, que con una mano tome la mano de Cecilia y, con la otra, tome la de Maqui, para actuar como un canal de conexión entre ambas.

Es importante en este punto detenerme un momento para compartir lo que estaba manifestándose en este movimiento.

Este es uno de los casos en donde la Psicoconstelación entrecruza su camino con la Terapia de Regresión. Sucede que en no pocas ocasiones las relaciones presentes suelen estar afectadas o influenciadas por situaciones que no se resolvieron adecuadamente en otras vidas.

Aquí, puntualmente la presencia de Maqui/hija funciona como un factor de equilibrio que trata de sanar o encarrilar correctamente algo que en el pasado generó un daño. Sin embargo, la niña se encuentra en el medio de esta relación vivenciando no solo el desacuerdo y el profundo enojo entre sus padres, sino experimentando un conflicto de lealtades, dado que si se mantiene una alianza con su madre pierde a su padre y si se vuelca para el lado de su padre pierde a su madre. Una situación terrible para cualquier infante.

Tal como se trabajó y escenificó esta problemática, me pareció muy positivo porque además de sanar la relación entre los adultos, también ayudaba a la pequeña.

Retomando la Psicoconstelación, le pido a Cris que en silencio vibre con cada una de las palabras que diga:

—*Honro lo que nos unió y el compromiso de nuestra alma. Te veo y te reconozco. Y desde este sentir te doy un lugar en mi corazón. Lamento haberte dañado. Lo siento profundamente.*

Cris puede decirlo y se emociona. Sus ojos se llenan de lágrimas.

**Yo** (dirigiéndome a Ceci): —Sea lo que fuere lo que te dañó tiene el permiso de haber pasado para todos los involucrados. Hoy tu cuerpo puede soltar el dolor y tu alma puede encontrar la paz que necesita.

Le pido a Maqui que ponga las manos de ambos unas sobre otras. Que apoye la suya encima de las de ellos y que poco a poco cuando sea su momento y lo sienta pueda tomar otro lugar.

Luego de unos momentos dice que ya es tiempo, que siente que puede dejarlos. Se mueve lentamente hacia atrás. Se acuesta boca arriba porque está cansada. Se relaja. Se afloja. Es claro que aquello que venía sosteniendo sin consciencia de estar haciéndolo le producía un desgaste emocional que superaba lo que ella y cualquier niño puede sostener a su edad.

Le afirmo que ya tiene el permiso de irse internamente a algún lugar donde pueda jugar y reírse, a un mundo perfecto donde los niños se encuentran a gusto, un mundo perfecto como el de los cuentos. Sonríe. Y dice estar ahí. Puede verlo. La expresión de su cara que anteriormente era de preocupación y molestia ahora tiene un dejo de paz y alegría.

Dirijo mi atención a Silvina. Sigue molesta. No está a gusto. Es claro que Cecilia la estaba representando en otra vida.

Me pongo de pie y me acerco. Apoyo mis manos en su pecho, a la altura del Chakra cardíaco y, la otra, a la misma altura en la espalda. Le indico que cierre sus ojos, que se relaje y se olvide por unos instantes de esta escena. Que simplemente sienta el calor de la energía.

Es en estos casos donde la herramienta maravillosa del reiki entra en escena. En mi tarea como facilitador la empleo para equilibrar adecuadamente a los representantes, lo cual sin duda tiene una resonancia profunda en las personas reales.

Luego de unos minutos, coloco mis manos en su cabeza y comienzo a pasarle también reiki. Permanezco allí bastante tiempo y luego ubico ambas manos en su espalda. En el centro.

Le pido que se relaje, que se deje caer suavemente hacia atrás y que sienta que puede apoyarse. Que no está sola en esto.

Pido a otra participante que se coloque detrás de ella a una distancia próxima.

Silvina afirma sentirse mejor. Se siente menos rígida. Ya no está enojada.

Cecilia, en ese punto, me comenta que ya no quiere permanecer en la Constelación y que desea retirarse.

Cristina, de pronto, se para frente a Silvina.

Así dispuesto todo, se ve claramente que la Psicoconstelación se encuentra en el tiempo presente. En un viaje regresivo, el alma se abrió paso hacia aquello que se debía sanar. Y una vez que se logra es posible volver al punto de partida pero claramente desde una mirada diferente.

Ni Cris/G ni Sil/B sienten enojo. Se pueden mirar a los ojos sin sentir ira o reproche.

En algún momento, podría haberles solicitado que ambos agradecieran el encuentro, pero percibo que ir más allá en el movimiento podría implicar abrir nuevamente el desacuerdo.

Le pregunto a ambas cómo están. Ambas contestan que se hallan bien, sin síntomas, livianas, y hasta pueden mirarse sin que esto implique volver a vibrar algún desacuerdo.

Le pregunto a Maqui cómo está y ella responde con una sonrisa.

Este es uno de los momentos mágicos y sagrados de la Psicoconstelación donde claramente siento con humildad que mi lugar como facilitador debe justamente hacer eso: facilitar el camino hacia la sanación de todos los integrantes.

Lo dejamos aquí, entonces.

Siento que una vez más pude cumplir con mi tarea, tal como lo expresa Bert Hellinger:

> Entreveo lo que no funciona en el orden existente. Y para eso, me apoyo en mis percepciones y en mi experiencia. En este ejercicio el terapeuta no tiene ningún objetivo definido. Sólo se concentra o más bien se centra, y se mantiene abierto a cualquier cosa que pase. No sabe dónde irá a parar... Se expone a los fenómenos a medida que van llegando. No debe tener miedo de lo que aparecerá, ni mostrarse crítico, obviamente. El miedo y la crítica son dos elementos que pueden perturbar la percepción. Es lo que sucede en la filosofía del Tao: lo más presente posible, pero en un soltarse sin intención total. Lo importante de las Constelaciones sólo es lo que sale a la luz, lo que actúa no es el terapeuta sino la realidad emergente de la situación que representa. El terapeuta no interviene, no manipula a nadie al servicio de dicha realidad.

### Compartiendo este movimiento en la sesión psicoterapéutica

Es importante destacar que si bien el principio de todas las Constelaciones es no realizar interpretaciones de las imágenes que se manifiestan en el taller, en los casos de movimientos a distancia funciona diferente, pues debo transmitir algo de lo ocurrido al paciente para que este colabore más activamente en su proceso de sanación.

En este caso, decidí compartir con G cómo muchos de los desacuerdos que estaba viviendo se debían principalmente a algo acontecido en otra vida.

Era importante que ampliara su mirada sobre el conflicto para que empezara a dar su acuerdo a lo que en lo profundo lo unía a su expareja y para que comprendiera que este acuerdo álmico se había trasladado a su hija en la cual sus destinos se cruzaban.

Así, era posible resignificar un poco de lo que ocurría en su relación en el hoy.

Salvo breves comentarios, ya no volvería a hablar del tema para que el proceso de sanación continuara actuando solo en lo profundo.

# SECCIÓN ESPECIAL PARA QUIENES AMAN A SUS AMIGOS ANIMALES

## COSAS DEL CIELO. CUENTO SUFÍ ACERCA DEL VALOR DE LA AMISTAD

Un hombre, su caballo y su perro caminaban por una calle. Después de mucho andar, el hombre se dio cuenta de que los tres habían muerto en un accidente. A veces lleva tiempo que los muertos se den cuenta de su nueva condición.

La caminata era muy larga, cuesta arriba, y el sol quemaba tan fuerte que a veces parecía que los iba a derretir. Los tres estaban empapados en sudor y con una sed atormentadora. Necesitaban desesperadamente agua para calmar el tormento de la sed. En un recodo del camino, avistaron un portón extraordinario, estaba construido con una sola placa de mármol que conducía a una plaza calzada con bloques de oro puro, en el centro de la cual había una roca de donde brotaba agua cristalina. El caminante se dirigió al hombre que desde un altillo cuidaba la entrada.

—Buenos días —dijo el caminante.

—Buenos días —respondió el hombre.

—¿Qué lugar es este? ¡Es tan hermoso!

—Este lugar es el cielo —fue la respuesta.

—¡Estupendo, hemos llegado al cielo, tenemos mucha sed! —dijo el caminante.

—Usted puede entrar a beber toda el agua que desee —dijo el guardián indicándole la fuente.

—Mi caballo y mi perro también tienen sed.

—Lo lamento mucho —le dijo el guarda—, aquí no se permite la entrada a los animales.

195

El hombre se sintió muy decepcionado, ¿cómo podía ser el cielo un lugar que no permitía la entrada a los animales? Su sed era tan grande como la de sus compañeros de camino, así que decidió que él no bebería dejando a sus amigos fuera. Decidió proseguir su camino cuesta arriba con la sed y el cansancio multiplicados, después de mucho andar, lograron arribar a un sitio, cuya entrada estaba señalada por un viejo portón entreabierto. El portón daba a un camino de tierra, con árboles a ambos lados que lo mantenían en la sombra. Allí bajo los árboles, un hombre estaba recostado, con la cabeza cubierta con un viejo turbante, parecía dormido.

—Buenos días amigo —dijo el caminante—. Disculpe que le haya perturbado el sueño.

—Buenos días —dijo el hombre—. Sea bienvenido.

—Tenemos mucha sed, yo, mi caballo y mi perro.

—Hay una fuente en aquellas piedras —dijo el hombre indicando el lugar—. Pueden beber toda la que quieran.

El hombre, el caballo y el perro se encaminaron a la fuente y saciaron su sed.

—Muchas gracias —dijo el caminante—. Por cierto, qué lugar es este tan hospitalario, nos gustaría quedarnos.

—Este lugar es el Cielo —respondió el hombre.

—¿Cielo? ¡Pero si el hombre que estaba de guardia junto al portón de mármol me dijo que allí era el Cielo!

—Aquello no es el Cielo, ese lugar es el infierno.

El caminante se quedó perplejo.

—Esa información falsa debe causar grandes confusiones –le contestó el caminante.

—De ninguna manera —respondió el hombre—. En verdad, ellos nos hacen un gran favor. Porque allí suelen quedarse aquellos que son capaces de abandonar a sus mejores amigos.

## CASO A: PARA MI AMIGO DEL ALMA, ANDY

Sostengo que la grandeza del espíritu se muestra a través del amor no solo a los humanos sino a los animales. Toda la Naturaleza es parte de nosotros y nosotros, parte de ella.

Cada planta, cada animal, cada ser vivo conforma esta gran comunidad global del planeta. Es vital comprender el estrecho lazo que nos une y el respeto y reverencia que debemos tener hacia cada ser.

Me gusta releer este poema que alguna vez escribió Teresa de Calcuta:

¿Por qué amar a los animales?
Porque lo dan todo, sin pedir nada.
Porque ante el poder del hombre,
que cuenta con armas… son indefensos.

Porque son eternos niños, porque no saben de odios…
ni guerras.
Porque no conocen el dinero y se conforman solo
con un techo donde guarecerse del frío.

Porque se dan a entender sin palabras,
porque su mirada es pura como su alma.
Porque no saben de envidia ni rencores,
porque el perdón es algo natural en ellos.

Porque saben amar con lealtad y fidelidad.
Porque dan vida sin ir a una lujosa clínica.
Porque no compran amor, simplemente lo esperan
y porque son nuestros compañeros, eternos amigos
que nunca traicionan.

Y porque están vivos.
Por esto y mil cosas más… ¡merecen nuestro amor!
Si aprendemos a amarlos como merecen…
estaremos más cerca de Dios.

Este caso que les presentaré a continuación es en honor a mi querido amigo perro Andy, con quien compartí hermosos momentos y a quien dedico este escrito en su memoria.

Históricamente, mi vida estuvo marcada por la presencia de los animales. Los perros, en especial, acompañaron mi crecimiento y fueron siempre en mi familia una presencia importante.

Al estar tanto tiempo con ellos, aprendí a sentir la sensibilidad y la sabiduría que poseen. Toda mi familia siente un profundo respeto y amor por ellos.

Antes de que Andy llegara a mi vida, había recibido en mi hogar a sus hijos, Angie, primero, y Oliver, después.

Como quien cuidaba de Andy tenía problemas para continuar brindándole un espacio en su hogar, me ofrecí a hacerme cargo de él por unos días, hasta que le hallaran un sitio definitivo; sin embargo, cuando nos conocimos fue inmediato el cariño que nos prodigamos mutuamente y jamás pudimos separarnos. Así, Andy vino a vivir con sus hijos y esto era, por cierto, un movimiento constelativo sanador, al reunir a toda la familia.

El tiempo transcurrió con normalidad y con mucha felicidad. Verlos jugar, pasear y divertirse juntos era inmensamente gratificante.

Sin embargo, pasado un tiempo, Andy comenzó a mostrar ciertos dolores y molestias.

Me cuesta, a veces, aceptar estoicamente que estos amigos entrañables tengan que padecer enfermedades o sufrimientos, porque se siente cierta impotencia al no poder acceder a una comprensión absoluta de su problema. Tal como los humanos, tienen su entramado familiar, sus secretos, sus antepasados que marcan su presente, pero no estamos preparados para acceder en profundidad a esa información... de ahí la impotencia que sentí cuando comencé a percibir en Andy su desmejoramiento.

Como jamás me rindo cuando es necesario ayudar, comencé a analizar sus síntomas y a tratar de relacionarlos con lo que podía rescatar de su pasado. A tal efecto, me puse en contacto con la criadora en Finlandia con quien mantenemos aún hoy una amistad. Ella, me explicó que allí, en el país de origen de Andy, sus papás Chester y Chelsea (tengo una foto en mi Centro Cambio Energético, de él en medio de sus padres como símbolo de las Psicoconstelaciones y la mirada hacia los ancestros) tenían una vida maravillosa, pero que Andy cuando partió hacia Argentina pasó por mucho estrés y esto de alguna manera lo afectó. Además, se sumó el hecho de que antes de llegar a su nuevo hogar tuvo que pasar tiempo en Estados Unidos y que, finalmente, cuando llegó a su hogar definitivo, la inserción en la nueva familia, por su extrema sensibilidad, no le fue fácil.

Claro... no necesitaba indagar mucho más para entender lo que estaba pasando con mi querido compañero.

Lentamente, a pesar de los cuidados veterinarios que le brindábamos, el amor y la contención, su salud comenzó a declinar lentamente. Fue un largo proceso. Con períodos de calma donde Andy volvía a ser el de siempre. Jugando y corriendo con Oliver. Feliz en familia. Aunque siempre se notaba en su alma una alarma cuando desconocidos se acercaban a él. Su pasado de a poco lo devoraba por dentro, y yo sabiendo esto no podía hacer demasiado porque recién empezaba a iniciarme en las Constelaciones Familiares. Intuía el problema, pero aún me faltaba formación para asistirlo de la manera más adecuada.

Muchas noches permanecíamos despiertos acompañándolo y aplicándole la terapéutica para que el dolor de su columna en el área cervical cediera.

Y así en nuestros brazos finalmente se dormía y, su descanso era para nosotros un bálsamo que nos brindaba también alivio.

Todos participamos en sus tratamientos. Fisioterapia, homeopatía, alimentación especial, trabajo energético acompañaron su camino y fueron corroborando en la práctica mi mirada inicial holística que caracterizaría hasta hoy mi forma de conceptualizar los procesos.

Todos los tratamientos, si bien le generaron alivio y permitieron una mejor calidad de vida, fueron también vulnerando su salud dado que, en muchas ocasiones, para sacarlo de los episodios agudos, era necesario emplear analgésicos potentes para que no sufriera.

Fue así que un día sintió que ya era suficiente. Los síntomas renales eran irreversibles. Y el médico veterinario que lo asistía así lo comunicó. Nuestra decisión fue dejarlo ir. Estuvimos a su lado acompañándolo, sosteniéndolo, dejándolo ir con profundo dolor y con el amor y agradecimiento por todo lo que había significado en nuestras vidas...

Bert Hellinger explica muy sabiamente que hay límites en la ayuda, que a veces no queremos algo para alguien a quien amamos, pero ese deseo es solo nuestro y lejos de ser una ayuda para ese ser querido, es solo un obstáculo. Debemos aceptar el destino tal y como es, esa es la verdadera ayuda.

### Una Constelación para Andy

A pesar de los intentos que realicé para ayudar a Andy en su mal trance, recién comenzaba con mi formación en Constelaciones, con lo cual, mis conocimientos aún no estaban en plena maduración como para brindarle todo lo que necesitaba en ese momento.

Obviamente, esto me provocó un dolor que se había instalado en mí y se resistía a irse. Por tal motivo, transcurrido un tiempo y con la formación profesional adecuada en esta terapia particular, decidí que ya era hora de realizar un movimiento para el alma de Andy y la mía.

Elegí, entonces a varias personas para que representaran en este movimiento: a Andy, a la criadora, a quien lo había alojado en Estados Unidos, a su hogar en Buenos Aires, y a mí.

Los que representaban se dispusieron en el espacio determinado para el movimiento constelativo. Se miraban. No se reconocían. Quien me representaba empezó a demostrar fastidio y enojo. Ese enfado era porque lo habían sometido a él, un ser tan indefenso, a tan largo desarraigo, a la desprotección y, en definitiva, al descuido.

Quien tenía el rol de la criadora estaba encolerizada con los que supuestamente debían haberse hecho cargo seria y amorosamente de su cuidado porque no habían actuado con responsabilidad. Al mismo tiempo, se sentía culpable con ella misma por no haber investigado lo suficiente a los que conformarían su nueva familia.

La mujer que lo había dejado a mi cuidado, estaba molesta porque se sentía juzgada y observada.

Le pido a todos que cierren sus ojos y que cada uno desde su lugar lo miren a Andy.

Digo, entonces, en voz alta, esta frase para que cada uno pueda vibrarla internamente:

Todos somos instrumentos de lo sabio que nos trasciende. Con ese compromiso nos dejamos guiar sin cuestionarlo, asumiendo nuestra responsabilidad con respeto y amor.

El clima cambió. Se percibía sutilmente un ambiente de paz.

Acto seguido, les solicito que, mientras miran a Andy repitan ciertas frases que digo a continuación:

Dirigiéndome a su criadora:

Lamento no haberte cuidado lo suficiente. Lo siento, porque esta decisión te dañó. No fue mi intención. Lo siento profundamente.

Dirigiéndome a quien le brindó su primer hogar, le pido que repita la misma frase, pero le cuesta hacerlo. Se niega.

Le digo que se tome el tiempo necesario y que cuando sienta que es el momento propicio, lo haga.

Al cabo de un rato, se conmueve y llora.

En ese momento, la persona que representaba a su hogar de tránsito en Estados Unidos se acerca y se pone junto a ella.

Dicha esa oración, me invadió un sentir de profunda tristeza y de amor, de intenso amor.

Desde ese amor, mientras lo miraba, dejé que las imágenes vinieran a mi mente. Sentía que ya no había sufrimiento, que estaba en paz y que más allá de mi tristeza podía yo también estar bien.

Y ahí, desde mi alma y mi intuición fluyeron las siguientes palabras:

—Mi amado amigo, ¡gracias por tu presencia en mi vida! ¡Gracias por tu alegría!

Venían a mi mente imágenes como en un álbum de fotos. De pronto estaba corriendo en el campo, feliz, liviano y completamente sano. Luego, lo hallaba durmiendo en paz al lado de sus hijos. Más tarde jugaban juntos.

Al cabo de un rato, digo:

—Amigo querido, me quedaron ganas de disfrutarte más, ya nos encontraremos y, hasta ese momento, vivirás siempre en mi recuerdo. Con ese amor te miro y desde lo profundo de mi alma te digo ¡¡¡GRACIAS!!!

Desde ese sentir, miro a cada uno de las personas que fueron parte de su vida y les agradezco por haberlo puesto en mis manos.

—Honro su vida y les agradezco con humildad y amor.


## Mi homenaje

Quiero a través de este relato rendir un homenaje a Andy, Oliver y Angie. Los veo, los reconozco y tienen un lugar profundo en mi corazón. Sabios maestros, hijos queridos, compañeros inseparables.

¡¡Gracias!!


Como regalo para todos aquellos que comparten como yo su amor por los animales, deseo entregarles una pequeña parte de un escrito del compositor, director de orquesta, poeta, ensayista y dramaturgo Richard Wagner, por supuesto, también amigo entrañable de esos adorables seres:

"Cuando volví me recibió mi viejo perrito para demostrarme que me había estado esperando, pero solo le quedaban 8 días de vida. Enseguida murió. Durante dos días enteros hemos estado junto a su casita. Él quería levantarse para ir junto a mi mesa de trabajo, y, sin embargo, no me veía, aunque estaba junto a él. Lo bajamos en una caja y lo enterré en el césped. Esto fue muy duro para mí". Ya antes, el 17 de agosto, le había escrito a su antiguo amigo Fischer, el director del coro de Dresde: "Que mi Peps haya muerto el décimo día después de mi regreso, es algo que no puedo olvidar. Nos ha afectado mucho a Minna y a mí. Todavía lloro cuando pienso en el día en que murió". A la señora Wesendonk escribió Wagner poco antes: "Creo que mi buen y viejo amigo Peps morirá hoy. Me es imposible abandonarle estando en este estado. ¿Se enfadará usted si le ruego que hoy coman sin nosotros? ¿Seguro que no se reirá de mí si lloro?". El año después de la muerte de Peps (1856) se encontraba

Wagner en Mornex, en Ginebra, y desde ahí le escribió a su esposa: "Me he llevado la fotografía de Peps. Quiero recordarle de todo corazón en el día de su muerte".

## CASO B: UN MOVIMIENTO DE PSICOCONSTELACIÓN PARA UN AMIGO ENTRAÑABLE

Uno de mis objetivos es, desde siempre, poder ampliar los límites de la percepción para que, a través de ese recorrido, me sea posible llegar a lugares de mayor profundidad en mi crecimiento personal y aplicarlo a mi práctica profesional.

En el siguiente relato, hay un entrecruzamiento de diferentes caminos; por un lado, el de la vivencia personal profunda y dolorosa del acontecimiento que dio origen a esta historia y, por el otro, el aprendizaje que significó para mí, para que puedan, a partir de este relato, acercarse al fascinante mundo de las Psicoconstelaciones desde una amplitud de mirada que siempre es enriquecedora.

Antes de ir directamente a la experiencia de lo acontecido en el día del taller, me permitiré compartir con ustedes esta experiencia, más que nada como homenaje a un entrañable amigo que partió el 3 de julio del año 2016.

Esta historia tiene sentido por el extraordinario lugar que ocupan en nuestros afectos, los animales, esos hermanos menores o hijos, según el lugar que tengamos la capacidad de otorgarles en nuestro todo, que con su presencia iluminan siempre un camino de aprendizaje, de vivencias compartidas que nos invitan a evolucionar, a crecer espiritualmente, obviamente, si estamos abiertos y receptivos para ello.

En ese sentido, definirlos solo como animales minimiza su presencia espiritual, quizás porque en una deformación del lenguaje utilizamos este concepto para descalificar, cuando lo correcto es emplear uno de los tantos maravillosos adjetivos que se aplican a conductas propiamente humanas y, pocas veces, al reino animal o vegetal.

No hubo momentos en los cuales no haya compartido mi vida con ellos. Siempre fueron parte importante de mi existencia. Desde pequeño mis padres me enseñaron a amarlos y mantenían con ellos una relación entrañable.

Hoy en día, esa misma relación se prolonga en mis sobrinos, que comparten también su vida con estos increíbles amigos que transmiten amor puro e incondicional y que nos abren la puerta a otras experiencias. Vale la pena mencionar, a título de ejemplo, que entre la familia de mi hermano y la mía llegamos a sumar, actualmente, once integrantes, perros y gatos.

En este caso, el relato corresponde a mi amigo Coffemate, un caballo que de todos los que tuve fue sin duda con quien compartí vivencias profundas. Fue un gran Maestro, un alma sabia que llegó a mi vida.

Nuestro encuentro fue causal. Su dueño lo había dejado en el club donde yo comencé a montar y desde el momento en que lo vi sentí hacia él una conexión especial, quizás por esa falta de atención que no le era dispensada por no tener dueño.

El comienzo de la relación no fue fácil, sobre todo, cuando empecé a montarlo, pero poco a poco fuimos construyendo un vínculo que, con el transcurrir del tiempo, se haría más profundo. Detenerme demasiado en los detalles de todo nuestro devenir podría hacer perder de foco la vivencia que intento explayar, sin embargo, hay detalles que no pueden pasarse por alto para que esta narración se entienda en su totalidad.

Cuando decidí dejar el club al que concurría estaba convencido de que Coffee tendría que venir conmigo, tarea que podría resultar sencilla o difícil en tanto estuviera dispuesto a cumplir las condiciones que me pusieran para ello. De hecho, así lo hice. Esto significaba ser consecuente con mi compromiso con él desde el primer momento en que asumí su cuidado y me ocupé de que nada le faltara.

La relación, entonces, se desarrolló en otro sitio. Esto se convirtió en un regalo para ambos, ya que comenzamos a transitar el camino de la monta de la mano de una entrañable amiga y eximia amazona Vera. Juntos compartimos cabalgatas y charlas, además de aprendizajes que me llevaron a incursionar por distintos lugares, algunos soñados y ansiados desde mi infancia, que encontraron en los distintos momentos la manera de hacerse realidad.

En esta chacra, su nuevo hogar, él podía disfrutar de la libertad, del aire libre, tan importante para todos los caballos, y de los cuidados que con mucha dedicación y conocimiento le brindaba también otra querida amiga, Monika, la madre de Vera.

Desde pequeño había soñado con esto que me estaba ocurriendo y no podía creer que finalmente se estuviera materializando.

Más tarde, circunstancias personales nos obligaron a cambiar de lugar.

Hoy, creo ver en ese movimiento uno de los factores que afectaron su salud, el desencadenante de los acontecimientos que se desarrollarían más adelante, pues no solo significó mudarse, con todo lo que ello implica, sino dejar de estar al lado de Lobuno, otro caballo del que era muy compañero.

En el mes de octubre del 2015, lo trasladamos a Coffee junto a otros caballos a su nuevo hogar. Fuimos muy bien recibidos. Todo estaba dado para que este sitio se transformara en un cambio positivo. Él recibió una atención especial dado que por un tiempo debería permanecer solo, pues no había otro equino para que compartiera dicho espacio.

Los caballos al ser animales de manada disfrutan de la compañía de otros caballos, pero la tarea de generar esa integración debe ser propiciada por alguien con los conocimientos suficientes para producir dicho ambiente.

Yo lo visitaba asiduamente y aprovechaba la oportunidad para ejercitarlo.

Pero de a poco comencé a notar una desmejora en él: perdía peso, su mirada estaba triste, se lo veía abatido y su talante era distinto. Algo lo había trastornado tanto a nivel físico como emocional.

Ante este panorama, comencé a trabajar con Coffee energéticamente, con terapia Floral de Bach y Reiki.

Decidí, por lo menos hasta verlo recuperado, que no haría esfuerzos o ejercicios que pudieran perjudicarlo… solo debía pastar tranquilo hasta que se sintiera mejor.

Sin embargo, la pérdida de peso continuaba. Los estudios veterinarios no daban cuenta de nada orgánico. Permití que le hicieran diferentes tratamientos en tanto y en cuanto no fueran agresivos o invasivos.

Este proceso que comenzó sutilmente en febrero se siguió agravando. Yo notaba que poseía una voluntad inquebrantable y que gracias a su fortaleza no se dejaba vencer, pero lo que estaba atacándolo por dentro no le daba respiro.

No imaginan lo difícil que fue para ambos transitar este proceso, él con su salud que mermaba y yo que había agotado todos los recursos como para ayudarlo y no conseguía que mejorara.

Entre las herramientas de las que disponía para asistirlo en este trance, también empleé la Psicoconstelación.

De modo que, un día, ante mi equipo de trabajo planteo esta decisión y todos afirman que me apoyarán y formarán parte del movimiento, pues consideran que podríamos hallar una respuesta y solución para mi querido y decaído amigo.

Así podríamos ver qué estaba sucediendo con él y si yo estaba interfiriendo en su sanación.

Hay ocasiones en que un alma desea partir, tiene que partir y, si se halla sujeta, atada, sufre. De manera inconsciente, en reiteradas oportunidades, por ese tipo de sentimiento egoísta que llamamos malamente amor que confundimos con el amor puro y profundo, interrumpimos la partida del alma y solo provocamos dolor y confusión.

Por amor hay que soltar, por amor hay que dejar que el propósito de ese ser continúe el camino hacia su evolución, hay que observar y sentir lo que el otro necesita en realidad y no lo que uno desea.

### 25 de junio: día de la Psicoconstelación

Como lo he explicado oportunamente siempre inicio cada taller con un movimiento personal o de alguno de los integrantes del equipo.

Confieso que dudé en abrir con un tema de tanto compromiso emocional, pero también debo reconocer que en estos casos confío plenamente en lo sabio que nos trasciende así como en la contención de las personas que suelen acompañarme. Y como siempre lo corroboramos, todos trabajamos intensa y profundamente. La tarea alquímica de transformación se da en cada uno dado que estamos dispuestos a esta entrega.

Así pues, procedí a presentar mi tema: *Quiero realizar un movimiento de Psicoconstelación para un amigo que está atravesando una situación física y emocional difícil y para ver cómo puedo colaborar.*

Elijo para que me represente a Silvina, asistente en el equipo, y, para Coffeemate, a Nacho, también miembro y terapeuta corporal holístico.

En este taller estaban presentes, además, otros dos integrantes: Cristina, terapeuta especializada en Reiki y Terapia Floral, y Yamila, asesora médica. Los menciono porque serán de profunda importancia en la totalidad del movimiento.

Una vez ubicados en el lugar, comienza a vibrar una profunda emoción que se siente en el ambiente.

Nacho: —Siento una profunda conexión, algo que va más allá de lo que puedo explicar con palabras... es como si esta relación hubiera empezado mucho tiempo antes.... en otro tiempo. Me parece que estoy flotando, que no estoy totalmente en este plano. Me cuesta estar acá. Una parte de mí está más allá de este mundo.

**Silvina** (llorando profundamente): —No puedo soltarlo... No puedo...

En ese preciso instante empieza a acudir a mi mente un remolino de imágenes, como si alguien estuviera pasando un álbum de fotos a toda velocidad en el cual me veo de pequeño. Y ¡Oh, sorpresa! Allí también lo veo a Coffee, no solo en mi infancia sino en tiempos más lejanos.

Cris decide entrar para contener a Silvina, porque se la ve desconsolada y afligida, también comienza a realizar un trabajo de reiki para equilibrar las energías.

Nacho, por su parte, le afirma a Silvina que está bien y en calma, sin dolor en el cuerpo.

De pronto, Yamila solicita incorporarse al movimiento y se coloca detrás de Nacho.

**Yamila** (dirigiéndose a todos en general): —Siento que estoy en otro plano. No estoy acá. Estoy esperándolo para acompañarlo.

En ese momento, fluyen en mí las palabras que Silvina debía enunciar, pero estaba tan conmocionado que no logro decirlas. Por este motivo, Cris se acerca, apoya sus manos en mi pecho y en mi espalda, a la altura del Chakra corazón.

El calor de su mano me transmite la contención amorosa de mi madre que siempre acude en cada Psicoconstelación para hacerme sentir su presencia angelical.

Casi de inmediato, mi cuerpo comienza a calmarse, tal como lo hace un bebe ante el contacto con su mamá. La mano cálida confirma justamente ese lazo, esa sensación, y cada una de las células de nuestro cuerpo reacciona en consecuencia a ese recuerdo maternal.

Puedo transmitirle a Silvina, aunque con la voz entrecortada, para que ella la repita: *–Honro el reencuentro de nuestras almas. Honro los momentos compartidos y el aprendizaje que trajiste a mi vida. Siempre tu recuerdo me devolverá a los sueños de la infancia. Te agradezco infinitamente el haberme dado la posibilidad de cumplir cada uno de mis sueños. Con amor te veo... con infinito amor te veo... y en esa mirada encuentro el sentido. Mi amado amigo, desde la voluntad del Gran Espíritu y de tu alma, desde ese profundo respeto a lo que nos trasciende, te suelto con profundo amor, te suelto y te dejo ir. Ya nos encontraremos cuando sea mi hora... hasta ese momento siempre estarás conmigo.*

En ese llanto ahogado en el cual fueron surgiendo cada una de estas palabras pude empezar a sentir un alivio profundo. Como si algo en mi alma se hubiera soltado definitivamente.

En un fenómeno especular perfecto, ese alivio también lo comienza a sentir Silvina.

**Nacho:** —Siento un dolor muy profundo en el cuerpo… mareos intensos pero que están empezando a pasar. Sin embargo, estoy tranquilo.

**Silvina** (con los ojos llenos de lágrimas): —Ya es tiempo… soltate. Podés irte.

Nacho da un paso atrás y se acerca a Yamila. Se colocan uno junto al otro y poco a poco se dan la vuelta.

Una profunda luz los envuelve a ambos.

El movimiento se cierra.

La paz invade el espacio. Yo me siento en calma. Una sonrisa se dibuja en mi rostro, pero no de alegría sino de paz, de acuerdo.

Es claro que en este movimiento estaba constelando una relación álmica profunda, sueños de mi infancia que encontraban en Coffee una manera de materializarse, una relación que venía desde hacía mucho tiempo, tanto que no se podría precisar como suele suceder con los vínculos importantes de nuestro entramado.

## *Luego de la Psicoconstelación*

Si bien el mensaje de la Psicoconstelación había sido claro, no es apropiado interpretarlo, sino dejar que lo sabio halle su lugar. Podría decir que lo acontecido fue para que Coffee pudiera partir, pero no corresponde verlo de esa manera porque complicaría ponernos por encima de los designios del alma, donde está la certeza. El movimiento que para soltar… el dolor, mi dolor, mi apego hacia él, y que pudiera cumplirse sin peso ese propósito.

Quedó resonando en mí aquella frase de Silvina: —Mi amado amigo, desde la voluntad del Gran Espíritu y de tu alma, desde ese profundo respeto a lo que nos trasciende, te suelto con profundo amor, te suelto y te dejo ir. Ya nos encontraremos cuando sea mi hora… hasta ese momento siempre estarás conmigo.

Recuerdo que durante la semana posterior al taller el tiempo fue lluvioso toda la semana, eso dificultó que pudiera ir a verlo, pero me tranquilizaba que más allá del frío del invierno y lluvia, estaba a buen resguardo y muy cuidado.

## Sábado 2 de julio

El sábado posterior al taller decido ir a verlo. Comparto este sentir y recibo la confirmación. Él está esperándote... ese fue el mensaje que recibí. Lo comparto con Vera. Ella, como en tantos momentos importantes de mi vida, estuvo acompañándome emocionalmente y desde su profunda sensibilidad con los caballos y desde su conexión con él, confirmó el camino que debía seguir.

La lluvia no paró en ningún momento.

Llegué al campo y él estaba aguardándome. Belén lo acicalaba y trenzaba sus crines amorosamente. A Coffee se lo veía tranquilo, pero su salud no había mejorado.

Cuando me vio llegar, me miró y relinchó a manera de saludo, como lo hacía habitualmente.

Me acerqué, lo acaricié y compartimos momentos mágicos e inolvidables que, en este momento cuando los evoco, aún me emocionan.

Comió como siempre la cantidad de zanahorias que le llevaba siempre a él y a los otros y lo acariciaba todo el tiempo.

En un momento, él apoya la cabeza en mi pecho y se queda muy quieto. En ese momento le digo: —No te quedes por mí... si sentís que es tu hora, tenés que partir. Andate en paz mi amigo querido, siempre vas a estar en mí, nada va a separarnos, mi memoria irá siempre a los recuerdos compartidos con la alegría de saber que finalmente nos encontraremos... te amo tanto... tanto....

Y así se quedó.

Permanecimos un largo rato juntos mientras se escuchaba la lluvia que golpeaba contra el techo de chapa del pasillo de los boxes.

Llegó el momento de irme y lo saludé con cariño.

Volví en el auto, bajo la incesante lluvia, sintiendo una profunda conexión entre la Psicoconstelación y la vivencia, como si el movimiento se hubiese cerrado definitivamente en ese momento.

## Domingo 3 de julio

Es domingo por la tarde y recibo un llamado. Raúl, el dueño del campo, quien acompañó con mucho respeto, compromiso y afecto sincero ese proceso, se estaba comunicando porque el veterinario necesitaba hablar conmigo.

Cuando llegó al campo, Coffee yacía en el piso, pues ya no podía levantarse. Me comunican que ya no hay nada que se pueda hacer por él y me preguntan si estoy de acuerdo con ayudarlo a partir.

Di inmediatamente mi acuerdo. No podía permitir que siguiera sufriendo.

Y así partió.

No pude acompañarlo en ese momento de transición tan doloroso, la distancia hasta el lugar no permitía la espera, pero estuvieron junto a él Belén y Mauricio quienes lo habían cuidado con tanta dedicación durante todos los meses que él estuvo en el Haras de Raúl.

Tiempo después, en una sesión de apertura de Registros Akashikos, la facilitadora, que no conocía esta historia, me refiere que entre mis guías está él acompañándome y mirándome.

Cada vez que lo evoco vienen a mi mente las palabras del Baron de Munchausen.

*"Y mientras cabalgaba, mi corazón resonaba en los pasos sobre el prado húmedo. Resonaba en el resoplar y el tascar del freno de mi caballo tordo y una dicha inefable iluminó mi corazón y supe que si dejaba ahora este mundo caería en el paraíso".*

## CASO C: APRENDER A SOLTAR

Existen patologías cuyas bases son meramente orgánicas, otras, en cambio, se producen por circunstancias que, al afectarnos emocionalmente, alteran la salud. Este es el caso de Fidel, un schnauzer pequeño que es un integrante muy querido en la familia de Yamila.

### Nuestra historia compartida

Ya mencioné en reiteradas oportunidades, en este libro y en los anteriores, que no creo en el azar sino en lazos mágicos que tejen historias y unen destinos. Este es un ejemplo de ello...

Con Yamila compartimos una historia de muchos años.

La primera vez que concretamos una cita en mi consultorio, ella estaba casi por terminar su carrera universitaria. Su apellido me era familiar, pero no lograba acertar por qué.

Un día, mientras conversaba con mi mamá, le comento esto y ella me cuenta que ese era el apellido del médico que la había atendido cuando era muy joven y por quien guardaba mucho cariño y agradecimiento dado que había sido, además, una presencia muy importante a lo largo de su vida. De hecho, era quien me había "traído al mundo".

Cuando nuevamente la veo a Yamila le pregunto si tenía algo que ver con el Dr. Romer y ella asiente. Me confirma que era su tío abuelo.

Si bien me sorprendí al principio, inmediatamente confirmé algo que ya había experimentado en cientos de ocasiones: las casualidades no existen, todo pasa por un motivo. Existen lazos invisibles que nos unen con un motivo.

Mucho tiempo pasó hasta que nos volvimos a ver... tanto, que ella ya era médica infectóloga e investigadora en el área de Microbiología.

Nuestra relación se fue afirmando cada vez más sobre la base de un profundo sentir y un proceso de transformación personal que hizo que se sintiera atraída por todo aquello que potenciaba su pensamiento científico. Se formó a mi lado y pasó a integrar el equipo de trabajo de los talleres de Constelaciones. Sin embargo, después de unos años debe prepararse para emigrar a Estados Unidos como parte de su recorrido profesional y personal. Un futuro prometedor la aguardaba como investigadora.

El problema que se le planteaba es que debía dejar a Fidel con su madre y el perrito estaba enfermo... ningún tratamiento lo mejoraba. Temía que desmejorara más aún si ella partía.

En una charla de las tantas que manteníamos, entonces, le sugiero constelar esta problemática para hallarle solución.

Obviamente, tras algunas conversaciones tenía la certeza de que la mala salud del pequeño no estaba relacionada con una patología puntual sino que tenía que ver más bien con el lazo particular que los unía.

## El día del taller

Acordamos con Yamila que haríamos un movimiento y que el tema sería: *Un movimiento para un ser de mi entramado que está enfermo.*

La forma de presentarlo no significaba mantener oculto que se trataba de su querido amigo canino sino que deseábamos trabajar específicamente la representación álmica de ese vínculo, de allí la definición de la temática.

Ya armada la rueda, Yamila elige a Cristina para que la represente a ella y, a Lucas, para Fidel.

Desde el momento mismo que comienza el movimiento se manifiesta con claridad la profundidad del vínculo. Lo entrañable que los unía.

Lucas, casi inmediatamente, dice que se siente débil, frágil. Mantiene los ojos cerrados. Su cuerpo tiembla.

**Cristina** (dirigiéndose a Lucas): —Me siento muy triste. No puedo verte así, en este estado.

**Yo** (dirigiéndome a Cristina): —Por favor, repetí conmigo estas palabras: honro y respeto tu destino. Respeto tu tiempo y la decisión sabia de tu alma.

**Cristina:** —No puedo decir eso.

A Yamila, que está sentada en la rueda, se la ve conmocionada y triste y también afirma que no podría decir esas palabras.

La invito a que se sume a la rueda. De pie, sostenida por quien la representa, lo mira a Lucas y llora desconsoladamente.

Por otro lado, uno de los constelantes se pone detrás de Lucas para contenerlo y apoyarlo. Ese movimiento le brinda mayor reaseguro, confianza y fortaleza.

Le pido a Lucas que abra los ojos y que se miren. La mirada es fundamental para este proceso de sanación.

Él se emociona profundamente.

**Yo** (dirigiéndome a Lucas): —Repetí conmigo: Te veo y, desde esta mirada, mi alma se alegra. Mi cuerpo se relaja porque estás a mi lado —tal como lo menciono siempre no es necesario que esto se exprese en voz alta. El lenguaje del alma no necesita palabras—. Estamos unidos más allá de la distancia… mi amor y mi compañía siempre estarán con vos…

**Yo** (dirigiéndome a Cristina y a Yami): —Repitan: Estamos unidos más allá de la distancia… mi amor y mi compañía siempre estarán con vos.

Algo se libera. Algo se afloja. Aparece alivio en la mirada.

**Yo** (dirigiéndome nuevamente a Cris y a Yami): —Repitan conmigo: Honro y respeto tu destino… Y respeto tu tiempo… y la decisión sabia de tu alma.

Luego de pronunciar esta frase, parece que casi al instante la energía del lugar cambia. Una inmediata emoción nos embarga a todos por igual.

Lucas la mira y se sonríe. Exhala suavemente y dice sentirse tranquilo.

**Yo** (dirigiéndome a Yami): —Respetar un destino implica liberarnos y soltar, dejar que todo sea tal como debe ser. Implica que la sabiduría de soltar es dejar que cada cosa ocupe su lugar. Es fundamental que dejes a Fidel en buenas manos, en las de tu madre que lo ama y sabe cómo ocuparse de él. Si no das paso a este cambio, Fidel no podrá jamás armar un vínculo con tu madre y sufrirá mucho por tu partida. También necesitás que ellos elaboren su vínculo para que vos quedes en paz con tu nuevo destino.

La Psicoconstelación se cierra con un sentir de armonía y de paz. Es el orden, el amor que circula.

### Luego de la Psicoconstelación

Pasado un tiempo, me comunico con Yamila. Ella me cuenta que ya está instalada en Atlanta con su hija. Se la nota feliz y tranquila. Le pregunto por Fidel. Ella responde que está muy bien de salud y feliz en compañía de Susana, su madre.

Todas las piezas del rompecabezas estaban en su sitio.

## LOS PERROS CON LOS QUE FREUD COMPARTIÓ SU VIDA

Hay muchas anécdotas sobre los perros del Dr. Sigmund Freud, pero deseo entregarles solo una pequeña parte del libro *Sigmund Freud: mi padre*, de Martin Freud.

> (…). Los parques y jardines de las villas eran la delicia de los perros de la familia. No es criticar el estilo de vida británico sugerir que el perro de una familia británica parece ser el miembro más importante de ésta. Ni me atrevería a criticar cuando en mi casita de Highgate, la vida de sus moradores está controlada por el apetito o pérdida de apetito de mi perro galés y hasta por sus "caprichos". Mi familia, incluso mi padre, se habían convertido en apasionados por los canes. (…). Fue Marie Bonaparte (nombre de soltera y seudónimo literario de la princesa Georgina de Grecia) quien enseñó a papá qué delicioso amigo y compañero puede ser un perro; (…). Durante los veranos pasados en los alrededores de Viena papá tenía chows y mi hermana Ana, un alsaciano. Jofi era el favorito de papá y nunca se separaba de él, ni cuando atendía a los pacientes. Se tendía inmóvil junto a su escritorio adornado con antiguas estatuillas griegas y egipcias, mientras él se concentraba en el tratamiento de sus pacientes. Siempre decía —y debemos aceptar su palabra porque nunca había testigos durante el tratamiento analítico— que no tenía que mirar el reloj para decidir cuándo terminaba la hora de la visita. Cuando Jofi se levantaba y bostezaba sabía que ya era la hora: nunca se

demoraba en anunciar el final de la sesión, aunque papá reconoció que podía incurrir en un error de un minuto a expensas del paciente. (…).

Incluso en una carta que Freud le escribió a su discípula dice lo siguiente:

Los motivos por los que se puede querer tanto a un animal con tanta intensidad; es porque se trata de un afecto sin ambivalencia, de la simplicidad de una vida liberada de los insoportables conflictos de la cultura. Los perros son más simples, no tienen la personalidad dividida, la maldad del hombre civilizado ni la venganza del hombre contra la sociedad por las restricciones que ella impone. Un perro tiene la belleza de una existencia completa en sí misma, y sin embargo a pesar de todas las divergencias en cuanto a desarrollo orgánico, existe el sentimiento de una afinidad íntima, de una solidaridad indiscutible. A menudo cuando acaricio a Topsy me he sorprendido tarareando una melodía, que pese a mi mal oído, reconocí como el Aria de Don Juan. Mucho más agradables son las emociones simples y directas de un perro, al mover la cola de placer o ladrar expresando displacer. Nos recuerda a los héroes de la Historia, y será por eso que a muchos se los bautiza con el nombre de alguno de esos héroes.

# TESTIMONIOS

## I. LAURA CAPATTO

Sobre mi experiencia de haber participado en varios talleres de Psicoconstelaciones lo que principalmente quiero destacar es que fue algo muy positivo para mi vida, que me ayudó a trabajar cuestiones internas muy profundas y arraigadas. Fue y lo sigue siendo, porque sé que siempre está ahí la herramienta para cuando la necesite.

Siempre que me preguntan de qué se trata un taller de Psicoconstelaciones, cuando tengo la oportunidad de compartir mi experiencia con alguien, lo que hago es decir que es una muy buena forma de trabajar algún tema puntual que uno tenga dando vueltas, algún problema con el que necesitamos hacer algo.

Yo empecé la terapia con Marcelo gracias a temas específicos que me aquejaban y dentro de la terapia surgió la posibilidad de participar de los talleres. En cada taller que fui haciendo fui trabajando temas concretos, pero a su vez siento que todos tuvieron un hilo conductor, como si hubiesen sido pequeños procesos dentro de un proceso mayor. Ese hilo conductor es, y sigue siendo, para mí, poder tomar mi vida en su totalidad y poder tomar el permiso para ser feliz.

Sobre el proceso en sí mismo de participar en un taller de Constelaciones puedo decir que es una experiencia muy mágica, enriquecedora y sanadora. Es vivenciar un momento sagrado para todos los participantes, donde cada uno abre su corazón y formamos un círculo de contención, trabajo y respeto. Es la posibilidad de expresar emociones sabiéndose cuidado y sintiendo plena confianza. Principalmente porque hay un guía que cuida y propicia que todo fluya de una manera muy sabia. Es ponerse a disposición de algo que probablemente no entendamos con la cabeza, simplemente es sentir y dejar que el cuerpo nos guíe. Queda muy claro que trabajando lo propio y trabajando lo de los demás todos estamos operando en lo profundo de cada uno.

Siempre fui una persona que trató de buscar maneras de superar miedos y limitaciones internas, básicamente siempre puse mi intención en poder crecer y ser feliz, y probé diferentes caminos para lograr este objetivo. Luego de tanta búsqueda, llegar a las Constelaciones fue sumamente positivo, y esto es algo que yo valoro mucho, porque encontré una forma muy sana, muy limpia, suave y a la vez potente de poder llegar a esos lugares oscuros e iluminados.

Recomiendo mucho esta herramienta, la valoro y la agradezco, y agradezco poder compartir estas palabras que resumen un poco mi vivencia.

Marce, ¡muchas gracias!


## II. MAQUI LÓPEZ

Siento el honor de poder compartir con ustedes mi experiencia en estas líneas intentando reflejar el proceso vivido en torno a las Constelaciones Familiares. Tarea compleja en realidad porque cuando de experiencias mágicas se trata, las palabras generalmente no alcanzan. Es necesario vivirlo para comprenderlo, pero trataré de acercarles algo de lo que yo considero una herramienta maravillosa. Aquí vamos…

Recuerdo mi primer acercamiento a ella de manera distante y poco clara. Fue en una charla inicial con Marce allá por abril de 2011, a la que acudí para intentar sanar y atravesar mejor un proceso de duelo de profundo dolor. Angustia que se mezclaba con otras tantas emociones como enojo, bronca y desconfianza hacia el mundo en general. En aquel momento su propuesta no fue la de comenzar un tratamiento terapéutico convencional como lo que yo estaba buscando. Luego de escucharme atentamente, supo interpretar y entender mi situación para entonces recomendarme participar de una Psicoconstelación Familiar.

Pero tuvieron que pasar 4 años para que finalmente me decidiera a hacerlo.

Aún no comprendo claramente por qué pero sé que ese no era mi momento. Tuve que pasar por otro tipo de terapias y experiencias que me acercaran poco a poco y nuevamente hacia la hermosa posibilidad de constelar. Un ser muy querido y cercano a mí, luego de participar en una de ellas, pudo contarme un poco más de la herramienta, poniendo en palabras las sensaciones y emociones vividas. Sin dudas, aunque con los mismos dolores y tristezas, yo ya no era la misma Macarena y luego de unos meses, me permití lanzarme hacia una forma distinta de sanación, todavía sin comprenderla demasiado.

La primera experiencia fue con grandes expectativas. Mucha carga emocional a nivel personal y unos nervios que me recorrían de pies a cabeza. Sin embargo, el ambiente y las personas allí presentes hacían que me sintiera cuidada, contenida y con una paz inigualable. Mentiría si quisiera relatarles exactamente cada una de las situaciones consteladas hasta el día de hoy. Fueron tres y cada una muy distinta de la otra. Los recuerdos se entremezclan, pierden el orden exacto y la intensidad de lo vivido hacen que ya se esfumen ciertos detalles.

Lo cierto y recurrente en cada una de ellas fue que cuando creía necesitar sanar conmigo alguna problemática, enseguida se representaban situaciones inimaginables. Personas que sin saber nada de mi vida describían a la perfección emociones y sentimientos que jamás había puesto en palabras. Seres que desde algún otro plano se hacían presentes en la escena cuando uno menos lo esperaba. La magia se sucede segundo a segundo de una manera muy difícil de explicar. La energía siempre sabia que inunda y atraviesa a cada uno los que estamos en el espacio se dirige exactamente hacia aquel momento, vínculo, lugar o situación que necesita ser resuelto y sanado.

Es así como sin quererlo ni mencionarlo se representan escenas que quizás uno mismo tiene prácticamente olvidadas. Nuestro niño interior vuelve a tener cuerpo y voz, y muchos seres que ya están en otros planos nos abrazan o se despiden permitiendo que ciertos duelos puedan transitarse de una manera más sana y amorosa…

Cuesta explicar los "efectos" de una Psicoconstelación, estos no se trasladan de manera directa e inmediata a la vida cotidiana. Se trata de dar lugar a procesos energéticos –y repito *mágicos*–, que con el correr de los días y las semanas van significando un bienestar y un alivio de ciertos pesos o bloqueos con los que cargamos cotidianamente.

Podría pasarme días intentando definir con palabras qué implica constelar. Desde mi corta pero fantástica experiencia, me atrevo a decir que darse lugar en una Psicoconstelación es permitir que nuestra sabiduría interior (a la que pocas veces escuchamos) tenga un tiempo y un espacio para expresarse y así pueda mostrarnos el camino por el cual debemos dirigirnos. Suena complejo, lo sé. Pero no estamos solos para ello. La guía del terapeuta que coordina cada representación es la clave para que cualquiera, tenga o no algún tipo de trabajo espiritual, pueda encontrar respuestas o generar movimientos que de a poco nos ayuden a aliviar aquellos malestares, vínculos o situaciones que nos duelen día a día.

Creo que lo más importante consiste en prestar atención a los deseos de uno mismo, para permitir en el momento indicado que ciertos procesos tengan lugar cuando queremos empezar a transitar la vida aceptando nuestras heridas, conscientes de ellas, pero disfrutando del milagro de levantarnos cada mañana para poder seguir escribiendo nuestra propia (y feliz) historia.

## III. SILVANA FORMOSO

Mi acercamiento a un taller: de Marcelo fue a través de una amiga, ella hacía tiempo que me hablaba de él. En cada charla daba énfasis a cómo la había ayudado a entender situaciones y aceptarlas; y cómo, a través de la aceptación, había logrado poder modificar su accionar.

Un día simplemente fui, transitando por un momento de la vida en el cual no lograba obtener respuestas y sintiendo la necesidad de encontrarlas.

**Las dudas iniciales:** ninguna, solo el temor a lo desconocido y a qué podría llegar a descubrir, a lo que podía llegar a ver...

**Representando:** cada representación es única, es maravillosa. Las sensaciones que se experimentan, cómo el cuerpo comienza a expresarse con un sentir diferente minuto a minuto, pasando de un estado de odio al amor, de la risa al llanto, de la inseguridad a la seguridad, del morir al vivir, todo en cuestión de segundos. Sentir cómo el alma se comunica y cómo va sanando con cada una de las participaciones.

**El sentir del cuerpo:** este es el registro más tangible de lo que está sucediendo, tener tantas sensaciones que inexplicablemente afloran, sin poder controlarlas, es maravilloso.

**El rechequeo de la información:** es el momento más placentero en el cual uno decanta todo lo SENTIDO e INCORPORA todo lo vivido, es el momento en el cual uno va por el CAMBIO, y ahí se comienza a ver internamente que hay respuestas, que hay otros caminos, que hay opciones...

**Soy canal:** en cada encuentro constelativo, pude aprender que el cuerpo es un simple contenedor y un gran transmisor, que el alma es el motor que lo impulsa; y que las sensaciones son las palabras... el dejarse llevar en este momento y sentir cómo fluye todo eso sin la intervención de la razón, nos brinda la posibilidad de conectarse con cada uno de los participantes desde el sentir, desde el lenguaje espiritual.

**El registro del cuerpo:** desde ese lenguaje espiritual es desde donde el cuerpo comienza a tomar registro de cada sensación, de cada dolor, de cada expresión física... y quedarse con todo aquello que necesita para poder sanar. Es ahí donde viene el cambio, y desde ese cambio viene el crecimiento, y desde ese crecimiento, viene el avance.

**El cambio a partir de la Psicoconstelación:** fue increíble cómo se comenzaron a resolver situaciones que desde años estaban paradas, la rueda comenzó a rodar, y las respuestas comenzaron a fluir. No se puede explicar con palabras aquello que me sucedió, fue simplemente mágico y maravilloso. Sentirme libre, liviana, ¡EN PAZ!, ese fue mi cambio…

**El camino continúa:** mi cambio comenzó un septiembre de 2013. En todo lo recorrido es maravilloso lo que crecí, lo que aprendí y aprendo constantemente. Logré encontrar muchas respuestas y aceptar con amor cada situación que se fue presentando. Entendí que todos estamos en esta vida para aprender y para enseñar, y desde ese entendimiento logré encontrar la respuesta a la situación que vive mi hijo. Hoy puedo entender que él me eligió como mamá porque algo debía enseñarle y yo lo elegí como hijo porque algo debía aprender… Juntos transitamos este camino de aprendizaje y es hermoso lo que su alma sabia me enseña diariamente…

Como siempre digo… AGRADEZCO A LA VIDA EL HABER ENCONTRADO AL MAESTRO… MARCELO DUCRUET.

Soy Silvana, mamá de Quimey, la razón por la cual decidí constelar.

## IV. SILVIA BELOCOPITOW

Para mí las Constelaciones han sido y son un camino hacia la integración de mi vida, a la armonización, hacia el amor. Pude ver a través de ellas que existe un orden divino en el amor.

Cuando fui por primera vez, no sabía bien de qué se trataba, pero confiaba en mi amiga que siempre me recomendó lo mejor en mi camino espiritual.

Lo llamativo, para empezar, es que cuando me decidí a ir a constelar la relación con mi mamá, mi amiga, la que me recomendó a Marcelo, también había ido por el mismo tema y estaba muy sorprendida con todo lo que le había sucedido.

Lo sorprendente fue que después de reservar el lugar en el taller comencé a sentir miedo, entonces decidí que un sábado de verano soleado no iría a capital desde provincia pues sería una pena perder un programa al aire libre por lo que cancelé la cita. Al llegar el día, el sábado amaneció con una lluvia impresionante, por lo que a pesar de mi miedo lo leí como un mensaje. Llamé a Marcelo para ver si había un lugar y partí para el taller.

Como éramos un grupo numeroso, Marcelo nos comentó que si bien todos no iban a constelar, el hecho de estar ese día o de ser elegido por alguien para representar, era una manera de constelar para que algo comenzara a moverse en nuestro entramado familiar.

Y así me ocurrió a mí. Si bien no pude realizar mi movimiento personal, en un sentido, sí trabajé, por estar presente en todas las Constelaciones que se manifestaron con temas comunes y al ser elegida para representar en tres oportunidades. Una de ellas, para representar a una hija, incluso, con un padre ausente. Mi papá había fallecido hacía muy poquito, y fueron muy impresionantes todas las "coincidencias" que se fueron dando. No lo podía creer.

En esa Psicoconstelación que hice de hija se "trabajó" la relación con la madre que, por supuesto, no era la mía en un sentido, porque no era mi propio movimiento, pero por algo esa chica me eligió. Regresé a mi casa muy impactada porque las tres Constelaciones en las que me habían elegido para representar no eran ajenas a mi vida.

Luego de tres o cuatro meses, la relación con mi mamá empieza a tener un cambio, a mí me llamó poderosamente la atención, ya que la intención de mejorarla la había tenido durante muchos años, aun haciendo terapia. Se inició con ella un camino de entendimiento como si hubiera comenzado a funcionar un engranaje diferente a lo que venía siendo la relación. Obviamente pasaron muchos años desde aquella vez, y siempre hay cosas para seguir trabajando, pero desde un lugar de mayor consciencia, amor y presencia.

He seguido haciendo Psicoconstelaciones desde aquella vez, y me zambullo en ellas con tanta entrega y pasión por ese orden divino que comprendí que tiene que existir en el Amor.

¡Las Psicoconstelaciones definitivamente me han resultado una herramienta muy poderosa!

¡Gracias por siempre querido Marce con todo mi Alma!


## V. Stella Maris Sánchez

"Y todo es perfecto, como vos siempre decís".

Nunca encontraba el momento para sentarme a escribir. Y, además, cuando te decía: "mmm… no sé cómo encararlo", vos me respondías: "hacé de cuenta que le contás a un amigo qué es una Psicoconstelación, cómo llegaste a ella, etcétera". Y eso es lo que sucedió.

El día viernes estaba en la clínica en mi horario de trabajo, falta un paciente y voy a la cocina a hacerme un café. En eso entra la neuróloga para almorzar y nos ponemos a conversar un poco de todo, pero más que nada, de un proyecto que ella tenía, que en un momento estuvo muy avanzado y después ella dejó de poner su energía en él. Para no irme tanto de tema, en resumen, en su proyecto se relacionaba con las Constelaciones Familiares, llevadas a cabo por una psicóloga amiga, que también era parte del proyecto. A esta altura de la conversación, había entrado en la cocina la terapista ocupacional, y hace la pregunta que yo tanto esperaba. Como ya para ese momento la neuróloga había terminado su almuerzo y se había retirado a atender a un paciente que la estaba esperando, yo pude explicarle a Yamila, T. O. de la clínica, que justo había sido eso de lo que habíamos estado hablando.

Las Constelaciones Familiares es trabajo en equipo. Son guiadas por un profesional preparado para ello, pues el movimiento energético que genera tiene diversas características. Se convoca a las personas un día y a una hora determinada. El número de Constelaciones puede variar de acuerdo a lo que el profesional disponga o considere lo más apropiado.

Los temas que permite la Psicoconstelación son muy variados, ya que podemos constelar con nosotros mismos, con familiares, amigos, trabajo, parejas, hijos, todo tipo de relaciones o temas que de otra forma serían "casi" imposibles de resolver o SANAR. Siento que este es el mayor misterio... la sanación de temas o conflictos que nos duelen, nos lastiman y que a veces ni siquiera nos damos cuenta o tenemos el conocimiento.

Existe el permiso de manifestarse lo QUE TENGA QUE SER, incluyendo el pasado, nuestro entramado familiar, recorrer nuestro árbol genealógico hasta la cuarta generación, o sea, con personas que ya no están en este plano. Podemos lograr despedirnos de la manera que nos hubiese gustado que fuera o sanar ese vínculo que, por alguna razón, no fue como lo deseamos.

La dinámica es siempre la misma o muy parecida... nos sentamos en ronda, nos presentamos y decimos qué o con quién venimos a constelar. Allí, se elige una determinada persona de la ronda (a quien, por ahí, ni conocemos) para que nos "represente" y otra persona para que represente el tema en cuestión. Nos paramos detrás de cada una, ponemos nuestras manos en sus hombros, en silencio y concentrados, y solo pensamos en que se manifieste lo que tenga que SER, por supuesto, invocando el nombre de cada uno. En ese momento comienza la "MAGIA".

Un montón de diferentes sensaciones pueden hacerse presentes: podemos sentir frío, calor, comodidad, tristeza, angustia, alegría, bienestar, miedo... y así podría mencionar un sinfín de estados por los que podemos pasar durante la Psicoconstelación. Creo que queda claro que cuando utilizo la palabra magia, no es de manera literal, sino, que es lo más parecido que encuentro para definir este trabajo terapéutico que tanto me ha ayudado.

Con respecto al final, o sea, al modo en que concluye una Psicoconstelación, es LO QUE TIENE QUE SER; y quizás NO LO QUE QUEREMOS QUE SEA, pero sí tenemos la certeza de que lo que se manifiesta en ella es lo mejor y con el tiempo se podrán ver los resultados.

No siempre es igual.

Llegué a las Psicoconstelaciones por sugerencia de mi terapeuta, el Lic. Marcelo Luis Ducruet y mi maestra de reiki, la profesora María Cristina Sueiro. Con ambos comencé a transitar este camino que me cambió la vida y que "apareció" en el momento justo. Como todo en la vida, las cosas suceden cuando tienen que suceder, siempre y cuando sepamos escuchar nuestro cuerpo, y tengamos nuestro corazón y alma abiertos para este camino maravilloso.

## VI. VALERIA GONZÁLEZ

Los talleres de Psicoconstelaciones llegaron a mi vida en un momento de cambios abruptos, difíciles de atravesar con una terapia convencional. Llegaron de la mano de un familiar, referente en mi vida desde muy chica, al que quiero profundamente y al que le debo parte de mi personalidad en esta vida.

Me ocupé fervientemente para obtener los mayores conocimientos sobre este nuevo camino que iba a emprender, sin ser consciente de que iba a cambiar mi filosofía de vida.

La primera experiencia, allá por el 2008, fue mágica. Éramos muchos ese día en el taller de Constelación. Fue el tono de voz de Marcelo como una puerta hacia otro plano, no podía salir de mi asombro, los sentidos se agudizaban y desde el comienzo sentí como todos vibrábamos en la misma sintonía.

La magia continuó al ser elegida para representar. Sentí cómo el cuerpo y el alma estaban al servicio del otro... de su sistema familiar. Las sensaciones corporales fueron muy intensas, el cuerpo se manifestó y fluyeron palabras que prescindían de la mente.

Amor, odio, angustia, locura, vulnerabilidad, profundo dolor, todas emociones que te atraviesan al representar en un taller. Unidad y sanación.

Desde aquel año hasta hoy sigo constelando, y la magia sigue actuando. Pude encontrar piezas perdidas, las repetidas desaparecieron y las que estaban superpuestas ocuparon el lugar más sabio para mi alma... "mágicamente todo se está ordenando y las Psicoconstelaciones ayudaron a que así sea".

Me encuentro agradecida infinitamente con Marcelo, un gran profesional multifacético, y con cada una de las personas que conocí en este maravilloso camino de las Constelaciones Familiares.

## VII. VERA PROTZEN

Es un honor para mí poder ser parte de este libro y poder contarles mi primera experiencia en estos talleres tan sanadores.

Se me abrió un nuevo mundo, un mundo mágico, un mundo de sanación profunda, un mundo donde es imposible razonar o tratar de entender desde la lógica. Fue el inicio de un camino increíble.

Agradezco profundamente a Marcelo y a la vida por habernos cruzado.

Cuando Marcelo me invitó a que formara parte de un taller, mi naturaleza curiosa dijo que sí inmediatamente. Por otro lado, mi parte racional, se hacía mil preguntas: ¿Cómo funcionaba esto? ¿Qué es lo que había que hacer? ¿Cómo debía comportarme? ¿Y si me elegían para representar? ¿Y si no sentía nada? ¿De qué se trataba? No tenía mucha idea de qué es lo que me esperaba, a pesar de bombardearlo a Marce con muchas preguntas, las cuales me contestaba con mucha paciencia, pero que, en definitiva, no contentaba mi parte racional.

Ya en el taller, ahí sentada, en círculo, rodeada por aproximadamente dieciocho personas, nunca me olvidaré mi reacción cuando escuché el primer "tema" a constelar: MI JUANETE Y YO. Pensé: ¡¡¡POR DIOS!!! ¿Qué es lo que estoy haciendo acá? ¡Me quiero ir! Sin embargo, se hizo un trabajo profundo con muchas emociones. Si bien me dejé llevar por el movimiento, seguía muy escéptica. Trataba de entender desde lo racional, pensé que estaban actuando. Sin embargo, sabía que eso no era posible porque nadie se conocía entre sí y que por ende era difícil representar desde lo desconocido.

En principio, no era mi intención presentar un tema personal. En el transcurso del taller, cambié de opinión. Me iba convenciendo cada vez un poquito más. Después de la pausa, Marce me encara y me pregunta: ¿Estás lista? Obviamente, no lo estaba. Igualmente, decidí participar. Elegí tres personas: uno haría de mi hermano mayor (no tengo contacto con él desde hace 20 años), otro, de mi padre alcohólico (fallecido), y otro más que me representaría a mí. Los ubiqué en el espacio, cerca el uno del otro, apoyé mis manos en los hombros de cada uno sin saber qué pensar o sentir para transmitirles algo y me senté. Cuando el que hacía de mi hermano empezó a mirar a su alrededor y decir que estaba muy cerca, que ese no era el lugar, que no pertenecía al círculo, comenzó a alejarse cada vez más hasta llegar al último rincón de la sala. Sentí como si me hubieran abofeteado. ¿¿¿Cómo era posible eso??? Si esa persona no me conocía. Mi hermano en el año 1997 decidió cortar todo contacto con su pasado: amigos, familia, todo, y se fue del país (se instaló en Alemania). Ese momento fue clave, de inmediato desaparecieron TODAS las dudas, simplemente me entregué y dejé que fluyera. Si trataba de ENTENDER y EXPLICAR no serviría. Hay cosas que nos trascienden, ¡sin duda alguna! Luego de ese "flash" siguió una dinámica muy emotiva y sanadora. Pude ver y comprender el peso álmico que estaba llevando mi padre fallecido, lo que significa el acuerdo desde el corazón, no desde lo hablado. Podemos decir y hablar mucho, sin realmente sentirlo. Él hizo lo que pudo. En definitiva todos dimos nuestros acuerdos álmicos en su momento para llevar a cabo esta obra de teatro que es la vida. De nada sirve cargarse con rencores, la mochila se hace muy pesada con el tiempo. Para todos los involucrados.

Hubo un antes y un después para mí, de cómo recuerdo y veo a mi padre. Dejé todos los sentimientos negativos de lado, que de nada servían, y empecé a abrazarlo con el corazón. Ahora lo recuerdo con amor.

Este fue el comienzo de un camino de sanación en muchos aspectos de mi vida, estuve presente en muchos talleres más. Hice trabajos profundos. Agradezco eternamente al universo, a mi sabiduría interna y, por sobre todo, a mi amigo del alma, Marce, el haberme brindado esta herramienta increíble y haberme llevado por ese camino de liberación.

Marce, gracias por tanto.


## VIII: YAMILA ROMER

Dicen que lo más importante, cuando se va a contar una historia, sea esta ficticia o real, es el principio y el fin. Por lo cual, me permito adelantar para cumplir con la norma, que mi historia con las Constelaciones Familiares abarca un espectro que va desde la declaración irrevocable de que nunca asistiría a un taller, con el pensamiento científico como testigo, hasta la honorable pertenencia al equipo de trabajo que mensualmente encara un nuevo taller de Psicoconstelaciones Familiares. En medio, todo...

A veces pienso que no me acerqué a un taller por voluntad propia. Tampoco es que haya sido obligada o presionada (a pesar de la insistencia amorosa de mi terapeuta y amigo). Pienso que fue la vida, con su misterioso y rebuscado tejido, la que me empujó violentamente para iniciar esta experiencia, que, demás está decir, marca un antes y un después en mí. Digo "violentamente", aunque no tengo dudas de que existieron sutiles y delicadas señales precedentes que desoí o tal vez no. De manera que, un día, todo a mi alrededor se desplomó, cruel y dolorosamente y se colmó de irónicas casualidades y coincidencias que llenaron de preguntas sin sentido la trágica pérdida de mi padre en un accidente automovilístico. Y digo esto porque si bien la muerte, por más insensata y triste que sea, no necesita muchas explicaciones, ciertos eventos se orquestaron alrededor para crear un contexto misterioso. Solo para citar como ejemplo: una mujer extranjera, nacida el mismo día, mes y año que yo, y como pude saber después a la misma hora, falleció en el accidente con mi padre.

No estoy diciendo que esto tenga un significado oculto, más allá del hecho en sí, que no tengo dudas, correspondía a sus caminos o destinos... Lo que sé con certeza es que esto me llevó a derribar ciertas barreras o estructuras de consciencia que me permitieron entender que existe a nuestro alrededor un mundo que codifica de manera muy distinta a la visión superficial a la que estamos habituados. Esto me llevó a explorar una nueva forma de ver o sentir ese mundo. Fue un balde de agua helada que me sacudió para comenzar a buscar nuevas herramientas para entender.

Desde que mi terapeuta me propusiera asistir a un taller hasta que finalmente ocurrió pasaron más de cinco años. No era falta de confianza en su consejo profesional. De hecho, llevaba para ese entonces más de diez años yendo y viniendo con él, habiendo siempre un inmenso amor y respeto entre nosotros. En ese momento, yo sentía un gran descreimiento por el método y, claramente, tenía una gran limitación para comprenderlo. Necesité del raciocinio científico para llevar adelante mi profesión, relacionada con las ciencias básicas. Podría decir que eso limitó mi capacidad de entendimiento del lado menos racional del mundo que nos rodea. Es lo que pensé entonces. Pero eso falta a la verdad, es una lectura lineal, incorrecta. No estaba preparada. Hoy mi pensamiento científico está intacto y, sin embargo, luego de algunos años y muchos talleres, aprendí a ver el mundo y mi vida con otro sentir.

Y llegó el día, en diciembre de 2011. En un lugar extraño al que nunca había asistido, con un grupo de personas a las cuales no conocía, en un contexto diferente, en el cual nunca había visto a mi terapeuta, que además allí no era mi terapeuta sino el guía de todos... Me acerqué y le dije *"mirá que yo no voy a constelar"*. ¡*Maravilloso!*, respondió, *"por ahí te eligen como representante"*. Y todo comenzó. Ese día se realizaron más de diez ejercicios constelativos, no sé exactamente cuántos porque éramos muchos. Y participé en todos, menos en uno (si pudiera decirse que existe la posibilidad de no participar, me refiero a que en casi todos fui elegida para representar). Y pude sentir que ahí había algo, que no entendía, que no veía, que no creía, pero se abría una puerta. Era cuestión de cruzarla o no. Creo que todos los que asisten a un taller por primera vez tienen ese sentir. No ven, no entienden, no creen... pero sienten algo. Algunos eligen no explorar, no atravesar esa puerta y desaparecen para no volver. Otros, cada tanto, se asoman, sin animarse a cruzar. Merodean por ahí. Otros se mandan. Habrá tropezones, marchas y contramarchas, tiempos, esperas, pero ya no hay vuelta atrás. Eso me pasó a mí.

Representar en un ejercicio de Psicoconstelación es como un regalo. Alguien nos ofrece la oportunidad de crecer un poco y de sanar, a partir de una historia que nos es ajena, prestada, pero que por alguna razón necesitamos. Llegué a entender que cuando alguien te elige para representar no es una elección al azar o por afinidad... es casi una elección forzosa, porque hay algo (que desconozco) que mueve esa elección más allá de nuestro entendimiento, como un instinto. El que elige no sabe por qué lo hace, y el elegido sabe que lo sería. Muchas veces nuestro cuerpo comienza a sentir lo que va a representar, incluso, antes de comenzar el taller, a veces, el día anterior, o tal vez más. Nunca es algo violento, como dice mi terapeuta, nunca es más de lo que estés preparada para ver. Pero a medida que pasa el tiempo uno comienza a entender y a leer esas emociones o síntomas, como relacionados con una Psicoconstelación que tal vez aún no sucede, en la forma tradicional de entender el tiempo, pero ya está pasando, en nuestro propio universo. Y la máxima expresión, y, muchas veces, la comprensión, llegan en el momento del taller. A veces, son sensaciones o sentimientos... pena, dolor, tristeza, nervios, inquietud, miedo, angustia, resignación, indiferencia, enojo, confusión. A veces, son síntomas físicos, frío, calor, vértigo, mareos, dolor, nauseas, parestesias, rigidez, debilidad, cansancio, temblor, sudoración... Lo que siempre sabemos es que se trata de algo que nos es ajeno, que no es nuestro. Solo nos prestamos para experimentar e intentar sanar ese sentir que corresponde a otra historia, a otro universo, pero que también sirve de instrumento en el proceso de sanación de algo propio. A veces, se ve claramente un evento traumático o doloroso, tal vez no con detalles circunstanciales del suceso, sino que se sienten las emociones vinculadas, que son en definitiva lo importante, sobre lo que se puede trabajar. A veces, la Psicoconstelación funciona perfectamente para reconocer y dejar expresar un dolor emocional profundo, o la causa íntima, emocional o espiritual que se está mostrando mediante un síntoma físico.

Especialmente al principio es común sentir dudas acerca de si las sensaciones que se advierten están relacionadas con el ejercicio o no. Con el tiempo esas dudas son hilarantes (¡y recuerdo varias!). Es cuestión de confiar y entregarse al juego. En mi experiencia personal, pude sentir un efecto más profundo y significativo habiendo participado en ejercicios constelativos propuestos por otras personas que en aquellos que yo misma propuse y otros debieron realizar. Como si el "tema" que nos lleva al taller (y que seguramente nos desvela y angustia) fuera solo una excusa del universo para llevarnos al lugar donde vamos a ver lo que necesitamos ver, en ejercicios constelativos ajenos, en los cuales participamos representando generosamente o como espectador.

Me resulta muy difícil explicar con palabras la vivencia de las Constelaciones Familiares, así como expresar los cambios que se produjeron en mi propia vida. Es más que un cambio, es una transformación, en un proceso lento e ininterrumpido, cual metamorfosis que nos cambia la piel y la estructura y nos lleva a otro estadio evolutivo. Es eso, claramente, un proceso de evolución personal. Más allá de una división arbitraria, y, por lo tanto, limitada de nuestra vida en una esfera emocional, espiritual, física, profesional, amorosa, etcétera. Más allá de todo eso, el camino por el que las Constelaciones nos llevan es hacia la evolución personal en todas las dimensiones. Como si un nuevo sentido de percepción surgiera y se alimentara con este trabajo, sentido aplicable a todos los aspectos de nuestra existencia y que revoluciona todo.

En mi frecuentemente frustrado afán por entenderlo todo, intento comprender esta práctica como una herramienta que nos permite mirar con otros ojos, o, tal vez, mirar por primera vez. Se me ocurre una analogía graciosa, como cuando en los video juegos, al pasar de nivel, el personaje que nos representa adquiere diferentes y mejores dones o habilidades, armas, recursos, que en definitiva le permiten tener más herramientas para avanzar y andar el camino hacia la meta. Creo que la Psicoconstelación nos hace eso, nos da nuevas y más poderosas herramientas, para andar en el camino de la vida, hasta la meta o las metas que elijamos alcanzar.


## IX: Ivana Castagnetti

Me resulta un poco difícil escribir sobre algo que es tan corporal y cuyo requerimiento es no quedar atrapado en posibles interpretaciones.

Para empezar, pienso cuántas de las prácticas que uno sostiene exigen algo tan simple y sano como apagar la mente y dejar que el cuerpo actúe.

En mi caso, las Psicoconstelaciones se volvieron una parte fundamental de la vida, toda. Conozco esta herramienta desde hace doce años y a lo largo del tiempo se fue filtrando en distintos aspectos de mi vida cotidiana hasta volverse un espacio sagrado que invoco en cada situación intensa o compleja del día a día, casi sin querer, casi sin hacerlo consciente, pero así funciona.

El orden que se manifiesta en cada trabajo me devuelve un modo de habitar las cosas que no permite reproche. No es un orden impuesto desde ningún lugar más que desde un amor universal que se siente circular por el cuerpo, algo, podría decir, muy previo al lenguaje.

Las imágenes que aparecen en los trabajos, que se sienten desde dentro de la Constelación o desde fuera: abrazos de reconciliación, abrazos que nunca fueron dados, manos tomadas, espaldas que se contienen, despedidas a la distancia, miradas nunca antes sentidas; son fotos que guardo para siempre como un espacio sagrado.

Sanar las heridas propias y las del entramado familiar, mío y de las personas con las que compartimos cada encuentro, significa poder convertirme en una herramienta al servicio de algo, de alguien, una antena a través de la cual la información pasa y cura, destraba, hace avanzar el movimiento de la vida. Eso es único y valioso. Son enseñanzas enormes que sigo incorporando con cada trabajo.

Las intervenciones de Marcelo, sus intervenciones de palabras en momentos de mucha confusión (sobre todo para quienes no acostumbran a constelar) o al final de cada trabajo, no cierran los significados del movimiento sino que sirven como disparadores, pequeñas claves que guardamos en cajitas y nos llevamos a casa, a nuestro trabajo, a cada práctica cotidiana para intentar habitar de manera más sana, interpelándonos pero sin contradicciones con lo que sea que acontezca en el camino.

Las emociones no se pueden etiquetar, no se reducen a "amor", "bronca", etc. Aparecen matices muy sutiles (a más años de trabajo más sutilezas y más intensidad), que permiten habitar una multiplicidad de sensaciones más abiertas y espontáneas que a veces uno, en su día a día, no puede permitirse vivir. Quizás por no estar del todo conectado con su presente. Entonces el momento de constelar se convierte en un momento mágico.

Siendo "representante" el cuerpo habita estados muy intensos. Vivencias de situaciones muy fuertes, tristes, dolorosas, que quizás incluso uno nunca las viva en esta vida presente, sensaciones corporales que parecen imposibles de sobrellevar pero que en algún momento del movimiento se logran transmutar en nuevas sensaciones más confortables. Y cuando el trabajo termina, el cuerpo queda liviano y uno vuelve a su casa a descansar, con un agotamiento intenso pero agradable. La enseñanza quedó en el cuerpo, nunca se sabe del todo qué sucedió pero algo actúa, gratamente, más allá de nuestro entendimiento.

Tengo hermosos recuerdos de muchas situaciones, pero creo que lo que más recuerdo ahora son las miradas que intercambiamos, las miradas son algo muy especial en los trabajos, de las conexiones más intensas. Por ejemplo las miradas con Cris, con quien hemos intercambiado algunas de las experiencias más hermosas que viví, el gesto, los ojos, cada vez distintos, tantas almas pasando por ahí... Se siente mucho amor del que no se puede nombrar ni personalizar, son emociones, cómo decir, universales. Hay una sensación de unión con el Todo que es de lo más poderoso que se puede vivenciar (pienso que quizás en una meditación el trabajo es muy fuerte también pero solitario, aquí el intercambio con otros trae una fuerza para mí indescriptible).

Se trata en definitiva de un espacio de mucho crecimiento compartido ante el que no se puede dejar de estar en constante agradecimiento... Con Marce, nuestro gran maestro (y familia elegida), con Cris y Nacho, también, hermosos maestros, con Silvi, Yami y Vale, compañeras de aventuras...

Creo que paro acá, con los ojos ya mojados.


## X: SUSANA KOPP

Mi acercamiento al taller de Psicoconstelación fue a raíz de ser paciente de Marcelo.

Como muchos de nosotros, tenía aún muchas cosas por resolver desde lo familiar, por lo que coincidimos con Marcelo en que la Psicoconstelación sería una buena opción para sanar estas cuestiones desde lo álmico.

No tuve dudas en tomar la decisión de hacerlo, ya que confiaba y confío plenamente en Marcelo como profesional, y sé de su cuidado y amor hacia los pacientes.

Nunca había hecho un taller de este tipo. Fue grande mi sorpresa y fascinación, cuando vi gente que jamás había visto y no sabían nada de mí, representado mi vida y mi familia; era como ver una película, observar por lo que yo había pasado y sentía, desde otro lugar.

Es difícil explicar lo que se siente y la movilización interna por la que se pasa, más allá, obviamente, de las lágrimas.

El respeto y la contención de todas las personas que participan, guiados todos por Marcelo, es verdaderamente muy sanador.

Cuando me tocó a mí representar a otras personas que estaban en el grupo, honestamente me costaba creer lo que estaba sintiendo y cómo se movían las energías, para poder, ahora yo ayudar a sanar a otras personas. Igualmente sentía que seguía trabajando internamente. No hay manera, según mi criterio, de explicar esto, si uno no lo vivencia, es solo sentir y dejarse llevar.

Después de la Constelación, sentía como si me hubiesen golpeado todo el cuerpo, al día siguiente, aunque mejoraba mi estado, sentía como tristeza, cansancio, y, a medida que fueron pasando los días, me sentía cada vez mejor, internamente algo había sanado y aunque pensaba en aquellas cosas que tanto me dolían, la sensación era totalmente diferente, algo había cambiado.

Fue una experiencia maravillosa y sanadora, motivo por el cual volví a participar de otras Constelaciones y, también, llevé a mi hija.

## XI: JIMENA MÁQUEZ

Yo empecé con los talleres desde que Marce los inició. Hacía terapia con él y recuerdo los días en los que empezó a hablar del tema.

Obviamente, no entendía demasiado. Él me contaba que estaba terminando su formación y que quería iniciar las prácticas.

Cuando por primera vez mencionó la palabra "Constelaciones", mi imagen mental fue respecto al espacio y la alineación de las estrellas. Y no estaba tan equivocada ya que esta herramienta tiene que ver con el lugar que ocupamos, en un momento, en un espacio, a pesar de que también, paradójicamente, trasciende el tiempo y el espacio.

Me intrigaba mucho cuando Marce me contaba sobre el tema. Creo que nunca dudé de si participaría, sobre todo, por la gran confianza que tenía y tengo en él.

Sabía que todo lo que surgiera de él sería con gran responsabilidad y profesionalismo hacia mí.

Como muchos de los que incursionan en este nuevo terreno, me imaginaba demasiado racional para esto, sin embargo, mi perspectiva cambió.

Entonces, ¿qué significa esa racionalidad para mí? Lo contrario a ser sentimental, es decir, darle preponderancia a la lógica de los pensamientos estructurados, tal y como fueron aprendidos con las evidencias que los avalan.

De este modo, si no obtenía una explicación lógica con respecto a un tema, sabía que mi espíritu no se movería aunque lo sintiera. Al menos, eso es lo que creía en cierto momento de mi vida.

No sabía de qué se trataba esta experiencia, y, en este sentido, me entregué sin entender demasiado.

Y acá resalto la importancia de la confianza en el trabajo de mi terapeuta, que me abrió esa posibilidad.

Por otro lado, a pesar de mi racionalidad, la curiosidad siempre me llevó a explorar cosas nuevas (con algún elemento conocido que me abriera ese camino). Esto no significaba que me entregaría con totalidad a la situación, sino que me atrevería a participar como observadora (ingenuamente, pensaba que mi rol solo sería la observación, recalco el "ingenuamente").

Cuando llegó el día de la primera experiencia, recuerdo que la cita no fue en su consultorio, sino en un espacio más grande y cálido, ya que seríamos entre ocho y doce personas las que participaríamos.

Y así fue al principio: observaba el lugar, a las personas que, como yo, llegaban por primera vez y los rituales que Marce proponía.

Creo que él, intuyendo nuestros pensamientos, percibió la necesidad que teníamos de recibir algunas explicaciones, a pesar de que en las Constelaciones "menos palabras es mejor". En este caso, sus palabras fueron bienvenidas, pues no eran argumentativas, sino que formaban parte de una ceremonia de la cual todos los presentes, los ancestros, los acompañantes de nuestras vidas, formábamos parte. Nuestras almas empezaron a entrar en sintonía más allá de nuestros pensamientos y a ser guiadas por la sabiduría de un hombre en quien confiábamos. Pero de esto me di cuenta tiempo después.

Ese día, ese primer día del primero de muchos, del primero de un cambio de mi cabeza y de mi vida, ese primer día en el taller, comenzó con una mirada observadora que nunca se fue, pero que empezó a convivir con otras miradas: de sorpresa, de deslumbramiento, de entrega, de amor, de gratitud, de dolor, y algunas cosas más.

La mirada y el pensamiento observador empezaron a acompañarse de sensaciones corporales. Cuando al principio, veía a otros configurarse en el espacio y representar, asombrada con la entrega de los demás, algo empezaba a sentir de lo que ellos transmitían, pero yo seguía balconeando como observadora, tratando de darle una explicación lógica a lo que estaba presenciando. Mi energía vibraba acompañando esos movimientos, pero mi mente se resistía a soltarse. En esa tensión de fuerzas, empezaban los dolores de cabeza: ¡Bienvenidos!, eso significaba que algo estaba sucediendo.

Y entre esas hipótesis que iban y venían en la cabeza, alguien te elige para representar, no por nada, no por casualidad, sino porque alguna conexión surge entre historias que se conectan.

Y ahí es cuando algo más tangible y poderoso ocurre. Ahí es cuando no importa entender, sino sentir, percibir organísmicamente. El cuerpo se mueve solo, las emociones y sentimientos siguen su propia lógica. En esos momentos, es cuando realmente aparece la confianza o certeza de que algo nos trasciende, y que somos simplemente y completamente canal para manifestarlo. El cuerpo es LA herramienta sagrada, a la cual no estamos tan acostumbrados a darle lugar desde la información que nos trae cuando aprendemos a escucharlo (mi respeto y admiración por eso).

En mi caso, mis razonamientos buscan aún explicaciones en estos momentos, también, pero aparece en simultaneo juntamente con otra faceta, la que se entrega a lo que está sucediendo, aunque no haya entendimiento. La guía de Marce es fundamental para que lo que sucede se manifieste. Él cocrea ese espacio cuidando que no haya más que la sensación de que está bien lo que está sucediendo, de que es el lugar y el momento para que ocurra.

En mi experiencia, un plano distinto se percibe, un vibrar diferente en el cual las interrelaciones, la comunicación, transcurren por un canal nuevo al que no le damos espacio en lo cotidiano, pero es lo que nos da señales de que esas conexiones existen, que van más allá del tiempo y del lugar, del conocer o no a los demás.

Cuando se dan las conexiones necesarias (empatía, autenticidad, aceptación, entrega, compromiso) la información necesaria llega. Invade la sensación de que todo se está sucediendo perfectamente como tiene que ser.

Afortunadamente, pude estar presente en muchas de estas maravillosas experiencias y puedo decir que he sido testigo de profundas transformaciones. Testigo y protagonista.

Cuando las historias que en algún momento quedaron trabadas, probablemente por necesidad de supervivencia en el momento en que transcurrieron, tienen oportunidad de manifestarse en este contexto constelativo de respeto y cuidado y encuentran un nuevo camino y un nuevo sentido que trae sanación y profundo aprendizaje, un revelador paradigma de entender la vida hace que podamos ver la perfección de cada acontecimiento.

Se arma el rompecabezas. Los puntos se conectan. Se cierran figuras inconclusas. Aparecen fondos que empiezan a ser protagonistas para iniciar nuevas historias sin perder la historia, sino resignificándola. Se conectan tramas que dan sentido a nuestra presencia aquí y ahora, sin negar nuestro pasado sino integrándolo con total aceptación. Nuevos propósitos aparecen.

No significa que no haya que atravesar dolor, nuestro y muchas veces el de nuestros antepasados que se hacen presentes, pero es el dolor que nos da una razón de ser y estar en este mundo, el dolor que nos lleva al sentido máximo de nuestra existencia.

Quien llega a los talleres se apropió de la valentía necesaria para transitar y ver más allá del dolor... Enfermedades, separaciones, conflictos de padres e hijos, miedos, confusiones, desconciertos, pérdidas de identidad, guerras, muertes, destierro, violencia y más.

He sido testigo y encarnado muchas veces casi todos estos temas que nos movilizan. Y he sido testigo, también, de que cuando se les da un lugar, cuando se los acepta sin condiciones, cuando se sacan de la oscuridad, se desnudan de engaños o fantasías, todos estos conflictos se sanan. En el reconocimiento ya hay una sanación, e inicia el camino en el que se convierten en aprendizaje y experiencia enriquecedora que nos devuelve a un mejor lugar, a una evolución o actualización de nosotros mismos, de los otros que nos rodean, y de nuestros antepasados que nos dieron el invaluable regalo de esta oportunidad de crecimiento.

Y la única sensación o registro que nos queda es la gratitud. Gracias igual a Amor. Amor igual a Soy en mí y en la conexión con los demás. Todos tienen un lugar en mi corazón (sabia frase que mi maestro Marce me regaló desde aquel entonces en mi primer taller).

Gracias infinitas.

## XII: Ricardo Verde

### Mi acercamiento a un taller

¡Uf! ¡Decidirme a ir a un taller me llevó mucho tiempo! Tenía las ganas, la inquietud, pero también tenía miedo a lo desconocido y, sobre todo, a estas actividades donde se manifiestan energías o fuerzas que nos superan y que uno no puede entender cómo funcionan.

Siempre le tuve "respeto", por no decir otra cosa, a todas las disciplinas que juegan o rozan lo paranormal.

Para poder ir fue vital que mi hermana asistiera antes y luego me contara su experiencia. Desde luego que quedé fascinado por su relato, pero aún el miedo era superador... No sabía con qué me podría encontrar.

### Mis dudas

En cuanto a dudas respecta, las tuve todas y de todos los colores: ¿Se manifestará lo que necesito ver? ¿Entenderé lo que presencie en ese momento? ¿Tendré la capacidad para "conectarme álmicamente" o quedaré al margen por no ser un entendido en el tema?

A pesar de todos mis temores e incertidumbres, un día me cayó la ficha y dije... ¡Es ahora!

### La representación

Tanto ver la propia Constelación como participar representando es, creo yo, una de las cosas más locas o "flasheras" que me ha tocado vivir.

Al principio hay tensión, ansiedad y, desde luego, aparecen preguntas tales como si seré capaz de interpretar bien mi papel, si percibiré algo extraño, si entenderé la dinámica del taller.

Y así se pasa una vez, otra vez y varias más.

Luego, a medida que uno participa en más y más talleres, estas sensaciones se van yendo. Cada vez uno está más convencido de lo que siente, lo que representa y cómo se van dando las cosas.

### El sentir del cuerpo y el rechequeo de la información

¡Lo que se vive en una Constelación es increíble!

Al principio, uno no sabe bien qué está pasando, si lo que se siente es producto de la Constelación o se trata de alguna función típica del cuerpo que justo se manifiesta en ese momento. La verdad es que al principio pueden ser ambas cosas, pero con el correr del tiempo y los ejercicios uno se da cuenta de que es PURA CONSTELACIÓN, solo que el cerebro necesita catalogarlo de alguna manera.

### El transformarse en canal

No sé bien cómo explicarlo, pero interpreto que el cuerpo recibe información y este actúa de modo tal que uno no es 100% consciente y eso es una sensación muy linda que te ayuda a abrir la cabeza sabiendo que hay algo más que nos trasciende.

### El cambio a partir de la Constelación

En mi caso particular, los cambios, casi siempre, se produjeron rápidamente.

Noté que mis actitudes eran distintas, ya que uno está más atento y eso ayuda a ver temas personales. En otras ocasiones tuve Constelaciones donde no tuve que hacer mucho en mí, pero noté cambios positivos en mi entorno. Todas mis Constelaciones fueron distintas.

### El camino continúa

Creo que no hay retorno después de una Constelación.

Si uno fue, vivió en carne propia la representación y las sensaciones del cuerpo, luego vio cómo su tema para constelar era llevado a cabo por 3 o 4 personas completamente desconocidas que están representando a la perfección una típica situación de la vida cotidiana de uno, sinceramente después de eso, no hay vuelta atrás.

Después de ver la magia que sucede, creo yo que uno no vuelve a ser el mismo.

Tampoco hay que hacerse fanático y constelar cualquier tema, pero sé que es una herramienta, por así decirlo, "sobrenatural" que está a nuestro alcance y es fantástica.

Me despido con esta frase… "Hay que ir no solo para sanar, sino también para experimentar y, sobre todo, para disfrutar".

# CONCLUSIÓN

Aquí es donde se produce el encuentro final que cierra el ciclo que iniciamos juntos por medio de las páginas de este libro.

Quienes estén compartiendo este momento conmigo significa que pudieron acompañar mi propuesta que es humildemente poder dar a conocer en profundidad el método de las Constelaciones Familiares, desde los principios de esta herramienta hasta el encuentro con el mundo de las Psicoconstelaciones que es mi sello personal, mi mirada profesional basada en la confluencia de lo recibido y los resultados de mi investigación en la práctica profesional.

Espero y deseo que puedan acercarse y transitar este camino con la consciencia de un mayor conocimiento para poder hacer una elección más cuidada del espacio y el profesional con el que se sientan representados para realizar un movimiento de tal profundidad y compromiso.

Que hayan podido sentir en cada historia un reflejo, una emoción, significa que su alma encontró una resonancia, y ese vibrar abrió una puerta.

Que cada testimonio les brindara la oportunidad de abrirse a otros modos de observar y comprender la realidad, también siento que es un valioso aporte que no deben dejar pasar por alto; por supuesto, igual de importante será si sostienen que este no es el momento para comenzar una terapia de estas características porque, en definitiva, será el alma quien los guiará en el momento adecuado.

Este es mi objetivo también: que entiendan que cada uno de nosotros tiene un tiempo evolutivo que marca apropiadamente cada paso y momento para darlo. Debemos sin duda aprender a respetar ese sentir en uno mismo y en los otros.

Existen muchas herramientas, todas válidas y puestas al servicio de cada uno para facilitar nuestra evolución consciente. El acompañamiento profesional, ético y cuidado en cada una de ellas es fundamental para que el resultado sea el esperado para nuestro crecimiento.

Espero y deseo que puedan volver a estas páginas cuando sientan que pueden encontrar en ellas alguna respuesta.

Les agradezco la compañía y el acompañamiento en este viaje juntos.

Será hasta un próximo encuentro. Como en el cierre de cada taller…

Cuando su alma sabiamente los traiga de regreso.

Lic. Marcelo Luis Ducruet